KB179347

**역사수업,
함께
궁리하고
더불어
성장하다**

역사수업,
함께
궁리하고
더불어
성장하다

역사수업연구분과
10년의 여정

역사교육연구소 기획

김민정 · 윤종배 · 정미란 · 이춘산
송치중 · 김슬기 · 이은주 지음

책과함께

책을 펴내며

이 책 《역사수업, 함께 궁리하고 더불어 성장하다》는 역사교육연구소 역사수업연구분과 교사들이 함께한 지난 10년의 수업 연구 여정을 담고 있습니다. 분과 모임 초기, 교사들의 고민은 '교사로서 우리는 왜 행복하지 않은가?'라는 공통분모를 가지고 있었던 것 같습니다. 짧지 않은 경력의 역사 교사들이 온갖 수업 실패의 경험을 드러내게 된 배경에는 역사수업에 대한 위기감, 교사로서의 정체성, 학생에 대한 책임감이 자리 잡고 있습니다.

교사로서 우리의 삶은 한국의 근현대사와 많이 닮아 있습니다. 다양성과 자율성이 보장된 환경에서 삶의 목표를 정하기보다는 주어진 경쟁과 가치를 준거 삼아 공교육 과정과 교사 임용 절차를 통과한 경우가 많았습니다. 뒤돌아볼 틈 없이 달려온 경쟁의 끝은 만족스럽지 않은 역사 수업이었습니다. 나와 학생의 관계는 나와 역사의 관계만큼이나 표피적이고 상투적이었습니다. 교사들은 스스로도 중요하다고 생각하지 않는 정답을 학생들에게 강요하고 역사의 의미로 포장할 수밖에 없었습니다.

수업 연구는 역사수업을 둘러싼 일상과 학교 업무로 인해 교사들에게 사치가 된 지 오래입니다. 멈춰서 수업을 돌이켜보기보다는 변화하고 혁신하도록 요청하는 학교 안팎의 주문에 발맞추느라 수업 연구에 대한 교사들의 내적 동기는 고사 직전입니다. 다양한 연령, 경력, 연구 관심을 지닌 교사들이 자발적으로 모여 장기간 수업 연구를 수행한다는 것이 점점 더 어려운 일일 수밖에 없습니다. 우리는 지난 10년의 궤적을 책으로 정리하면서, 역사수업 연구공동체 참여로 얻은 지향점을 구체화하고 공동으로 수업을 연구한 경험이 자족적 차원에 머무르는지, 아니면 실질적이고 유의미한 차원으로 확장되는지 되묻고자 했습니다. 역사교육연구소가 구심이 되어 역사교육의 이론과 현장을 매개하고, 교사와 학생의 성장을 견인하며, 교사로서의 삶을 성찰해 의미 있는 과제와 전망을 제시하는 수업 연구를 수행해왔는지 점검해보고자 했습니다.

실패와 함께 짝을 지어 이뤄낸 성장의 기록이기에, 이 여정은 성공담으로만 가득 차 있지 않습니다. 대신 역사수업을 매개로 다양한 독자와 대화를 시작하면서 독자들이 묻게 될 다음과 같은 구체적인 질문에 답할 예정입니다. 1) 역사수업에 대해 계속 고민하는 나, 어떤 질문을 누구와 함께 던질 수 있을까요? 2) '좋은 역사수업'이란 어떤 수업인가요, 어떻게 가능한가요? 3) 수업에 관심 있는 선생님들, 이 긴 기간 모일 수 있는 원동력은 무엇인가요?

이런 질문에 답하기 위해, 이 책은 5부로 구성했습니다. 1부는 역사수업 연구공동체의 면모를 지닌 '수업 분과'의 약사(略史)와 연구공동체의 첫발을 떼면 무엇을 할 수 있고 무엇을 생각해야 하는지 역사수업연구분과의 사례를 통해 찬찬히 소개하고 있습니다. 2부와 3부는 역사수업 연구의 본격적인 실행연구 사례로서, 한국사 두 시기에 대한 공동의 수업 구상과 실행의 과정을 그려냈습니다. 2부에서는 '역사가처럼 읽기'라는 교수·학습 방법을 적용해보는 3·1 운동 수업 연구로서, 초등학교와 중학교 수준의 역사수업 구상과 반성적 성찰 과정이 담겨 있습니다. 한국 근현대사의 중요 사건인 3·1 운동에 대한 수업 연구를 거울삼아 문제의식을 확장해 한국 전근대사 수업을 구상했고, 이 과정에서 '교과서 서사'의 해체와 재구성으로 초점이 모아졌습니다. 그 결과 3부에서는 고려시대 대외관계 수업을 특징짓는 고난의 극복과 자주의 서사에 주목해 역사적으로 사고하는 수업의 구상과 실행을 다루고 있습니다. 2, 3부가 수업 실행 연구의 순서에 따른 문제의식의 진전을 종적으로 보여주고 있다면, 4부는 분과의 수업 구상, 실행, 성찰의 과정을 관통해 교사와 학생의 관점으로 들여다본 연구 결과를 기술하고 있습니다. 마지막으로 5부는 역사다운 역사수업에 대한 고민이 교사 개인의 성장과 교사연구자로서의 전문성을 확립하고 견인하는 데 일조했음을 확인하고, 교사들의 연구공동체가 앞으로 어디로 어떻게 나아가야 하는지 전망과 과제를 제시했습니다.

지난 10년의 기록을 뒤로하고, 이제 우리는 교사 개인으로 또 교사 공동체로서 새로운 출발을 하려고 합니다. 교사와 학생 양 날개로 비상하는 역사수업을 위해, 새로 나온 연구자의 논문을 읽으며 학생들에게 줄 지적 자극을 고심하고, 학생들과 함께하는 역사 토론의 장면을 상상하며 행복한 미소를 짓습니다. 수업을 든든히 지켜줄 동료와 그들에게 기대어 함께 성장할 교사로서의 나의 전문성에 대해 기대하는 바가 무척 큽니다.

이 책은 역사수업연구분과 소속 교사들의 연구와 수업 경험에서 출발하지만 유사한 관심과 지향을 지닌 독자들에게도 도움이 되기를 바랍니다. 우선 더 나은 역사수업에 대한 호기심을 지닌 동료 교사에게 이 책을 권합니다. 이 책은 각개격투로 저마다의 교실에서 고군분투하는 교사들에게 공동수업 연구를 위한 첫걸음을 내딛을 수 있는 용기와 시사점을 줄 수 있을 것입니다. 초임 교사들에게는 수업 설계와 실행 및 성찰의 순환 과정을 찬찬히 쫓아가면서 본인이 할 수 있는 역사수업의 개선 가능성을 점검해보는 기회를 제공해줄 것입니다. 경력 교사는 이 책을 통해 스스로 완결되었다고 생각했던 수업을 학생의 역사 이해에 비추어 작게는 수업 단위의 학습 목표와 크게는 자신의 역사수업 목적을 되짚어보고, 역사교육 이론과 수업 실천 사이 접점을 찾을 수 있을 것입니다.

이 책을 읽고 난 예비교사는 교사가 지닌 수업 전문성을 교사의 경력에 따라, 공동의 노력에 의해, 의식적이고 꾸준하게 신장해가는 노력의 산물로 간주할 수 있을 것입니다. 이와 같은 수업 전문성이 곧 역사 교사의 독특한 전문 지식이라는 관점의 형성은, 예비교사에게 앞으로 10년 20년이 지난 후에도 계속 성장하고 혁신하면서 학생들과 함께하는 역사 교사의 삶이 지닌 매력을 확인시켜주고, 교사로서의 좌표를 설정하는 데도 도움을 줄 것입니다.

이 책은 역사교육 연구자들에게는 역사 교사의 공동연구·장기연구·실행연구의 구조적 특징과 실제를 보여줄 것입니다. 특히 역사교육의 이론적 측면, 교수·학습의 제 원리가 지닌 '당위'적 차원의 의미가 교수·학습 장면에 적용되고 구체화되는 과정을 확인할 수 있습니다. 외국의 연구자들이 제시하는 낯선 수업 사례를 이해하려고 애쓰는 대신, 한국사

역사수업, 함께 궁리하고 더불어 성장하다

의 연구 성과를 역사교육의 내용으로 변용하는 과정과 학습 결과를 추적할 수 있습니다.

다수의 역사교육 연구자와 역사 전공자에게는 역사학과 역사교육의 축적된 연구 성과에도 불구하고 교실 수업과 학생들의 역사 이해 수준이 답보 상태임을 비판적으로 보는 시각이 팽배합니다. 이 책은, 이러한 비판에 대해, 학생의 인지 수준과 문해력, 사회문화적 욕구와 국가 사회적 요구, 일 년을 관통하는 학습 목표 및 내용의 구성, 초점 학습 활동과 과제의 비율, 교사 주도와 학생 상호작용의 조화, 역사 교과목과 다른 교과목 사이의 조율 및 평가와 같은 학사 행정의 요소 등 역사 교사가 학습 내용을 구성하고 수업을 실천하기 위해 고려해야 하는 복잡다단한 층위와 맥락을 단층적으로 제시함으로써 수업 개선의 어려움과 더딘 진전을 그려내고 있습니다. 아울러, 역사과 교육과정과 교과서 개발 과정에서 조우하게 되는 연구자들과 소통할 수 있는 '역사수업'의 언어로 역사교육의 장면을 생생하게 설명하고 있습니다.

대중 역시 사극과 역사영화, 수준 높은 역사물을 즐기고 있지만, 현재의 렌즈로 과거를 들여다보는 방식에 매몰되어 있는 것이 사실입니다. 요즘 역사수업은 예전과 비교해 무엇이 달라졌는지, 사료를 읽고 그 증거 능력을 평가해보고, 자신의 의견과 해석을 만들어가는 수업을 관찰하면서, 역사적으로 사고하는 수업을 받는다면, 학생들이 어떤 능력을 지닌 '미래의 시민'으로 성장할 수 있는지 추측할 수 있을 것입니다. 아울러, 정치적 쟁점이나 개별적 이해관계에 따라 특정의 사실을 포함시키는 차원에서 역사교육을 정치화하는 대신, 학생들이 역사적으로 사고하는 법을 배우도록 역사교육의 내용을 가다듬고, 이를 실천하는 교사의 학습 내용 재구성을 지지할 수 있을 것입니다.

　공동으로 책을 집필하면서 고민은 더 깊어지고 전망은 더 넓어졌습니다. 역사과 교육과정과 교수 · 학습, 평가를 관통하며 역사다운 역사수업을 수행하려는 교사 지식을 심화하고, 역사수업의 개선을 넘어 학생의 학습과 학교 안팎에서의 경험의 총체로서 교육과정을 고민하지 않을 수 없게 되었습니다. 이에 따라 앞으로도 스스로의 역사 이해와 수업의 관성을 반성적으로 성찰하고, 외국의 이론이나 연구자들의 연구 방식에 대한 검토와 적용을 기반으로, 공동의 수업 연구에 대한 신뢰와 지지를 무기 삼아, 역사적 사고력과 학생 중심 수업의 실현이라는 전망을 세우며, 학습자가 역사적 사고 과정을 경험할 수 있도록 중요한 학습 내용 요소를 추출하고, 사료를 기반으로 교수 · 학습 과정을 기획하고 수업을 실행해봄으로써 교육과정으로 재구성하는 공동의 노력을 지속할 것입니다. 이와 같은 역사 교사 연구공동체의 역사다운 역사수업 만들기 장기프로젝트에 여러분을 초대합니다.

　이 책《역사수업, 함께 궁리하고 더불어 성장하다》가 나오기까지 도와주신 여러분들에게 진심으로 감사드립니다. 늘 소통과 배움의 장을 마련해준 역사교육연구소와, 호기심과 배움은 다르지 않다는 것을 몸소 보여주신 선배 연구자와 선생님들께 감사드립니다. 주말에도 방학에도 심야에도 글을 쓴다며 끙끙대던 우리를 다독여준 가족들, 글을 검토하면서 날카로운 지적과 격려의 말을 함께 전해준 동료 교사들, 다소 성글었던 글을 반듯하게 가다듬고 맵시 있는 책으로 만들어준 책과함께에도 감사의 인사를 전합니다.

　모쪼록 이 책이 역사수업 연구공동체는 물론, 교과를 넘어 교사라면 누구나 고민하고 관심 가질 만한 교사 연구공동체를 만들고 가꾸는 데 의미 있는 실천 사례가 되기를 소망하면서 독자 여러분의 질정을 부탁 드립니다.

2019년 4월

필자를 대표해 김민정 씀

차례

3부 _ 역사수업 구상과 실행 2
: 고려시대 수업, 교과서 서사의 재구성

송치중 · 김슬기 · 이은주

4부 _ 역사수업의 두 날개
: 가르침과 배움에 대한 성찰

윤종배 · 정미란

5부 _ 교사연구자와 역사수업 연구의 새로운 지평

김민정 · 이은주

부록

1부

역사수업 연구공동체의 등장과 지향

김민정 · 윤종배

가 교사 [1] 선생님들께서 분과 모임에 참여하신 이유가 무엇인가요?

마 교사 교사로서 좋은 수업을 하고 싶어요. 어느 순간 '이 수업을 왜 하지?'라는 의문을 갖게 되었거든요. 이 모임을 통해 자기반성의 기회를 갖고, 실제 수업에도 도움을 받고 싶어서 왔어요.

바 교사 수업을 다각도로 살펴보고, 의미를 곱씹으면서 내 수업을 궁리할 때 도움을 받고 싶어서요.

라 교사 살아남기 위해 이 모임에 참여하게 되었습니다. 나이 들면서 점점 더 아이들과 호흡하고 함께하는 수업이 필요함을 절감해 그런 수업 경험을 공유하고 싶어요.

사 교사 초등학교 선생님의 수업 사례 분석을 많이 해보았는데, 좋은 교사가 되기 위해 다른 선생님의 수업을 관찰하며 배우는 것이 많다고 생각해서 여기 오게 되었어요.

01
역사수업연구분과의 출범

1. 역사수업연구분과의 시작
: 소박한 출발과 *꿋꿋한* 전개

경력 20년차의 **라 교사**는 매번 역사수업 막바지에 이르면 학생들에게 제대로 된 배움이 일어났는지 의구심이 들었다. 학생들의 역사 이해를 위한 교사의 안내가 충분했는지, 이를 통해 학생 참여가 적절히 일어났는지, 혹시나 배경지식이 부족한 학생들에게 설명이 부족하지 않았는지 등등. 그는 학교 안팎의 모임에서 저경력 교사들이 좋은 수업의 노하우를 물어보면 문제해결 방안을 소개하기도 하고, 구체적인 자료 목록과 수업 사례를 공유하기도 했다. 하지만 수업은 교사의 연령이나 경력에

---

1) 모든 교사는 익명으로 처리했다. 가상의 대화 속 교사들은 영문 알파벳순으로, 분과 소속 교사들은 가나다순으로 표시했다.

정비례하지 않는다는 점을 잘 알고 있기에, **라 교사**는 본인의 수업 고민을 터놓고 대화할 동료 교사를 찾고자 했다.

라 교사가 주변 교사들에게 수업 고민을 털어놓자 다소 겉돌던 수업 대화에 불이 붙기 시작했다. 한 저경력 교사는 사회과에서 시작된 '수업 비평'을 접하고 수업 방법에 대한 호기심과 자신의 수업에 연결할 수 있는 접점을 고민하고 있음을 밝혔다. 한국교육과정평가원에서 수행한 교수내용지식(PCK: Pedagogical Content Knowledge) 연구에 참여한 다른 교사의 관심은 역사과 수업에서 발현되는 교사 전문성의 실체와 이를 이론화하는 가능성에 닿아 있었다.

이처럼 역사 교사들이 좋은 수업을 하고 싶은 열망은 크고 다양하다. 하지만, 좋은 수업은 마음만으로 되는 것이 아니다. 좋은 수업이 가능하려면 깊은 사색 끝에 다져진 수업 철학이 있어야 하고, 학생에 대한 이해로 학생과 눈높이를 맞출 수 있어야 하며, 이를 실제 수업에 반영해 수업 내용을 재구성할 수 있어야 하고, 내용에 걸맞은 방법을 활용할 수 있어야 한다. 나아가 수업 성찰과 피드백을 통해 수업의 성장을 도모해야 한다. 이 모든 과정을 교사 혼자서 하기는 어려울뿐더러 성과가 충분하지도 않고 지치기 십상이다. 그래서 교사는 자연스럽게 자신과 수업 고민을 나눌 친구를 찾게 된다. 이것이 수업 연구공동체의 출발점이다.

그러나 많은 교사가 혼자 알아서 자신의 전문성을 개발하고, 자기 나름대로 실천하다가 동료나 후배들과 그 전문성을 나누지 않은 채 교직을 떠나며, 후배들은 다시 또 선배의 전철을 밟으며 혼자서 좌충우돌하며 성장하는 실정이다.[2] 교직 특유의 개인주의, 고립주의 문화 탓에 훌륭한 경험과 질 높은 수업 성과들이 공유되지 못하는 것이다. 사정이 이렇다 보니 교사 개개인의 전문성은 예전보다 많이 향상되었으나 교사 집단의 전문성은 그렇지 못하며, 심지어 사회적 인정을 제대로 받지 못하고 있다.

교사의 전문성은 연구와 실천, 그리고 피드백을 통해 길러진다. 교사의 연구와 실천은 학생의 배움을 증진하는 데 초점을 맞추어 진행되어야 의미가 있으며, 이는 수업 연구공동체 안에서 검증되고 피드백될 때 실질적 성과를 거둘 수 있다.[3] 다양한 수업 논의는 수업 구상을 풍부하게 만들고, 다각적 수업 관찰은 수업을 입체적으로 만들기에 수업 연구공동체의 필요성은 날로 커지고 있다. 이에 따라 2000년대 후반부터 경기도교육청을 필두로 여러 시·도 교육청에서 학교 현장의 필수적 모임으로 수업 연구공동체가 확산·제도화되고 있다. 교사 개인이 아니라 교사 집단의 전문성 차원에서 문제를 인식하게 된 것이다.

이러한 흐름 속에 2009년 2월, **라 교사**를 포함해 7~8명의 역사 교사들은 좋은 수업을 하기 위해 수업 모임을 만들기로 하고, 기존의 수업 논의보다 한 걸음 더 들어가는 연구와 실천을 위해 노력하자는 데 뜻을 모았다. 그 첫걸음으로 같은 해 창립된 역사교육연구소 내에 역사수업연구분과(이하 분과)를 조직하기로 했다. 역사교육연구소는 '연구와 수업 실천이 만나는 곳', '역사학과 역사교육 연구가 교실을 매개로 하나가 되는 곳', '상시적 공동연구가 이루어지는' 논의의 장을 표방했다. 이 취지에 동의하는 교사들이 모여 분과의 연구 방향, 1년 연구 과제, 역할 배분 등

---

2) 서경혜, 《교사학습공동체: 집단전문성 개발을 위한 한 접근》, 학지사, 2015, 26쪽.
3) 김현섭, 《수업공동체: 수업 연구 실천모임 어떻게 할까?》, 수업디자인연구소, 2018, 19쪽.

을 논의함으로써 수업 연구공동체 활동의 긴 장정에 돌입했다.

수업 연구공동체는 교사의 수업 전문성 신장과 학생의 학습 증진을 위해 교사들이 연구하고 실천하고 반성하는 공동체다.[4] 2017년 무렵부터 전국 여러 학교와 지역 차원에서 수업 연구공동체가 조직되고 있지만, 대체로 그 목적과 운영에 대한 구상이 뚜렷하지 않다. 분과는, 처음부터 수업 연구공동체라고 인식하지는 않았지만, 역사수업 구상과 실행에 대한 비판적 탐구와 협력적 실천으로 부단히 진화하는 교사들의 결속체로 활동했다.[5] 교육 활동에서 문제 해결을 위한 학습과 교육 개선을 추구하고, 현장에서의 실행을 위한 공동 논의가 이루어지는 집단이었던 셈이다.[6]

수업 연구공동체는 다양한 유형과 단계가 존재한다. 널리 알려진 조직으로 전국 단위의 교과교사모임이 있다. 전국역사교사모임을 비롯해 전국국어교사모임, 전국영어교사모임, 전국수학교사모임 등 거의 대부분의 교과 모임이 활동하고 있다. 지역에 따라서는 시·도 교육청 산하에 교과별로 또는 주제별로 조직된 모임이나 1년 단위로 모집하는 프로젝트 팀도 흔하게 볼 수 있다. 교원 학습공동체로 명명된 조직도 최근 늘어나고 있는데, 학교 간 공동체와 학교 내 공동체로 나뉘어 활동하고 있다.

---

4) 교사들의 전문성 신장을 위한 학습공동체는 활동 목적과 영역에 따라 여러 이름으로 불리고 있다. 학교교육 전반을 개혁하려는 교사 학습공동체, 교원 학습공동체 등이 있고, 수업에 집중해 수업 연구공동체, 교과연구회, 수업 동아리, 수업수다모임(약칭 수수밭) 등이 있는데, 이 책에서는 논의 대상을 수업에 천착하는 연구모임으로 규정하고 수업 연구공동체라고 통칭한다.

5) 서경혜, 앞의 책, 2015, 171쪽.

6) 김현섭, 앞의 책, 2018, 25쪽.

학교 간 공동체는 특정 교과나 거꾸로 수업 등의 방식을 중심으로 1년 단위로 예산을 받아 움직이는 경향이 강하며, 학교 내 공동체는 수업연구 모임이나 독서 모임 형태로 조직된 편이다. 공동체 논의가 활성화되기 전부터 관례적으로 있었던 모임으로는 교과협의회를 들 수 있다.

분과는 활동 목적, 연구 주제, 활동 지속성, 인적 구성 등 여러 면에서 그동안 역사수업 영역에서 명멸한 수업 연구공동체들과 차별성을 지닌다. 많은 역사 교사를 포괄해온 전국역사교사모임의 사례를 보면, 1980년대 후반에서 1990년대까지 대개의 수업 연구공동체가 수업지도안 모임이라는 명칭으로 활동했는데, 이는 모임이 실제로 교수·학습 과정안을 만드는 데 목적을 둔 까닭이다. 2000년대를 전후해 차시별(次時別) 지도안을 묶는 과정에서 나아가 역사 교과서와 교육과정을 비판적으로 재구성하려고 노력했다. 역사과 교육과정을 연간 계획 속에 재배치해 자기완결적 배움책을 펴내는 한편, 교사들이 생각하는 바람직한 교과서와 수업의 방향을 제안하려는 목적의 대안교과서 모임도 활약했다.

그러나 위의 공동체들은 오래 지속되지 못했다. 당장의 수업에서 겪는 갈증을 해소한 지도안 모임은 대개 1~2년 주기로 구성원이 바뀌었다. 배움책을 만드는 모임도 원래 자료 개발에 2년 정도 걸릴 것으로 보고 모임을 꾸린 터라 자료가 완성되면서 자연스럽게 해체의 과정을 밟았다. 대안교과서 모임은 애초에 전국 단위로 필진을 구성했기 때문에 개발 기간 이후에는 다시 만나기가 어려웠다. 수업 연구공동체는 초기의 지도안 모임에서 대안교과서 모임까지 거치고 난 다음에 역설적으로 소강상태에 들어갔다. 수업 연구의 정점까지 이르렀기에 더 깊고 더 폭넓은 연구를 하는 공동체가 형성되어야 하는데, 당장은 전작의 수준을 뛰어넘기

어려웠는지, 필요성을 절감하지 못한 탓인지 쉽사리 모임을 만들지 못했다.[7]

　그럼에도 기존 수업 연구공동체가 거둔 또 다른 성과는 교사의 자율성과 전문성을 기초로 한 교육과정 재구성 논의를 이끌어냈다는 점이다. 2010년대 들어서는 교사마다 특색 있는 교육과정을 당연시하게 되었고, 2018년에는 교육부 차원에서 '교사별'로 과정 중심 평가를 시도하라고 권장하는 직무연수가 열리기도 했다. 덕분에 교육과정 재구성 논의는 무성해졌으나, 이를 지속적으로 실천하는 수업 연구공동체는 많지 않다. 역사교육연구소 내의 분과들이 능동적으로 움직이고 있고, 전국역사교사모임 내에서는 동아시아사 모임과 사초 모임이 모임 나름의 결과물을 만들어낸 정도다.[8] 시 · 도 교육청 단위로 조직된 교과교육연구회는 더욱 지속성이 떨어진다. 교과교육연구회는 지금도 곳곳에 존재하고 있지만 그때그때 주어지는 프로젝트나 교육청의 자료 개발 등에 그치는 경우가 많다.

　이처럼 단기적이고 가시적인 활동 목적이 달성된 뒤에는 공동체 지속의 동력이 사라지고, 기존 성과를 뛰어넘는 한 차원 높은 연구 단위는 잘 생기지 않는 가운데, 분과가 걸어온 10년은 돋보이기에 충분해 보인다.

---

7) 《전국역사교사모임 창립 30주년 기념 백서》(2018)의 특별 좌담회 내용을 참고했다.
8) 역사교육연구소 산하에 있는 어린이와 역사교육 분과, 역사과 교육과정 분과, 소외된 기억과 역사교육 분과, 민주주의와 역사교육 분과, 역사수업연구분과에서 각자 대안적 교육과정을 모색하고 있으며, 전국역사교사모임의 동아시아사 모임은 동아시아사 교육과정과 교과서를 새롭고 친절하게 풀이한 《역사 선생님이 들려주는 친절한 동아시아사》(2017)를 출판했고, 사초 모임은 세계사 교육과정을 인권 · 평화 · 민주주의의 관점에서 재구성한 《사초로 보는 세계사》(2017)를 펴냈다.

분과는 다른 공동체와 달리 처음에는 다소 막연한 목표를 지향했으나 수시로 의논해가며 활동 방향을 수정하고 궤도를 변경하며 진화해왔다는 점이 눈에 띈다. 분과는 초창기에 붙인 '수업비평' 분과라는 명칭을 계속 쓰느냐 마느냐의 문제로 1년을 숙고할 만큼 연구공동체의 지향을 고민하고, 기초적이고 근본적인 역사수업의 문제에 집중했다.

분과의 좋은 수업에 대한 고민은 역사를 역사답게 가르치고자 하는 열의로 이어졌으며, 그로부터 10년간 분과와 분과 교사들은 저마다 성장의 나이테를 갖게 되었다. 분과는 5회의 분과발표회를 열었으며, 9회의 자체 답사를 진행하고, 줄곧 10명 안팎의 회원 규모를 유지하며 지속적으로 수업 연구를 수행한 끝에 2015년에는 '배움이 있는 역사수업 만들기' 직무연수를 주관하고, 2017년 일본 나고야, 2018년 중국 베이징에서 열린 세계수업연구학회(WALS: World Association of Lesson Studies)에 참여해 수업 연구 성과를 발표했다.

2. 수업 연구공동체로서 분과
    : 인적 구성과 수평적 리더십

분과의 지속성을 담보한 또 다른 힘은 그 인적 구성에 있다. 분과에는 초·중·고 학교급별 교사와 대학 강단 연구자가 함께 활동하고 있다. 다소 이질적이고, 특정한 과제에 집중하기 어려워 보이는 분과원 구성이 역설적으로 서로 다른 시각과 문제의식이 소통하는 장이 된 것이다. 흔히 교사와 연구자는 뜬구름 잡는 역사수업 이론이니 주관적 체험과 사례의 집적이니 하면서 서로의 흠결을 따지는 경향이 있다. 그런데 분과에서는 수시로 다른 관점과 접근을 확인하면서도 서로의 존재를 의식하고 설득력 있는 방안을 찾고 서로의 지혜를 더해 완성도 높은 연구 성과를 도출하는 모습을 보여주었다.

10년의 분과 활동은 분과원 모두의 수업 성장에 도움을 주었으며, 일부 인적 구성의 변화가 있었지만 부단히 서로 상호작용하고 함께 연구하는 신뢰관계를 탄탄하게 구축해가고 있다. 창립 멤버 가운데 연구자로서 대학 강단으로 자리를 옮긴 분과원도 있고, 전문직(장학사)에 입문해 교육정책 수립에 나선 분과원도 있으며, 분과 활동을 자양분 삼아 수석교사가 되어 학교 현장에 분과의 성과를 확산하는 분과원도 있는데, 수업 컨설팅 활동과 대학원 공부 등으로 연찬하는 분과원이 대부분이다.

분과 내 초등교사의 존재도 무척 중요하다. 역사과 교육과정 논의 때마다 빠지지 않는 것이 학습 내용의 계열성에 대한 문제 제기지만, 중등교사들이 초등학교 역사 학습의 특성을 넘겨짚으며 함부로 훈수를 두기 일쑤였다. 초등교사 입장에서는 소위 역사 전공자의 벽을 실감하며 자기 주장을 삼켜야 했으며, 초등 역사교육의 영역은 중등 역사교육 연구자들의 부속물 정도로 평가절하 되는 경우가 많았다. 분과 내 초등교사의 적극적 의견 개진도 한몫하면서, 분과 차원에서 초등 역사수업에 대한 공감과 문제의식을 나눔으로써 역사교육 전반의 큰 그림도 충실해졌다.

분과원들은 초등과 중등 수준의 역사수업에서 '접점 찾기'와 서로 '낯설게 보기'를 통해 학생의 연령이나 인지적 수준에 따라 다룰 수 있는 역사 지식과 역량의 문제를 한자리에서 고민하고 있다. 이는 문서상의 '역사교육 계열화' 방안이 아니라, 초등학교 역사수업을 의식하면서 역사적 사고를 진작하는 활동을 다양한 연령과 수준의 학생들이 학습할 수 있도록 변형하고 실행해보는 거대한 실험장이기도 하다. 실상 차이를 따지자면, 같은 중등이라도 중학교와 고등학교 역사수업의 조건과 양상이 많이 다르다. 여기에 교사 개개인의 수업 철학과 역사관 등도 논의 과정에서 충분히 소통하면서 비슷하면서도 다른 수업에 대해 살펴볼 필요가 있다. 이렇듯 차이를 드러내는 과정은 서로 간의 접점을 모색하는 작업이었고, 더 깊이가 있고 더 폭이 넓은 논리와 설득력 있는 결론으로 영글어갔다.

대학의 연구자는 분과 교사들과 논의하면서 역사적 사고력, 탐구, 역사하기, 시민교육으로서 역사교육 등 이론과 실제 사이 간극을 살피고, 새로운 역사수업의 실현 가능성을 모색하는 한편, 수시로 교사교육 프로그램에 대한 고민을 분과 교사들과 나누었다. 이를 통해 예비교사가 교사로서의 전문성을 키워나가도록 북돋아주는 방안을 가다듬게 되었다.

여기에 서울 지역에 한정된 교사들이 아니라 파주, 수원, 대전 지역에서 월 1회 분과 모임을 갖기 위해 기꺼이 상경하는 분과원들의 열정이 더해져 지역, 연령, 교육 경력, 처지의 다양함이 무지개 빛깔로 어우러지고 있다.

분과원끼리는 아무런 위계가 없으며, 단지 활동을 추진하기 위해 분과장과 총무가 있을 따름이다. 분과장과 총무는 모두가 돌아가며 맡고 있으며, 대부분 분과 회의를 거쳐 결정된 사항을 추진하고, 역사교육연구소 행사를 조율하는 역할을 하고 있다. 흔히 예상하는 대로 대학 교수가 자신이 갖는 권위로 좌중을 압도하거나 고경력 수석교사가 목소리를 키우거나, 대학원 석사 · 박사 과정 또는 장학사라서 갖게 되는 영향력은 거의 없다. 분과에서 각자의 의견은 n분의 1의 무게로 소통되며, 분과원의 설득력과 사안의 필요성에 따라 의견에 동의하거나 제안을 추가하면서 공동의 논의를 발전시키는 특징을 지니고 있다.

수평적 리더십과 민주적 의사결정은 지속가능한 수업 연구공동체의 필수 요소로 꼽힌다.[9] 능력 있는 특정인이 초창기의 모임을 주도할 수 있으나 공동체를 오래 끌 수는 없다. 공동체 안에서 새로운 리더십이 형성되어 변화할 부분과 지속할 부분을 살펴 부단히 공동체의 성장을 꾀해야 하는 이유다. 누구나 자유롭게 발언하고 누구나 때가 되면 리더가 되어 공동체를 이끌며, 누구나 역할을 분담해 힘을 보태는 체제가 갖춰지지 않으면, 공동체가 부침을 거듭하고 오래갈 수 없기 마련이다. 분과가 10년간 지속되고, 멤버 대부분이 오랫동안 함께할 수 있는 힘의 원천은 건강한 리더십과 집단지성이라 할 수 있다.

위와 같은 분과 활동을 참고해, 수업 연구공동체를 현재 하고 있거나 앞으로 구성하려는 교사들은 학년, 교과, 학교, 지역 등의 동질성과 이질성을 잘 헤아릴 필요가 있다. 같은 교과는 논의가 깊어지나 넓어지기 어렵고 범교과 모임은 두루 도움이 되지만, 실제 수업 장면은 교과의 몫으로 남는다. 융합 수업 모임도 주제, 교과, 진행 방식 등을 잘 다스리지 않으면 일회성 이벤트로 끝나기 쉽다. 같은 학년, 같은 교과, 같은 학교 교사 등 특정한 조건에 따라 연구공동체 구성이 줄 수 있는 장단점이 다르기에 이를 면밀히 살펴보고, 공동체의 지속과 성장에 도움이 되는 방안을 찾고 변수를 잘 조율하는 것이 필요하다.

---

9) 김현섭, 앞의 책, 2018, 236쪽.

역사수업, 함께 궁리하고 더불어 성장하다

02

수업 연구 주제와
연구 방법

A 교사: 우리 학교에서 수업에 관심 있는 몇몇 선생님이 일단 모여서
학교 예산을 받았어요. 그래서 뭔가 해야 할 것 같아 일단 수업
과 관련된 책을 여러 권 사서 읽기로 했어요.

B 교사: 우리 학교에서도 학생과 상호작용이 제대로 되지 않는다고 생
각하는 선생님 몇 분이 자발적으로 모였어요. 하지만 수업 참
관과 공유 후에도 그저 좋은 얘기만 오고 가는 건 생산적이지
않아서 모임이 오래 지속되기 어려운 것 같아요.

A 교사: 혁신적 수업 사례가 담긴 책을 함께 읽다 보면 제 수업에 적용
하고 싶은 아이디어를 많이 얻어요. 일회성이 아니라 지속적
이고 일관된 전망을 갖고 싶기도 해요.

B 교사: 역사 전공 서적을 같이 읽다 보면 새롭게 배우는 재미가 있는
한편 이해하기 어려운 부분은 그대로 지나쳐서 안갯속을 헤매
는 것 같아요.

1. '좋은 역사' 수업에 대한 호기심
: 책으로 빗장 열기

앞의 대화에서 교사들은 수업 연구공동체의 구성과 연구 방법의 어려움을 토로하고 있다. 이미 언급했듯, 전국에 조직된 수업 연구공동체가 대체로 그 목적과 운영에 대한 구상이 뚜렷하지 않기 때문이다. 또 수업 연구공동체를 만들었다 하더라도 자신의 수업을 주변의 교사와 연구자에게 거리낌 없이 소개하는 교사를 만나기란 여간 어려운 일이 아니다. 서로 다른 학교와 지역이라는 처지와 촉박한 모임 일정 속에서 수업에 대한 문제의식을 지닌 교사들이 만나는 것이 어려운 일임에도 불구하고, 수업 연구공동체가 학교·수업·학생들에 대해 답답한 심정을 토로하는 수준에서 벗어나지 못하는 것이다.

이런 까닭에 학교와 지역 단위로 구성된 수업 연구공동체에서 수업과 관련된 책을 더불어 읽는 것이 수업 연구공동체 모임의 첫 출발이 되는 경우가 많다. 수업 연구공동체 구성원이 함께 읽은 책은 수업에 대한 고민을 나눌 수 있는 공통의 소재이자, 자신의 수업이 갖는 특징과 한계를 다른 교사의 경우와 견주어볼 수 있는 좌표를 제공해주기 때문이다. 아울러 함께 모인 교사들이 더불어 같은 책을 읽다 보면 좋은 수업에 대한 길이 보일 것이라는 기대 아닌 기대 때문이다.

분과도 다른 수업 연구공동체처럼 초기에는 공부할 도서와 논문 목록을 정리하고 함께 자료를 읽어가며 세미나를 했다. 분과에 모인 교사들은 수업 고민만큼 읽고자 하는 책의 종류와 관심사가 다양했다. 역사 내용에 대한 부족을 느끼는 만큼 전공 영역을 채워 넣고자 하기도 했고, 혼자 읽기는 어려운 영어 원서를 함께 끝까지 읽어보자고 제안하기도 했다. 간혹 수업 연구공동체라면 읽어야 할 읽기 목록을 찾기도 했지만, 완성형 읽기 목록은 필요하지도 가능하지도 않다는 점을 인식했다. 다양한 책을 함께 읽는 과정에서 책의 래퍼토리가 달라지기도 했고, 독서 목록을 수시로 점검하며 분과가 추구하는 모임의 방향을 짚어보기도 했다.[1]

수업과 관련된 책을 읽고, 의문을 함께 풀어가며, 수업에 적용한 바를

〈표 1.2.1〉 **역사수업분과의 독서 목록(2009~2019)**

역사학	수업 연구	역사 교수법
• 3 · 1 운동 연구사 (김진봉, 신용하, 이윤상, 이정은 등의 논문과 저작)	• 천호성, 《수업 분석의 방법과 실제: 질적 연구 방법을 중심으로》(2008, 제2판 2014) • 장성모 편저, 전영신 · 황상민 · 장주희 · 이은경 · 함정실, 《수업의 예술》(2006) • 사토 마나부, 손우정 옮김, 《수업이 바뀌면 학교가 바뀐다: 배움이 있는 수업 만들기》(2011, 개정판 2014) • 손우정, 《배움의 공동체: 손우정 교수가 전하는 희망의 교실 혁명》(2012) • 이혁규 · 엄훈 · 심영택 · 신지혜 · 조용훈 · 정재찬, 강성우 · 나귀수 · 김향정 · 정정인 · 김남수 · 황세영, 《수업 비평의 이론과 실제》(2014)	• Keith C. Barton & Linda S. Levstik, *Teaching History for the Common Good*, 2004. • Linda S. Levstik & Keith C. Barton, *Doing History: Investigating with Children in Elementary and Middle Schools*, 1996(1st edition). • Sam Wineburg, Daisy Martin, & Chauncey Monte-Sano, *Reading Like a Historian: Teaching Literacy in Middle and High School History Classrooms*, 2011(1st edition)
• 고려시대사 (김인호, 노명호, 박종기, 윤경진, 정요근, 최종석 등의 논문과 저작)	• 수업 연구 관련 논문 (류현종, 서근원, 박주현, 김민정, 이혁규, 이해영 등의 논문 및 외서 번역본을 자체 제본)	• 김한종, 《역사수업의 원리》(2008) • 김태웅 외, 《우리 역사, 어떻게 읽고 생각할까: 국사자료 탐구활동 길잡이》(2014)

[1] 이 책의 〈부록 2: 역사수업 연구 관련 참고도서〉 참조.

나누는 가운데 교사가 성장한다는 점에서 학교 내 독서 모임을 만들고 꾸준히 더불어 읽기를 지속한 교사들이라면 이구동성으로 책읽기의 중요성을 강조한다.

모여서 학교, 수업, 학급 활동에 대한 이야기를 나누다 보면 앞으로 나아가지 못하고 제자리에서 맴돌게 된다. 처음에는 학교에 대한 이야기를 하다 어느 순간 그냥 잡담으로 흐르게 된다. 잡담을 위해 일부러 시간을 낼 필요가 있겠는가? 모임의 대화가 잡담으로 흐르지 않기 위해서는 함께 책을 읽어야 한다. 읽은 책을 함께 토론하고, 실천하고, 성찰할 때 교사는 성장할 수 있다.[2]

분과에서 전공 서적을 함께 읽는 시간은 연구사적 쟁점과 함께 최근의 연구 성과를 파악함으로써 교사 스스로 수업의 설명 레퍼토리를 점검하고 재건하는 토대가 되었다. 일례로 3·1 운동에 대한 연구 성과를 집약한 책을 함께 읽은 후 3·1 운동의 배경, 진전, 파급 효과와 같은 역사 사건으로서 3·1 운동에 대한 '학습 내용' 구성뿐 아니라, 3·1 운동이 성공한 운동인지 실패한 운동인지 3·1 운동에 대한 평가를 쟁점으로 파악하는 문제의식을 기를 수 있고, 본인의 수업을 구성하는 주요한 질문을 구상하는 데 도움을 받을 수 있었다.

수업을 보는 방식이나, 수업을 둘러싼 학교 문화를 직시하는 비판적 관점 역시 책읽기의 부수 효과라 할 수 있다. 최근 혁신학교에 직간접적

---

2) 한현미, 《더불어 읽기: 독서로 성장하는 교사 학습공동체》, 맘에드림, 2016, 68~69쪽.

으로 관여하는 교사와, 학습자 중심의 학교 문화 및 배움 중심 수업을 고민하는 교사들의 고민과 독서의 교차점에《배움의 공동체》(2012)라는 책이 있기 마련이다. 또한 수곡초등학교 교사들은 모두《수업 분석의 방법과 실제》(2008)를 읽은 경험을 본인의 수업 연구 첫 단추이자 공통분모라고 입을 모은다.[3] 공동의 책읽기가 교과를 넘나들며 학생과 학습에 대한 기존의 교사 인식을 되돌아보게 하는 문제 제기를 한 셈이다. 이처럼 분과의 수업 연구와 관련된 여러 활동의 기저에는 꾸준한 독서와 토론이 있었다. 역사 내용에 대한 공부와 수업 자체에 대한 연구방법론을 둘러싼 고민을 병행하면서 다양하게 논의했던 것이 분과의 내공을 쌓는 토대가 된 것이다.

이처럼 더불어 책을 읽는 경험은 모임에 참여한 교사들에게 직접적 부담을 주지 않는다는 점에서 수업 연구공동체의 출발로는 제격이다. 본인의 수업 연구를 위해 적절한 책을 선택하는 힘은 책을 읽고 정리하는 것만큼 교사들에게 필요하기 때문이다. 하지만 책을 읽는 것만이 능사는 아니다. 책읽기 중심의 수업 연구공동체에서는 발제자가 책 내용을 소개할 뿐 자신이 앞장서서 수업 경험을 공유하겠다고 나서지 않는다는 한계가 남는다. 다양한 교수·학습 방법과 수업을 분석하는 방법을 '글로 배운' 경험은 자신의 수업 맥락을 고려해 수업을 개선하는 직접적 동력이 되지 못하는 경우가 많다. 그래서 교사들은 모임에 참여하고 책을 함께 읽어도 내 수업이 이전과 쉽게 달라지지 않는다는 허탈함

---

3) 천호성 편저, 전수환·김미자·이병인·이동남·김현경·유승원·양미혜·김길수 공저, 《참여형 수업연구와 교사의 성장》, 학지사, 2014, 101쪽.

을 느끼기 쉽다.

책을 읽고, 책을 통해서 수업을 논의한다고 할 때, 활자 자체가 주는 즐거움 이상의 '깨달음'을 얻기 위해서는 무엇이 더 필요한 것일까? 분과에서 수업 관련 도서를 함께 읽는 시간은 자연스럽게 자기 수업에 쓸 만한 자료와 교수법의 탐색으로 이어졌다. 나아가 나의 학생들을 염두에 두고, 어떤 목적으로, 어떻게 학습 내용을 재편하고 수업해볼까 하는 궁리가 수반되면서 고금의 명저가 나의 수업 속에서 살아 숨 쉴 수 있었다.

2. 수업 보기와 반성
: 수업을 다각도로 보는 연습

축구 경기나 바둑 대국을 보다 보면, 해설자의 박학다식한 정보, 상세한 설명, 촌철살인의 처방에 감탄하곤 한다. 축구 선수의 골 결정력이나 바둑 기사의 묘수에 비길 만한 실력을 그 해설자가 갖추고 있는지 의구심이 드는 순간, 이런 해설을 많이 듣는다고 해서 나의 축구 실력이나 바둑 실력이 나아질 리 없다는 생각이 든다. 그렇다면 무엇이 관건인가? 최고의 선수가 뛰는 최고의 경기를 관람하는 것인가, 아니면 대국 결과가 나온 이후 치밀한 복기를 통해 시행착오를 줄이는 처방을 받는 것인가? 어느 경우든 책으로 축구나 바둑을 익히는 것보다는 낫지만, 축구의 경우 내가 뛸 경기에서의 경기력은 경기장과 상대 선수에 대한 파악, 적절한 전략과 전술을 궁리하고 다방면에서 시뮬레이션을 거치면서 향상될 것이다.

분과원들은 수업 연구와 수업 관찰에 대한 이해를 돕는 책읽기와 함께 실제 수업을 관찰하고 이를 분석하는 작업을 병행했다. 2000년대 교원 능력개발평가의 도입으로 수업 공개가 장려되고 의무화되면서 예전에 비해 수업을 볼 수 있는 기회는 많아졌다. 수업의 달인, 수업의 장인으로 불리는 경력 교사의 교수법에서 힌트를 얻는 것이 수업 관찰의 출발점이고, 매스컴에서 다루는 '좋은 수업'은 〈우리 선생님이 달라졌어요〉와 같이 정형화된 '잘된' 수업이나 훌륭한 수업의 틀을 상정해두고, 사례 교사의 학급 경영, 교수·학습 전략, 피드백 방식 등을 코칭할 수 있다는 메시지를 남발한다. 그러나 이런 것은 수업을 들여다보는 관점이나 방법이 정립되었다기보다는 개인의 사례 보고나 경험적 지혜에서 나온 아이디어에 의존함으로써 세대와 과목 간 차이를 아우르며 교사들이 적용할 수 있는 공통분모로 작동하기에는 미흡하다고 할 수 있다.

분과에서는 '좋은 수업'의 기준이 미리 정해져 있고, 본인 수업이 교정 대상으로 비춰진다는 인식이 수업 공개의 자발성을 저해한다고 보았다. 수업 공개가 외부적 이유에서 결정될 경우 온갖 대청소와 집 꾸미기 후에 집을 보여주는 식의 절차만이 남게 된다. 이 과정에서 해당 교사는 엄청난 스트레스를 받기 마련이라 수업 공개는 '신규 교사'나 전입 교사에게 주어지는 통과의례가 되어버렸다. 이처럼 '수업 공개'가 '교원의 수업 능력 평가'로 등치되지 않고, 학생의 배움을 실현하기 위해 수업을 성찰하는 기회가 될 수 있게 하려면 수업 공개에 대한 교사의 내적 강제와 자발성이 존중되어야 한다는 문제의식을 분과원들이 공유했다.

바둑도 본인이 둔 수를 복기해야 바둑 실력이 느는 것처럼, 수업의 주체로서 교사가 본인의 수업을 돌이켜보는 것은 여러 번 강조해도 지나치지 않는다. 다른 사람의 잘하는 수업을 많이 보는 것도 필요하지만, 자기 자신의 수업을 보는 장점은 다른 교사의 수업 보기의 장점에 비할 바가 아니다.

사 교사: 수업을 보는 것은 자기가 어느 위치에 있는지를 가늠할 수 있는 근거가 된다고 생각해요. 자기 수업을 보는 것은 [자신이] 미처 보지 못했던 새로운 자신의 모습을 발견하는 거죠. 처음 제 수업을 촬영한 걸 봤을 땐 제가 그렇게 아이들에게 "빨리하라"라는 말을 많이 하는지 몰랐어요. "언제까지 빨리", "아직도 못한 사람", 이러면서 아이들에게 굉장히 재촉을 하는 거예요. 막상 찍어놓은 제 수업을 보니 나도 모르게 그런 얘길 아무렇지 않게 하고 있었구나, 바꾸어야겠다는 생각이 들었죠. 그래서 의식적으로 그런 말을 할 때마다 바꾸려고 노력하다 보니 나중에 수업을 다시 찍었을 때는 실제로 그걸 바꿨더라고요. 그 과정에서 내 수업의 특성이 무엇이고, 내가 어떤 생각을 가지고 수업을 하고 있는지, 무엇에 중점을 두고 있는지, 그때 아이들은 어떻게 하고 있는지를 확인하게 되더라고요.

본인의 수업 보기는 교사 자신의 사소한 말투와 몸짓부터, 학습 목표 제시와 학생들의 동기 유발로부터 이어지는 학습의 흐름을 한 걸음 비켜서서 볼 수 있는 기회가 된다. 자신을 객관화하면서 텍스트와 시각 매체, 교수행위를 살펴보면, 수업을 '보는' 주체와 수업을 '하는' 주체가 중층적으로 마주하게 되고, 이전에 보지 못했던 지점을 새로운 각도에서 볼 수 있게 된다. 이는 타인의 수업을 볼 때도 마찬가지여서 회를 거듭할수록 분과원들은 수업을 보는 시야가 넓어지는 경험을 했다.

<표 1,2,2> **역사수업 보기: 주체와 매개**

구분	타인의 수업	본인의 수업
텍스트	• 교수 · 학습 과정안 • 교수 · 학습 자료 & 활동 • 수업 소개(교사 회보 등)[4] • 수업 비평 • 수업 실행 일지	• 교수 · 학습 과정안 • 교수 · 학습 자료 & 활동 • 수업 소개
동영상	• 한국교육과정평가원 수업 사례 등	• 수업 촬영
직접 참관	• 수업 참관록	• 수업 실행 일지

수업을 볼 때 무엇을 어떻게 보는 것이 중요한가? 다른 교사의 수업을 보든 나의 수업을 복기하든, 수업의 주체를 막론하고, 수업의 목표와 학생에 대한 관점을 수업 보기의 첫 번째 초점으로 꼽을 수 있다. 교사가 자발적으로 공개하는 역사수업에서 '관찰의 초점'은 수업에 내재한 문제를 다른 교사들과 같이 해결해가려는 의지와 지향에서 나온다. 수업 보기에 초대받은 관찰자들은 수업자의 문제의식을 충분히 이해할 필요가 있고, 아울러 수업자의 의도를 둘러싼 여러 맥락을 함께 볼 수 있어야 한다. 분과에서도 수업자의 의도를 수업 보기의 준거틀로 보는 접근과 함께 수업 맥락을 고려해 학습의 특징과 한계를 포착하는 중층적인 접근방식을 적용했다.[5] 복합적 관점에 따른 수업 보기와 이를 둘러싼 수업 대화는 종종 수업시간의 2~3배를 넘게 이어지기 일쑤다.[6] 따라서 수업 보

---

4) 정미란, 〈전국역사교사모임의 역사 수업 실천과 지향: 회보 《역사교육》의 '수업이야기'를 중심으로〉, 《역사교육연구》 30, 169~210쪽.
5) 교사의 수업 성찰의 구체적 방법과 사례는 이 책 4부 1장 참조.

기의 강점은 단순히 수업에 대한 인상 비평으로 그치는 것이 아니라 다의적 해석과 다음 수업으로 환류가능한 의미를 도출하는 데 있다.

분과원들은 타인의 수업 속에서 자신과는 다른 교수·학습 전략을 면밀히 살펴봄으로써 수업과 관련한 더 나은 방식과 새로운 방향을 모색할수 있었다. 자신의 수업을 볼 때에도 마치 타인의 수업을 보는 것처럼 거리를 두고 복기함으로써, 자신이 서 있는 위치와 입장을 객관화해 보고, 교수·학습의 문제점과 해결 방향을 타진해보기도 했다. 이처럼 수업 보기에서 무엇을 어떻게 볼 것인가를 결정하는 요소는 바로 수업을 내적으로 성찰하고 개선하려는 '궁리'의 자세다.

이후 학생의 시선으로 수업을 보자는 의견이 제기되어 1년 동안 수업을 실행하고 관찰한 바를 놓고 분석해보기도 했다. 이를 통해 수업의 완성은 학생의 배움이라는 관점에서, 관찰자의 주관대로 수업을 재단하지 않고 수업자의 의도를 심층적으로 이해하는 계기를 마련하게 되었다. 수업에 참여하는 학생들을 예민하게 관찰하며 수집한 자료는 동학년 다른 교과 교사들에게도 많은 시사점을 줄 수 있다. 교사가 자기 수업에서 부딪히며 파악하는 학생들의 면모는 제한적일 수밖에 없기 때문이다. 영어수업에서 조용했던 학생이 역사수업에서 활발히 토론에 참여하는 모습은 학생을 초점에 두고 관찰할 때 발견할 수 있다. 동일한 학생을 다른 교과 수업에서 낯설게 만나게 되면서, 학생을 입체적으로 파악하고 수업의 역동성과 배움의 지점을 파악할 수 있었다.

수업 연구공동체에 참여하는 교사들이 장기적으로 수업 대화를 지속

---

6) 천호성 편저, 앞의 책, 2014, 103쪽.

하려면 수업 공개의 자발성과 함께 소위 '근황 토크'로 축적되는 라포르(rapport) 형성이 필요하다. 라포르가 전제되지 않은 일회성의 수업 보기는 수업 비판 내지 수업 비평을 벗어나지 못하고, '나라면 이렇게 했을 것이다'라는 충고와 '보여주기 수업'에 대한 비판을 초래하기 쉽다. 이 때문에 수업자와 관찰자는 수업 준비 과정과 목표를 놓고 대화를 시작할 문을 닫아버리게 된다. 따라서 역사수업을 보는 출발점은 수업 보는 사람들의 상호 수평적 눈높이와 동반 성장 하려는 관계 설정이 그 핵심이다.

라포르를 바탕으로 꾸준히 모인 분과원들은 바쁜 시간을 쪼개서 만나는 만큼 의미 있는 결과물을 내려고 노력했다. 한 달에 한 번 모이는 분과의 정기 모임은 자신의 수업뿐 아니라 다른 교사의 수업을 따로 또 같이 보고 성찰하는 수업 보기에 집중했다. 분과에서는 다년간의 역사수업 연구공동체 경험을 바탕으로, 수업을 보는 원칙과 절차를 표로 정리해보았다(〈표 1.2.3〉).

이 〈수업 보기의 원칙과 절차〉는 역사 교과를 대상으로 정리한 것이지만, 초중고 학교급과 다른 교과에도 적용할 수 있는 제안을 담고 있다.

3. 새로운 수업 만들기
: 공동의 수업 구상과 실행 연구

'수업 보기'가 '교사에 대한 평가' 혹은 '교사의 수업 전문성 평가'로 등치되는 지점을 넘어서기 위해, 수업 연구공동체에서는 소속 교사들이 자발적으로 공개하는 일상적 수업을 관찰하고 복기해야 한다. 분과에서는

〈표 1.2.3〉 수업 보기의 원칙과 절차

원칙	세부 절차	활동 예시
수업 연구공동체의 주체는 '바로 당신'이며 더불어 성장하는 것이 목표다.	자발적으로 공개하는 수업을 본다.	• 나이 및 경력과 상관없이 수업 고민의 순서대로 수업 공개를 자원한다. • 수업 공개의 자발성이 보장되지 않는 경우는 연구공동체 구성을 위해서라도 수업을 공개하지 않고, 실행한 수업 결과만 가지고 만난다.
	평가가 아니라 공동의 '성장'을 목적으로 만난다.	• 수업을 만들어가는 과정에 주목해, 수업 고민과 해결책이 진전된 방향과 결과를 공유한다.
	평등한 위치에서 수업을 본다.	• '한 수 배우겠습니다'로 수업 보기를 시작한다. • 수업 보기 이후 협의 과정에서 맡을 역할을 배분해 수행한다.
아젠다를 가지고 수업을 '듣고, 보고, 뜯어보고, 즐기자.'	수업자의 의도, 수업 보기의 초점을 파악한다.	• 미리 교수 · 학습 과정안이나 학습지를 받아서 파악한다. 미리 만나서 수업자가 요청하는 수업 보기의 초점(학생)을 파악한다.
	학생 중심으로, '학습'이 일어난 정도와 양상을 파악한다.	• 학습이 성취된 정도뿐 아니라 성취가 가능한 이유와 수업자가 의도한 대로 학습이 이루어지지 않은 이유(배경지식, 교사 설명, 발문과 자료의 수준과 양, 학습자 주도성 등)를 파악한다.
수업 이후가 더 중요하다.	수업시간 이상을 협의에 할애한다.	• 당일 협의하는 것이 원칙이나, 여의치 않을 경우 이후 별도 협의시간을 마련한다. • 협의 자료로는 속기록, 관찰일지, 녹음, 동영상 녹화 등을 활용하고, 학생의 학습지 결과를 놓고 대화한다.
	수업자가 무엇을 얻었는지 경청한다.	• 수업자 본인의 수업 의도에 비추어 수업 실행과 학생의 학습 결과를 반성적으로 성찰한 결과에 주목한다. 그 속에서 앞으로 수정 · 개선할 수 있는 부분을 적극 지지한다.
지속적으로 만나면서 동반 관계를 형성하자.	다른 교과, 학교급, 지역 교사들의 이야기를 경청한다.	• 다른 관점과 초점에서 나온 수업 강평을 경청한다. 교사는 수업을 입체적으로 볼 수 있고, 학생 역시 다면적으로 보인다.
	지속적으로 만나 서로의 근황을 점검하며, 교사 간의 라포르를 형성한다.	• 지속적으로 만날 경우 학생, 학교, 수업 초점, 역사교육관에 대해 매번 설명할 필요가 없다. • 새로운 시도가 아니라 매일의 수업에 대해 대화할 수 있는 파트너가 생긴다.

역사수업, 함께 궁리하고 더불어 성장하다

교사의 효과적 설명보다 학생의 배움 실현 여부가 관찰의 초점이 되면서 본격적 연구 문제로서 '발문'과 '핵심 아이디어'에 주목하게 되었다. 수업 연구를 위해 모였으니 수업 개선을 위해 분주하게 움직여야겠지만, 수업 실행에 대한 침잠과 성찰의 시간으로도 충분하다고 판단했던 것이다. 개별 교사의 수업 개선 노력은 자신의 수업에 대한 성찰과 동료 교사의 진심 어린 비판으로 진전을 거듭하게 되고, 이후 공동의 수업을 구상하고, 실행·분석·성찰하는 활동 중심으로 공동 연구 주제가 설정될 수 있었다.

이는 수업 연구공동체가 한 단계 도약하는 것이기도 하다. 앞서의 책 읽기와 수업 보기를 포함해 수업 연구공동체의 성장을 몇 가지 단계로 설명할 수 있다. 가장 초보적인 것은 뜻 맞는 사람끼리 수업 고민을 나누는 수업 친구, 좀 더 여러 사람이 모이는 수업 수다 모임, 체계적으로 공부하기 위해 텍스트를 정해 함께 읽는 독서 토론 모임, 수업 공개와 나눔을 펼치는 수업 나눔 모임, 함께 수업을 구상하는 공동수업 디자인 모임, 교육과정을 비판하고 재구성하는 대안적 교육과정 모임에 이르기까지 수업 연구공동체에는 여러 수준과 특징이 있다. 물론 수업 연구공동체가 반드시 이런 순서로 진화한다거나 각 단계에서 어느 하나의 활동만 하는 것은 아니고, 동시에 독서도 하고 수업도 나누고 교육과정도 검토하는 등의 활동을 할 수 있다.[7]

수업하기와 수업 보기, 교사의 수업 의도와 학생의 배움에 집중한 분과의 수업 연구는 학생들이 역사수업에서 성취할 목표로서 '역사가처

---

7) 김현섭, 《수업공동체: 수업 연구 실천모임 어떻게 할까》, 수업디자인연구소, 2018, 31쪽.

럼 읽기'에 대한 관심을 불러일으켰다. 역사를 역사답게 가르치고 배우기 위해서는, 역사의 문법에 맞는 내용 파악과 수업 디자인이 필요한 까닭이었다. 다양한 역사 자료에 질문을 던지고 해답을 찾아가는 과정에서 학생들의 역사적 탐구, 상상력, 판단력이 성장하기를 기대했다. 이를 위해 한국 근현대사에서는 3·1 운동을 주제로, 전근대사에서는 고려시대를 놓고 연구사 검토, 쟁점 이해, 중심 질문 추출, 이를 전개할 자료와 질문 구성에 공을 들였다.

이러한 문제의식을 수업에 녹여내기 위해 분과에서는 공동의 교수·학습 과정안을 구안하고, 실제 수업으로 실행하고 함께 관찰하며, 수업의 의도가 잘 살아났는지, 학생의 배움은 제대로 일어났는지, 역사적 사고가 교사와 학생/학생과 학생의 상호작용으로 진전되었는지 등을 성찰적으로 피드백했다. 이 과정에서 수업자 개인의 수업 고민과 창의적 구상을 제약하지 않으면서 분과원들의 지혜를 모아 더 풍부하고 다채로운 수업 궁리를 할 수 있었으며, 함께 수업을 관찰·분석하면서 역동적이고 입체적인 수업의 양상을 정리할 수 있었다.

새로운 문제의식을 좇아 분과 연구 주제를 선정했다고 해서, 분과가 돌출적이고 일회적인 연구를 했다는 뜻이 아니다. 초반에는 수업 자체에 주목해 수업의 구상과 실천·분석이라는 과정에 집중했다면, 차츰 학생의 시선으로 수업을 보자는 화두를 떠올리며, 수업의 여러 주체를 고민했다. 이어 역사 자료를 탐구하는 질문을 다각적으로 던지면서 역사적 사고력의 여러 측면을 일깨우고, 역사수업 본연의 문법에 충실하려고 노력했다. 2013년에 설정한 3·1 운동이나 2016년에 설정한 고려시대는 주제당 3~4년씩 천착했다. 긴 호흡으로 수업 실천, 성찰, 공동 검토를

〈표 1.2.4〉 **역사수업연구분과의 발표 주제**

발표일	주제	주요 내용
2010. 6. 25	수업을 어떻게 볼까?	수업 영상과 전사록을 토대로 수업 분석
2011. 12. 10	교사와 학생이 함께 만드는 역사수업	한 교사의 1년간 수업을 관찰하고 비평
2013. 12. 14	3·1운동, 역사가처럼 읽고 생각하기	'역사가처럼 읽기'를 한국사 연구에 적용
2015. 7. 10	3·1운동 수업, 누가 주도했는가에서 누가 참여했는가로	3·1운동 대표자 선정에서 3·1운동 참여자와 기억의 문제 인식으로
2017. 12. 9	고려사 수업에서 무엇을 가르칠까?	고려시대의 교과서 서사에 대한 비판과 수업 재구성

수행했던 것이다.

역사교육연구소에서 격년으로 반(半)자발적, 반의무적으로 분과발표회를 준비하면서 분과에서 얻은 수확이 상당하다고 할 수 있다. 발표는 책 출간보다는 더 자유로운 의견 개진이 가능하지만 여전히 수업 실행과 시행착오에 대한 에피소드 발표 이상의 것을 제안해야 하는 부담이 있는 자리였다.

이처럼 수업 실행 이후 사후 처방과 반성에 집중했던 시기를 거쳐, 수업 계획과 구상 단계에서부터 공동으로 수업을 기획하는 방식으로 질적 전환을 이루면 '연구'공동체가 비로소 정립되는 시점이라 할 수 있다. 분과에서는 연초에 수업 연구의 주제를 결정해 한 해 동안 수행하고 학년 말에 함께 정리해가는 방식으로 움직였다. 이러한 수업 연구는 실제 수업에서 개별 교사들이 개성 있게 수업을 실행했지만 공동의 책임으로 수업을 '복기'하는 것이 기본 틀이 되었다.

공동의 수업 만들기 경험을 축적하는 가운데, 분과의 교사들은 교사연구자로 수업 연구를 수행하는 주체가 되었다. 새로운 수업을 만들기 위해 역사학과 역사교육 연구 성과를 목적의식적으로 탐구하며, 수업을 메타적으로 성찰하고 그 결과를 보고하는 과정에서 '연구자로서 교사'의 정체성을 가질 수 있었다. 따로 또 같이 교사 개인의 개성이 묻어나는 수업을 전개하고, 교사 개인의 고민을 좇아가는 연구를 진행함으로써, 다양한 연구 결과가 수업 연구를 풍성하게 채워나갔다.

교사의 가르치기 위한 지식으로서 교수내용지식은 모 학문에서 파생된 부수적인 것이 아니라 반성적 실천을 통해 독특하게 형성된다. 수업 내용에 대한 고민과 수업 실천, 이에 대한 피드백 과정에서 형성된 교수내용지식은 실천적 지식이며 교직 특유의 전문지식이다. 이를 통해 전문가로서 교사는 반성적 실천가이자 지식 창출자로서 자리매김 할 수 있다. 수업 연구공동체로서 분과 활동은 수업의 기획부터 성찰까지 전 과정을 분과원들이 함께하면서 공동의 지혜를 축적하고 개인적·동반적 성장을 촉진했다. 분과 활동을 통해 성장한 분과원의 지식은 다음과 같은 집단지성의 특징을 발현하고 있다.

① 모두에게 분산된 지성: 모든 것을 다 아는 사람은 없다.
② 끊임없이 진화하는 지성: 서로의 지성이 발휘되도록 존중하고 돕는다면 진화하게 되어 있다.
③ 실시간으로 조정되는 지성: 온라인 소통이 확산됨에 따라 시공간의 제약을 넘어 서로의 지성을 자유롭게 교류·공유하면서 실시간으로 조율한다.

역사수업, 함께 궁리하고 더불어 성장하다

④ 유감없는 기량 발휘로 나타나는 지성: 상호 존중과 인정 속에 개인의 능력을 극대화하며, 집단지성은 개인의 개별성에 가치를 부여한다.[8]

이를 비유적으로 표현하다면, 코러스나 심포니처럼 모두 다 똑같은 소리를 내는 게 아니라 각자 서로 다른 음을 내되 아름다운 화음을 만드는 것이라 할 수 있다. 화음을 이루기 위해 나의 소리를 온전히 내는 동시에 타인의 소리에 귀 기울이며 나와 타인의 소리를 조율하는 모습인 것이다.

수업 연구공동체로서 장기 지속적으로 성장을 거듭해온 분과의 활동과 개인의 성장 이력을 간략히 제시해보았다(〈표 1.2.5〉).

분과 활동 10년의 발자취에서 의미 있는 몇 가지 성과를 간추리면 다음과 같다.

첫째, 한 차시 수업 고민에 갇히지 않고 한 단원을 전체적으로 조망하고 재구성하는 시야를 갖도록 하는 수업 사례를 제시했다.

둘째, 교사 개인적 성찰의 차원을 넘어 공동의 연구와 실천, 밀도 있는 수업 연구를 진행하는 본보기가 되었다.

셋째, 수업 성찰의 다각적인 방식 – 수업 협의 프로토콜, 역할 분담식 참여 관찰법 – 을 정비해 실제로 학교 현장에 적용할 수 있는 틀을 마련했다.

넷째, 연구 성과를 나누기 위해 분과발표회, 역사교육연구소 회보《역사와 교육》에 기고하는 것은 물론 체계적이고 대중적인 직무연수를 기

---

8) 서경혜,《교사학습공동체: 집단전문성 개발을 위한 한 접근》, 학지사, 2015, 48~49쪽.

<표 1.2.5> 역사수업분과의 활동 내용과 성장 이력

시기	주제	공동	개인	학교	외부
2009 ~ 2012	수업 관찰	• 본인과 타인의 수업 비평 • '배움의 공동체' 적용과 검토	• 학술지 연구 논문과 회보에 게재	• 분과원 개인 단위로 학습지 제작 & 수업 실행 참여 관찰	• 청주교육대학 수업비평 팀과의 교류
2013 ~ 2015	3·1운동	• 분과 수업연구 결과 발표 • 독립기념관 박물관 교육 팀과 세미나	• 학술지 연구 논문과 회보에 게재	• 지역과 학교, 학생 맞춤형 수업 방안 개발 적용 • 학부모 대상 3·1운동 강연	• 분과원 다수 전국 단위 교사 연수 '배움이 있는 역사수업 만들기' 주관 및 강사로 참여 • 지역 단위 교사 연수에 강사로 참여(**마 교사**) • 서울시 3·1운동 시민위원(**바 교사**) • 학회 발표 (2017년 WALS)
2016 ~ 2019	고려시대사	• 분과 수업연구 결과 발표 • 고려 유적 답사	• 학술지 연구 논문과 회보에 게재 • '한국사 속의 다문화' 집필 (**다 교사**)	• 지역과 학교, 학생 맞춤형 수업 방안 개발 적용	• 학회 발표 (2018년 WALS)
	기타	• 공부할 논문 목록 정비 • 전문 연구자 초청 특강	• 역사수업 책자 출판(**라 교사**)	• 교사 교육기관과 분과 소속 교사의 협력 (교육실습생 지도)	• 교사 교육기관 수업시연 평가자 & '좋은 수업' 특강 강사 • 2015 개정 교육과정 공청회 토론

역사수업, 함께 궁리하고 더불어 성장하다

획했다.

다섯째, 위의 과정을 거치면서 교사가 교육과정 디자인의 주체이자 반성적 수업실천가, 수업 전문가, 교사연구자, 수업 이론의 프로슈머로 성장할 수 있도록 로드맵을 제안했다.

분과원들의 '조심스러운' 자부심과는 별개로, 이와 같은 성과가 장기 지속형 수업 연구공동체로서 수업 연구와 연구공동체에 관심 있는 교사들이 모임을 구성하고 지속적으로 운영하는 데 시사점이 있기를 기대한다.

2부

역사수업 구상과 실행 1
: 3·1운동 수업, '역사가처럼 읽기'의 적용

정미란 · 이춘산

A 교사	요즈음에는 배움의 공동체, 거꾸로 수업, 하브루타, 액션 러닝, 토의 토론, 비주얼 씽킹 등의 방법을 적용한 역사수업이 유행하는 거 같아요.
B 교사	맞아요. 저도 토론수업을 해봤는데, 학생의 역할이나 참여 절차에 신경을 쓰다 보면 역사수업을 한 건지 국어수업을 한 건지 모르겠더라고요.
C 교사	역사수업을 역사수업답게 하려면 어떻게 해야 할까요?
A 교사	글쎄요. 역사라는 교과의 특성을 살려야 하는데…….
B 교사	역사수업을 잘하려면 수업 모형이나 학습 방법이 아니라 교사와 학생의 역사 인식을 더 중요하게 고려해야 하지 않을까요?

01 역사를 역사답게 가르치기 위한 궁리

1. 《역사가처럼 읽기》와의 마주침

역사수업연구분과(이하 분과)에서는 좋은 역사수업이란 어떤 수업일까에 대해 고심했다. 역사수업 구상은 어떤 역사를 가르칠 것인가에 대한 교사의 인식에서 출발한다. 하지만 교사의 역사 인식이 학생에게 그대로 투영되거나 전달되지는 않는다. 좀 더 나은 역사수업을 하기 위해서는 역사수업을 학생들이 어떻게 받아들이고 기억하는가에 대한 관심과 논의가 필요하다. 분과에서는 역사를 역사답게 가르치고 배운다는 것은 역사수업을 통해 학생들의 역사적 사고가 진전되어 좀 더 성숙한 역사 이해를 갖도록 하는 것이라는 데 의견을 같이했다.

학생의 역사적 사고는 역사교육 연구의 주요 논제 중 하나이며, 역사적 사고의 신장은 역사교육의 중요한 목표로서 확고한 위치를 차지하고 있다. 역사적 사고의 개념은, 그간의 논의에도 불구하고 불분명하나, 대체로 다른 교과와는 구별되는 역사에서의 고유한 인식 과정으로 본다.[1] 역사적 사고는 과거의 사건과 이를 기록한 자료 뒤에 숨어 있는 사람들의 사상을 추체험하는 것으로, 사건의 개별성과 다양성에 관심을 두며, 시간의 경과 속에서 계속성과 변화에 대한 이해를 추구한다.[2] 역사적 사고는 역사가의 연구 과정 즉 역사학의 연구 내용 및 방법에 바탕을 두고 있어 역사를 역사답게 가르치는 방안으로 주목받았다.

역사를 역사답게 가르치는 수업에 대해 궁리하던 중, 우리는《역사가처럼 읽기》[3]라는 책과 마주쳤다. 이 책의 저자인 샘 와인버그는 역사 탐구와 역사적 사고력에 대한 저명한 연구자로 국내에도 널리 알려져 있다. 와인버그는《역사적 사고와 역사교육(Historical Thinking and Other Unnatural Acts)》(2001)에서 교사, 역사가, 학생 및 학부모를 면담해 얻은 자료를 토대로 역사적 사고의 특징과 형성 과정을 연구했고, 특히 역사 텍스트를 읽는 방법에 주목해 여러 연구 성과를 제시했다.[4] 《역사가처럼 읽기》는 와인버그와 그의 동료들이 공동집필한 교사용 지도서 성격의 책이다. 2013년 분과원들은 '역사가처럼 읽기'의 특징과, 역사적 사고력과의 관계, 역사적 사고력을 구현한 수업의 실체를 파악하려는 호기

---

1) 신소연 · 김상기 · 김성자 · 정진경, 〈역사적 사고에 관한 연구의 진전과 변화〉, 양호환 편, 《한국 역사교육의 연구동향》, 책과함께, 2011, 243~304쪽.

2) 김한종, 〈역사적 사고력의 개념과 그 교육적 의미〉, 양호환 · 이영효 · 정선영 · 최상훈 · 김환길 · 송상헌 · 김한종 · 송춘영 · 박병로 · 양정현,《歷史敎育의 理論과 方法》, 삼지원, 1997, 318쪽.

3) Sam S. Wineburg, Daisy Martin, & Chauncey Monte-sano, *Reading Like a Historian: Teaching Literacy in Middle and High School History Classroom*, New York: Teachers College Press of Columbia University, 2011.

4) 샘 와인버그, 한철호 옮김,《역사적 사고와 역사교육》, 책과함께, 2006, 121~249쪽.

역사수업, 함께 궁리하고 더불어 성장하다

심으로 함께 《역사가처럼 읽기》를 읽기 시작했다.

《역사가처럼 읽기》는 와인버그와 그의 동료들이 구상하고 실천한 역사 텍스트 읽기 수업의 실제적이고 구체적인 과정을 안내하고 있다. 이 책은 역사수업을 통해 학생들의 역사적 문해력(historical literacy)을 향상시키고자 할 때 교사가 고려해야 할 사항을 역사 내용을 소재로 예를 들어 설명한다. 모두가 역사가가 되는 것은 아니기 때문에, 학생들이 모든 중요한 역사적 사실과 역사적 사고 방법을 알 필요는 없다. 그보다 학생들은 주어진 정보를 역사적 맥락에서 독해해서 타인의 관점을 이해하고, 최선의 선택을 취함으로써 앞으로 살아가는 데 필요한 역량을 키울 필요가 있다.

《역사가처럼 읽기》에 따르면, 교사의 역할은 역사적 사실을 선별해서 효과적으로 학생들에게 전달하기보다 학생들이 호기심을 가지고 '중심 질문(core question)'에 대한 답을 찾아가도록 조력하는 것이다. 여기서 중심 질문이란 역사적 사건에 대한 사학사적 쟁점과 역사수업에서 다루어야 할 중요한 학습 요소를 질문으로 표현한 것이다.[5] 중심 질문은 역사수업 구상, 실행, 성찰의 과정에서 방향타 역할을 한다. 역사 교사는 역사 지식의 생성과 소통 과정에 적극적으로 개입하는 존재이며, 역사수업은 교사가 가르칠 내용을 어떻게 문제화하는가에 따라 달라진다.[6] 역사수업에서 중요한 것은 교사와 학생의 역사 인식이며, 그것은 과거 사

---

5) 김민정 · 정미란, 〈"비록 이름은 알려지지 않았지만, 꿈은 이루어졌나요?"—초등학교 3 · 1 운동 역할극 수업 실행과 성찰〉, 《역사교육논집》 59, 2016, 7쪽.

6) 양호환, 〈역사학습의 인식론적 모색〉, 《역사교육의 입론과 구상》, 책과함께, 2012, 303~324쪽.

건에 대해 어떻게 의미 있게 묻는가에서 출발한다.

《역사가처럼 읽기》는 중심 질문과 함께 역사적 사고의 방법으로 출처에 대한 질문과 내러티브의 검토를 제시하고 있다. 출처에 대한 질문은 출처확인과 맥락화로 구분된다. 출처확인(sourcing)은 자료를 보고 누가, 언제, 왜, 어떤 입장과 처지에서 그 자료를 만들었는지, 그 자료는 신뢰할 만한지 등을 탐색·판단하는 것이다. 맥락화(contextualization)란 역사적 사건을 그 사건이 일어난 시간과 공간 속에 위치시켜 이해하는 것이다.

국내에도 출처확인과 맥락화를 통한 역사 텍스트 읽기의 필요성에 동의해 그 구체적 전략을 모색한 연구들이 있다. 연구에 따르면, 학생들은 역사가와 달리 표면적으로 드러나는 텍스트들 사이의 논리 구조에 맞추어 텍스트 내용을 선택적으로 독해하고 활용해 추론하는 경향이 있다. 학생들의 배경지식이나 편견은 텍스트의 출처확인에 크게 영향을 준다. 학생들이 역사가처럼 역사 텍스트를 읽기 위해서는 텍스트 자체를 치밀하고 충실하게 읽되, 그 텍스트의 한계에 대해 생각해보고 자신의 편견을 확인하며 현재주의적 접근을 경계하는 것이 필요하다.[7]

한편 역사 텍스트 읽기에서 맥락화는 텍스트에 관련된 풍부한 내용을 이미 알아야 하거나 또 다른 텍스트를 참조해야 한다는 문제가 내포되어 있다. 따라서 교사는 맥락화를 가르칠 때 학생들에게 배경지식을 적절히 제공하고 다양한 자료를 선정하고 다듬어 제시할 필요가 있다. 교사의

---

7) 강선주, 〈고등학생과 역사가의 역사텍스트 독해 양상과 텍스트 독해 교수학습 전략〉, 《歷史敎育》 125, 2013, 175~176쪽.

목차	미국사 단원	중심 질문	주요 역사적 사고 개념	교수 전략
1. 포카혼타스	신항로 탐험과 식민지화	포카혼타스가 정말 존 스미스를 구했는가?	신화와 구별되는 역사란 무엇인가?	탐구 단원
2. 렉싱턴 평원	미국혁명	렉싱턴 평원에서 무슨 일이 일어났는가?	출처에 대한 질문 —출처확인	이미지 분석 : 자료를 통한 설명
3. 에이브러햄 링컨	남북전쟁	링컨은 인종주의자인가? 우리는 과거를 어떻게 판단할 수 있는가?	출처에 대한 질문 —맥락화	구조화된 학술적 논쟁(SAC): 맥락화를 통한 분명한 설명
4. 크리스토퍼 콜럼버스	이주 (19세기 후반)	1492년과 1892년 중 어느 날이 더 중요한가?	출처에 대한 질문 —맥락화	정치만화(카툰) 분석: 맥락을 밝히는 수업
5. 토머스 에디슨과 기술	1920년대	전기와 여성 노동: 누가, 언제 사실상 혜택을 입었는가?	출처에 대한 질문 —확증과 일반화 도출	인터넷 기반 수업 : 확증 학습
6. 먼지폭풍	1930년대/ 대공황	먼지폭풍을 야기한 것은? 어떤 이야기가 전해지는가?	내러티브 — 여러 이야기와 원인 고려하기	교과서를 넘어서는 수업(OUT)
7. 로자 파크스	민권운동	그날 로자 파크스는 실제 어디에 앉았는가? 몽고메리 버스 보이콧은 어떻게 성공했는가?	내러티브 — 자료에 대해 질문하기	학생의 글쓰기와 법적 문서 분석
8. 쿠바 미사일 위기	냉전	제3차 세계대전은 "누군가 은폐해서" 막을 수 있었는가?	내러티브—교과서, 증거, 바뀐 이야기	OUT, 서로 다른 교과서 서술의 비교

시범과 도움을 통해 학생들은 과거와 현재의 대화에 참여하며 텍스트에 담긴 저자의 의도와 진술의 의미를 이해해가는 맥락화의 과정을 경험하고 역사적 질문에 적절한 답을 찾아나갈 수 있다.[8]

《역사가처럼 읽기》는 출처확인 및 맥락화의 방법과 함께 내러티브에 주목했다. 역사에서 내러티브란 과거의 사건을 연대기적 순서로 소재를 조직해 내용을 단일하고 조리 있는 이야기로 표현한 역사 서술 형태를 가리킨다.[9] 이 책은 역사 교과서를 비롯한 여러 역사 내러티브를 비교해 살펴보고, 서로 다른 내러티브가 생기는 원인과 내러티브의 변화를 이해하는 과정을 다루고 있다. 내러티브를 살펴볼 때는 화자의 위치와 존재를 내러티브 속에서 찾는 것 즉 서술의 관점을 파악해야 한다. 학생들은 역사 내러티브의 특성을 알고 역사 교과서도 그중 하나의 내러티브라는 점을 이해하며 자신의 내러티브를 만들어가야 한다.

《역사가처럼 읽기》는 미국사의 많은 주제 중 저자들이 선정한 8개 주제에 대해 교수·학습 가이드라인을 안내하고 있다. 주제별 도입부는 역사교육적 의미, 관련 연구 성과와 논쟁점 등을 설명하는 에세이 성격의 글로 시작된다. 에세이 다음에는 1차 사료, 도표, 이미지 등 수업에서 활용할 수 있는 자료가 제시되어 있다. 《역사가처럼 읽기》는 수업 주제와 관련된 자료를 단순히 나열하는 것이 아니라 주제의 역사성을 바탕으로 수업에서 향상시키고자 하는 역사적 사고를 고려해 주요 사료를 선정하

---

8) 양호환·천세빈, 〈역사 텍스트 독해에서 맥락화 교수학습의 문제〉, 《歷史敎育》 146, 2018, 80~81쪽.

9) 양호환, 〈내러티브와 역사인식〉, 앞의 책, 2012, 188쪽.

고, 각 자료의 내용과 특성을 소개한다. 게다가 그 자료들은 곧바로 수업에서 활용할 수 있게끔 사료를 수정하거나 어려운 단어의 설명을 부가하는 등 학생의 눈높이에 맞게 변형되어 실려 있다.

《역사가처럼 읽기》는 또한 교사가 제시된 자료를 활용해 학생의 수준과 수업 여건에 따라 선택적으로 수업을 할 수 있도록 2~3개의 수업 시나리오를 제안한다. 각각의 수업 시나리오는 필요한 수업 시수, 중심 질문, 주요 활동, 활동 자료, 관련 사료, 활동 과정, 유의할 점, 참고 웹사이트, 목표하는 역사적 사고 기능 등을 자세히 기술하고 있다.

2. '역사가처럼 읽기'의 적용

분과에서는 《역사가처럼 읽기》를 함께 읽고 분석하고 토론하면서 '역사가처럼 읽기'를 한국사 수업에 적용해보고자 했다. 이 책은 미국사에서도 그림, 사진, 신문 자료 등 활용할 수 있는 자료가 많은 비교적 최근 시기를 대상으로 하고 있다. 분과에서도 이 점을 고려해 '역사가처럼 읽기'를 한국사의 전근대 시기보다 학생들이 접근하기 쉬운 형태의 자료가 많은 근현대 시기의 수업에 우선 적용해보기로 했다.

분과원들은 근대, 일제 강점기, 현대 시기의 역사수업 주제를 각각 3개씩 선택하고, 각 수업에서 제기할 중심 질문을 만들어보았다. 근현대사의 다양한 주제가 제기되었는데, 논의 결과 9개 주제―근대화의 두 길, 홍선 대원군, 사회진화론, 신여성, 3·1 운동과 유관순, 민족 독립 투쟁, 일제 지배 정책과 지역의 변화, 해방, 6·25 전쟁에 대한 인식―로

모아졌다.[10]

분과는 9개 주제 각각의 수업 의도와 방향, 주요 내용 요소 등에 대한 난상토론을 통해 3·1 운동을 공동수업 주제로 선정했다. 분과원들은 다른 주제에 비해 내용의 범주가 분명하면서도 협소하지 않아 어디에 초점을 두느냐에 따라 다각적 수업 구상이 가능하다는 점에서 3·1 운동을 선정했다. 3·1 운동의 선정에는 우리가 《역사가처럼 읽기》에서 가장 강렬한 인상을 받았던 로자 파크스의 사례를 한국사 수업에 적용해보려는 열망도 한몫했다.

로자 파크스(Rosa Parks)는 잘 알려진 미국의 흑인 여성 민권운동가다. 파크스는 1955년 12월 어느 날, 미국 앨라배마주 몽고메리에서 버스 좌석을 양보하라는 버스 운전사의 요구를 거부했고, 경찰에 체포되었다. 이 사건은 이후 1년 넘게 지속된 몽고메리 버스 보이콧을 촉발했고, 아프리카계 미국인의 권익과 인권을 개선하려는 미국 민권운동의 시초가 되었다.

미국 학생들은 로자 파크스를 미국 민권운동의 대표 인물이자 미국 역사상 가장 유명한 여성 인물 중 한 사람으로 기억한다. 《역사가처럼 읽기》는 학생들의 파크스에 대한 기억이 정교하게 꾸며낸 이야기에 기초한다는 점을 문제 제기 하고 있다. 로자 파크스 수업 모듈은 파크스에 대한 학생들의 인식을 바로잡기 위해 교사가 직접 학생의 잘못된 인식을 지적하고 제대로 된 사실을 알려주는 수업을 지양한다. 대신 학생들

---

10) 송치중, 〈"역사가처럼 읽고 생각하는 3·1 운동 수업": II. 연구과정과 문제의식 소개〉, 《역사와 교육》 9, 2014, 39~41쪽.

이 자신의 인식에 의문을 갖게 하고 새로운 인식을 형성할 수 있도록 균열을 일으키는 중심 질문—"그날 파크스는 실제 버스 어디에 앉았는가?"—을 던진다. 미국 학생이라면 누구나 대답할 수 있을 것 같은 질문이지만, 막상 그 좌석이 버스의 앞인지 중간인지 뒤인지를 구체적으로 답하기란 쉽지 않다. 학생들은 로자 파크스 사건에 대한 자료를 분석하다 자신의 인식과 실제 사건의 전개가 불일치하고, 자료 간 불일치하는 지점을 만나면서 혼동에 빠진다.

게다가 파크스가 좌석을 양보하기를 거부했던 사건 이전에 이미 미국 흑인 단체에서 버스 보이콧을 계획했던 사실 등 민권운동의 배경과 실제적이고 복잡한 내막을 알게 되면 학생들의 혼동은 더 커진다. 학생들은 민권운동을 성공적으로 이끈 대표 인물로 파크스를 꼽는 것이 적절한가 하는 의문을 갖게 된다. 로자 파크스 수업 모듈에 비추어, 한국사 수업에서는 임진왜란-이순신, 3·1 운동-유관순 등 역사적 사건을 특정 인물의 업적인 것처럼 대응하는 인식과 기존의 내러티브에 파열음을 내는 과정을 정교하게 고안해 학생들이 경험하도록 설계되었다.

분과는 로자 파크스 수업 모듈의 의도와 방법에 깊은 인상을 받았고, 거기에 착안해 3·1 운동 수업을 기획했다. 3·1 운동에 대한 학생들의 선행 지식 및 역사 인식에 의문을 품을 수 있는 중심 질문을 구상하기 위해, 먼저 3·1 운동 관련 연구를 검토하며 사학사적 흐름을 살펴보았다. 3·1 운동에 대한 연구는 3·1 운동의 성격, 의의, 평가에 대한 것이 주를 이루었다.[11] 3·1 운동과 관련한 논쟁점은 3·1 운동에서 민족대표 33인

---

11) 김진봉, 《三·一運動史研究》, 국학자료원, 2000; 김창수, 〈3·1 독립운동의 민족사적 위

의 역할과 의미, 3·1 운동의 폭력성과 비폭력성, 3·1 운동의 성공 여부 등이었다.

역사과 교육과정과 역사 교과서에서 다루고 있는 3·1 운동 관련 학습 요소와 성취 기준도 비교·검토했다. 수업 연구 당시인 2013년 초등학교 5, 6학년은 2007 개정 교육과정과 해당 교과서로 학습하고 있었다. 2007 개정 초등학교 사회과 교육과정은 3·1 운동 관련 목표를 "대표적인 인물을 중심으로 여러 갈래로 이루어진 독립 운동의 전개 과정을 이해한다"라고 진술하고 있다. 한편 중학교는 "3·1 운동의 성과와 의의를 파악하고, 대한민국 임시 정부가 수립되었음을 안다", 고등학교는 "3·1 운동의 배경과 전개 과정을 알고 민주공화제를 표방한 대한민국 임시 정부 수립의 의의를 인식한다"라고 진술하고 있다. 3·1 운동 관련 역사과 교육과정의 성취 기준은 표면상 학교급별 차이가 있으나 내용 요소와 교과서 서술 내용을 보면 3·1 운동의 배경과 전개 과정, 대한민국 임시 정부와의 관련성을 주로 다루고 있다는 점에서 서로 비슷하다. 이러한 경향은 최근까지도 크게 달라지지 않았다.[12]

상〉, 《상명사학》 10·11·12, 2006; 신용하, 《한국 항일독립운동사연구》, 경인문화사, 2006; 이윤상, 《3·1운동의 배경과 독립선언(한국독립운동의 역사 18)》, 한국독립운동사 편찬위원회·독립기념관 한국독립운동사연구소, 2009; 이정은, 〈3·1운동 민족대표론〉, 《한국민족운동사연구》 32, 2002, 155~186쪽; 임경석, 〈3·1운동기 친일의 논리와 심리—《매일신보》를 중심으로〉, 《역사와 현실》 69, 2008, 47~74쪽; 정상우, 〈3·1운동의 표상 '유관순'의 발굴〉, 《역사와 현실》 74, 2009, 235~263쪽.

12) 3·1 운동 관련 학습 요소와 성취 기준은 2015 개정 교육과정에서도 유사하게 제시되었다. 정상우는 중학교와 고등학교 역사 교과서 모두 3·1 운동과 대한민국 임시 정부를 하나의 중단원으로 묶어 비슷한 구조로 서술하고 있다는 점에서 학습 내용이 반복된다고 보았다. 정상우, 〈현행 역사 교과서 한국 근·현대사 서술의 학습 내용 계열성 검토—중단원 '3·1운동과 대한민국 임시 정부'를 중심으로〉, 《歷史敎育》 147, 2018, 149쪽.

그동안의 3·1 운동 수업은 교육과정의 성취 기준 진술과 대동소이하게 평면적이고 당위적이며 관성적인 경우가 많았다. 대체로 1차시 분량의 수업에서 3·1 운동의 배경과 전개 과정 및 그 의의로서 대한민국 임시 정부를 설명하는 방식이었다. 3·1 운동에 대한 역사 교사들의 인식 및 이미지 역시 단순하고 비슷했다. 예를 들어, 많은 교사는 3·1 운동의 배경으로는 토머스 우드로 윌슨의 민족 자결주의를, 3·1 운동의 성격으로는 전국적으로 수많은 사람이 참여한 거족적인 독립 운동이었다고 생각한다. 3·1 운동에 누가 어떻게 참여했는가를 물으면 교사 대부분은 유관순, 민족대표 33인 정도를 언급하며, 3·1 운동의 방법으로는 독립 선언서를 낭독하고 만세 운동을 했다고 답하고, 그 의의로는 대한민국 임시 정부가 수립되었다는 점을 꼽는다.

분과에서는 기존 3·1 운동 수업을 되돌아보며 타성적 수업 실행을 반성했다. 분과원 대부분은 별 문제의식 없이 3·1 운동의 배경, 전개 과정, 영향 등을 정리하고, 대한민국 임시 정부의 성립과 의의에 대한 설명을 덧붙이는 방식으로 수업을 해왔다는 점을 깨달았다. 3·1 운동의 주요 내용요소인 사건·인물·개념 등을 괄호 속에 넣으며 암기하는 학습지를 만들어왔고, 3·1 운동의 결과와 의의 역시 한 방향으로 수렴해서 가르쳐왔다. 요컨대 그동안의 수업 경험에서 3·1 운동에 대한 교사 자신의 문제의식뿐 아니라 학생의 이해를 고려한 수업의 구조화를 찾아보기 어려웠다.

우리는 3·1 운동 수업의 의미와 수업에서 다루어야 할 내용에 대해 논의하며 학습량과 수준을 결정했다. 중심 질문의 결정 과정은 어떤 학습 내용요소를 선택하고 집중해 세밀하고 깊게 다룰 것인지 합의에 도달하는 과정이기도 했다. 분과원들은 3·1 운동이 어떤 의미로서 학생들에게 다가가도록 할 것인지, 학생들이 3·1 운동 관련 자료를 어떻게 역사가처럼 읽게 할 수 있을지 궁리했다. 이러한 논의를 바탕으로 세부적 학습 내용 선정, 중심 질문 도출, 발문과 자료를 결합한 학습지 작성이 이어졌다. 분과의 수업방식은 《역사가처럼 읽기》에서 비롯되었지만 분과원들의 역사수업 경험을 바탕으로 집단지성을 통해 해석하고 구안해 한국사 수업에 적용한 또 다른 '역사가처럼 읽기'였다.

02

3·1 운동 수업의
실행과 변주

1. 3·1 운동 수업 시나리오 구상

3·1 운동에 대한 공동의 수업 기획은 중심 질문을 고안하는 데서 출발했다. 분과에서는 《역사가처럼 읽기》의 수업 사례에서 제시되었던 중심 질문을 고려해 3·1 운동 수업을 통해 가르치고자 하는 문제의식을 담은 여러 질문을 만들었다. 분과는 논의를 거쳐 3·1 운동에 대한 여러 질문 중 세 개의 중심 질문을 추렸다.

- 첫째, 1919년 3월 1일에 무슨 일이 일어났을까?
- 둘째, 3·1 운동 당시 민족대표는 무슨 일을 했을까?
- 셋째, 3·1 운동을 대표하는 인물은 누구인가?

각각의 중심 질문은 주요 학습 내용과 수업 방향을 내포하고 있다. 첫 번째 중심 질문은 3·1 운동의 배경이나 당시 상황을 보여주는 자료를 토대로 1919년 3월 1일 당시의 현장을 재현해보고자 했다. 두 번째 중심 질문은 민족대표 33인의 인적 구성을 알아보고 각각의 인물이 당시에 무슨 일을 했으며 그 의미는 무엇인가에 대해 관련 자료를 통해 추론해보고자 했다. 세 번째 중심 질문은 공식적 기억에서 3·1 운동의 대표자로 호명되는 인물들에 대해 살펴보고 그 현상을 반성적으로 성찰해보고자 했다. 이 중심 질문들은 3·1 운동의 배경, 전개 과정, 의의를 당위적으로 다루었던 종전의 접근에서 벗어나 학생들이 관련 자료를 살펴보면서 3·1 운동의 당시 상황을 이해하고 그 의미를 자기 나름대로 설정해보는 수업을 지향했다.

분과는 각각의 중심 질문을 토대로 3·1 운동 수업 시나리오를 만들어나갔다. 사전에 따르면, '시나리오'는 '어떤 사건에서 예측되는 가상의 결과 또는 그것을 이루기 위한 계획이나 구체적인 과정'을 말한다. 수업 시나리오란 수업을 구상하면서 가상 시연을 통해 만들어지는 여러 경우의 수업 실행 과정을 제시한 수업 계획이라고 할 수 있다. 《역사가처럼 읽기》에서 수업 시나리오는 중심 질문과 주제 설정 의도, 수업 차시와 차시별 주요 활동 및 활동 자료, 수업 목표와 목표로 하는 역사적 사고 기능 등으로 구체화되었다. 분과에서는 이를 참고해 다음과 같이 3·1 운동 수업 시나리오를 제작했다.[1]

---

1) 정미란, 〈"역사가처럼 읽고 생각하는 3·1 운동 수업"—III. 수업 시나리오 제시〉, 《역사와 교육》 9, 2014, 44~69쪽.

역사수업, 함께 궁리하고 더불어 성장하다

"1919년 3월 1일에 무슨 일이 일어났을까?"

[수업 시나리오 1]은 2차시로 구성했다.
- 1차시에서는 3·1 운동의 생생한 현장을 확인하고(자료: 3·1 운동 당시의 종로 거리 사진/ 학습지: 만세 운동의 현장), 선언에 담긴 독립정신의 의미를 상기하고자 한다(자료: 2·8 독립 선언서, 기미 독립 선언서/학습지: 독립 선언서 살펴보기).
- 2차시에서는 통계표를 통해 3·1 운동에 참여한 사람들의 계층 분포를 살펴보고(자료: 3·1 운동 당시 감옥에 갇혔던 사람들의 직업 분포/학습지: 3·1 운동에 참여한 사람들), 학생들이 당시 상황을 추체험하면서 공감적 이해를 도모하고 생동감 있게 역사를 호흡 하도록 안내하고자 한다(자료: 어느 보통학교의 졸업식/학습지: 3·1 운동 추체험하기).

[수업 시나리오 1]이 목표하는 역사적 사고 기능은 다음과 같다.
1) 역사적 사건을 담은 사진 자료를 보고 당시 상황 추리하기
2) 여러 문서를 읽고 주요 내용과 역사적 맥락 파악하기
3) 추체험을 통해 역사적 상황을 생동감 있게 이해하기

분과는 이렇게 만든 3·1 운동 수업 시나리오의 의미와 그 적절성을 점검하기 위해 2013년 12월, "역사가처럼 읽고 생각하는 3·1 운동 수업"이라는 분과발표회를 열었다. 분과발표회의 지정 토론자로는 3·1 운동 분야 역사 연구자와 현장 역사 교사를 초대했다. 그 외에도 참여한 연구자와 교사들의 의견을 들었다.

분과발표회를 통해 '시골에서 농사를 짓던 대다수 농민이 왜 만세 운동에 참여했을까?'와 같은 의문을 던지는 것, 역사적 질문과 사료를 통해 역사적 상황을 맥락화하는 것이 중요하다는 점을 다시 확인했다. 유관순 외에 다른 3·1 운동의 대표 인물을 찾는 것을 목표로 삼지 않고 민중이 3·1 운동에서 어떤 역할을 해나갔는지, 다른 지역의 독립 선언서도 좀 더 구체적으로 검토할 필요가 있다는 것도 배울 수 있었다. 한편으로,

<표 2.2.2> 3·1 운동 수업 시나리오와 수업 사례

3·1 운동 수업 시나리오(2013)		
중심 질문	주요 내용	수업 자료
1919년 3월 1일에 무슨 일이 일어났을까?	1919년 3월, 그날의 재현	3·1 운동 당시의 종로 거리 사진 2·8 독립 선언서 기미 독립 선언서
	만세 운동에 참여한 사람들	3·1 운동 당시 수감된 사람들의 직업 분포 **어느 보통학교의 졸업식**
3·1 운동 당시 민족대표는 무슨 일을 했을까?	민족대표의 구성과 활동	**민족대표의 구성** 3·1 운동의 계획과 실행 유여대 판결문 민족대표 33인의 진술 내용
	3·1 운동에 대한 평가	윤치호의 일기 비폭력적 방법의 필요성 외국인이 본 3·1 운동 임시 정부 국민대회 문서 대한민국헌법 전문
3·1 운동을 대표하는 인물은 누구인가?	3·1 운동과 유관순에 대한 기억	삼일절 노래와 유관순 노래 **유관순 수형자기록표**
	3·1 운동을 대표하는 인물 선정	**3·1 운동 관련 주요 인물카드**

분과에서 제기한 '역사가처럼 읽기'가 기존의 사료 학습이나 역사적 사고력 신장을 위한 접근과 크게 다르지 않은 것 같다는 의견도 있었다.[2]

분과는 2013년의 논의를 바탕으로 2014년 공동으로 3·1 운동 수업을 기획·실행했다. 먼저 '역사가처럼 읽기' 방식을 다시 검토하며, 사료 학

---

2) 윤종배, 〈"역사가처럼 읽고 생각하는 3·1 운동 수업"—IV. 토론회 지상중계〉, 《역사와 교육》 9, 2014, 70~77쪽.

3·1 운동 수업 사례(2014)		
수업	수업 자료	수업자(학교급)
졸업식 만세 운동 역할극 수업	**어느 보통학교의 졸업식**	**사 교사**(초등학교)
3·1 운동 민족대표 수업	**민족대표의 구성**	**바 교사**(중학교)
유관순 수형자기록표 수업	**유관순 수형자기록표**	**마 교사, 바 교사, 사 교사**
3·1 운동 대표자 선정 수업	**3·1 운동 관련 주요 인물카드**	**마 교사**(중학교)

습이 '역사가처럼 읽기'를 적용한 수업과 어떤 점에서 구별되는지 논의했다. 일반적으로 사료 학습은 주로 1차 사료를 활용한 수업을 말한다. 사료 학습은 역사 지식이 사료를 기반으로 하고 있다고 보고 학습자들에게 역사적 사실을 객관적으로 인식하며 역사 연구자들의 역사 지식 생산 과정을 일부분이나마 비슷하게 쫓아서 경험해보도록 한다. 사료 학습은 사료 자체를 잘 파악해 사료를 근거로 관련 역사 사건의 선후관계·인과관계 등을 파악·추론하는 데 그 목적이 있다고 할 수 있다. 우리는 기존

의 사료 학습이 사료를 활용하지만 학생들이 역사적 문제를 인식하고, 역사 자료를 텍스트로 간주하고 독해하는 능력을 길러주지는 않는다는 점에서 한계가 있다고 보았다.

'역사가처럼 읽기' 방식은 사료를 활용하지만 읽기 자료를 1차 사료에 한정하지 않는다. 무엇보다 사료를 신뢰할 수 있는 지식의 출처라기보다는 역사적 사건에 대한 중심 질문을 해결하는 데 도움이 되는 단서를 제공하는 자료로 간주한다. 역사가는 맥락을 구성하고 해석을 도출하기 위해 사료를 바탕으로 연구를 한다. 하지만 학생들은 '역사가처럼 읽기'를 통해 역사 지식의 출처와 내력을 확인하고, 그 역사 지식을 맥락화해 이해한다. '역사가처럼 읽기'는 학생들이 역사 내러티브의 입장과 근거를 살펴보고 평가하며 자기 나름의 역사 서술을 하게끔 하는 데 그 목적이 있다.

'역사가처럼 읽기'에 대한 분과의 이해가 깊어지면서 3·1 운동 수업 시나리오를 실제 수업에서 구현할 수 있는 방안이 다각도로 논의되었다. 2013년에 구상했던 수업 시나리오는 《역사가처럼 읽기》의 모방연구(replica study)에 가까워 한국의 수업 상황에 적용하기 어려운 면이 있었다. 일례로, 각 시나리오를 2차시 분량으로 구성해 전체적으로는 3·1 운동이라는 하나의 주제에 대해 총 6차시 수업을 해야 되어 수업 시수 확보가 불가능한 점이 첫 번째 문제로 대두되었다. 분과원들은 실제 수업 여건을 감안해 3·1 운동 수업 시나리오를 선택적으로 실천하기로 했다. 각 수업 시나리오의 문제의식을 살리기 위해 중심 질문은 그대로 두고, 중요하면서도 해당 교사가 해보고 싶은 학습 내용과 자료를 선정·재구성해 수업을 구안했다. 졸업식 만세 운동 역할극 수업, 3·1 운동 민족대

역사수업, 함께 궁리하고 더불어 성장하다

표 수업, 유관순 수형자기록표 수업, 3·1 운동 대표자 선정 수업 등이 그 결실이었다(《표 2.2.2》).

2. 공동의 수업 실행과 중심 질문의 수렴

분과원들은 자신이 근무하는 학교의 여건과 학생들의 수준을 고려해 본인의 수업에서 역사하기를 실행하고자 궁리했다. 여기서 '역사하기 (doing history)'란 학생들이 과거에 대한 질문을 쫓아가며 자료를 읽고 이해하려는 노력 즉 역사적 사고를 하는 것을 말한다.[3] 분과는 역사하기를 수업의 기본 방향으로 설정하고 공동의 수업 기획과 실행을 통해 역사다운 역사수업 사례를 만들고자 했다.

3·1 운동 수업은 공동의 수업 시나리오를 토대로 따로 또 같이 수업을 계획·실행했다. **마, 바, 사** 세 교사는 각자의 수업 실행 전후에 유관순 수형자기록표 수업을 실시했다. 세 교사가 공통으로 실행한 유관순 수형자기록표 수업은 "3·1 운동을 대표하는 인물은 누구인가?"라는 중심 질문을 구현하기 위해 고안된 것이다. 이 수업은 세 교사를 유기적으로 연결하는 교집합이 되었다. 세 교사가 같은 중심 질문을 염두에 두고 유관순 수형자기록표라는 하나의 사료로 비슷하지만 다른 수업을 펼쳐낸 경험은 3·1 운동 수업의 공동 실행과 논의 과정을 깊고 풍성하게 했다.

---

3) 김민정·정미란, 〈"비록 이름은 알려지지 않았지만, 꿈은 이루어졌나요?"—초등학교 3·1 운동 역할극 수업 실행과 성찰〉, 《역사교육논집》 59, 2016, 6쪽.

〈표 2.2.3〉 유관순 수형자기록표 수업 학습지(중학생용, 앞면)

출처: 국사편찬위원회 한국사데이터베이스

씨명	연령	광무 6년(명치 35) 12월 11일생[4]		지문번호
유관순	신장	5척 ●촌 분	NO	87767
	특징			78768

1. 유관순이 태어난 광무(光武) 6년은 몇 년일까?
2. 명치(明治) 35년에서 '명치'는 어디서 온 말일까? 왜 이렇게 썼을까?
3. 3 · 1 운동 당시 유관순은 몇 살이었을까?
4. 1척은 약 30.3센티미터다. 그러면 유관순의 키는 얼마일까?
5. 앞면 사진의 오른쪽 가슴 부분에 쓰인 글자는 무엇일까?

유관순 수형자기록표는 분과에서 3·1 운동 관련 연구 성과를 검토하면서 발굴한 사료였다. 이 사료는 이전에도 접하기는 했으나 한자로 쓰여 있고 그 내용을 구체적으로 확인한 바 없었기에 별다른 활용 없이 지나쳤던 것이었다. 분과 교사들은 이 사료가 3·1 운동과 관련해 학생·교사를 비롯한 대부분의 사람이 가장 많이 떠올리는 인물인 유관순을 교과서 속 박제된 인물이 아닌 실존한 역사 인물로 느끼고 살펴보는 데 유용하다고 판단했다. 이에 분과에서는 유관순 수형자기록표를 실제 수업에서 활용할 수 있도록 한글로 번역했고 초등학생과 중학생의 학습 수준을 고려해 두 종류의 학습지를 제작했다.

학생들은 수형자기록표라는 처음 보는 형태의 자료에 어려움을 표출하면서도 사료 해석을 놓고 논쟁을 벌일 정도로 흥미를 보였다. 학생들은 특히 유관순의 연령, 신장, 얼굴 모습 등에 관심을 가졌다. 학생들은 유관순의 사진과 죄목·형기 등 세부 사실이 실린 수형자기록표 뒷면까지 꼼꼼히 살펴보며, 역사 속에 살아 숨 쉬는 한 인간으로서 유관순을 만났다. 엄혹한 일제 강점기에 만세 운동을 하다 수감되어야만 했던 유관순을 수형자기록표를 통해 더 가까이 느낄 수 있게 된 것이다. 유관순 수형자기록표는 학생들뿐 아니라 수업을 직접 수행한 교사, 수업을 관찰하거나 접한 교사 모두에게 매력적인 사료였다.

---

4) 유관순의 생년월일에 대해서는 이설이 있다. 관련 문헌 자료로는 유관순의 족보, 호적등본, 수형자기록표, 경성 복심재판 판결 기록 등이 있는데, 각각의 자료에 기재된 날짜가 다르다. 현재 일반적으로 통용되는 유관순의 생년월일은 1902년 12월 16일(음력 11월 17일)이다. 이는 호적에 적힌 1902년 11월 17일을 유관순의 실제 출생일로 보아야 한다는 박충순의 견해에 따른 것이다. 박충순, 〈유관순과 3·1 운동〉, 《유관순 연구》 창간호, 2002, 56~58쪽.

마 교사: 수형자기록표는 흔히 접했던 자료였지만 세부 내용은 잘 모르는 자료, 남들에게 물어보기 힘들었던 자료였어요. 우리 모임을 통해 자료에 대한 디테일한 지식을 갖게 되고 수업에 가지고 들어갔는데 학생들의 반응이 제 예상 범위를 뛰어넘었어요. 학생들은 질문을 계속했고, 그 질문 중에는 〔제가〕 예상했던 것과 예상하지 못한 것들이 있었어요. 그리고 그게 단서가 되어서 몇 가지 실마리를 〔학생들에게〕 던져주면 〔학생들에게서〕 또 새로운 질문이 나왔고, 또 새로운 단서를 던져주면 새로운 답을 하면서 수형자기록표를 가지고 흥미로운 수업을 진행했어요. "역사가의 작업은 주어진 증거를 실마리 삼아 찾아가는 탐정의 그것과 닮아 있다"는 콜링우드의 얘기가 떠올랐어요.

유관순 수형자기록표 수업은 세 교사만 아니라 다른 분과원들의 수업 시도로 이어졌다. 이 수업은 분과원들의 공개수업, 교사 연수, 자료집 배부를 통해 많은 역사 교사에게 공유되었다. 수업은 교사들의 뜨거운 반향을 불러일으켰고, 여러 번의 수업 관찰 및 실행을 통해 수형자기록표가 지닌 흡인력을 재차 확인한 분과원들은 이후 수업 동영상과 전사 자료를 보면서 3·1 운동을 가르칠 때 사료로서 수형자기록표가 지니는 중요성과 의미를 반추하게 되었다.

유관순 수형자기록표를 수업에 활용하는 것을 놓고 분과원들 사이에 의견이 분분했다. 유관순 수형자기록표가 독립 선언서나 민족 자결주의 등 3·1 운동 관련 다른 자료와 학습 요소의 제외라는 기회비용을 치르면서도 다루어야 할 사료인지 확신할 수 없었던 것이다. 분과 교사들은 섣부르게 결론을 도출하기보다 수업에 활용할 사료의 선정 기준은 무엇인지, 사료의 선정과 활용이 교사 개인의 선택의 문제인지 등에 대한 심도 있는 논의와 관련 연구가 필요하다는 데 의견을 모았다.[5] 또한 배경지식의 유무나 해석의 준거틀에 따라 교사나 역사가와 학생의 사료 읽기는 차이가 있다는 전제하에 학생들의 사료 읽기의 특징들을 수업에 반영해야 한다는 점 등을 논의했다.

유관순 수형자기록표 수업은 3·1 운동 수업의 기획과 실행의 공통분모가 되었고, 초기에 고안했던 세 개의 중심 질문을 "3·1 운동을 대표하는 인물은 누구인가?" 즉 "누가 3·1 운동을 주도했는가?"로 모으는 역할을 했다. 분과원들은 각자의 수업 내용에 해당되는 중심 질문을 붙잡고 쫓아가면서도 "누가 3·1 운동을 주도했는가?"라는 중심 질문을 의식적, 무의식적으로 염두에 두게 되었다. 이렇게 수렴된 중심 질문은 3·1 운동 수업 기획에 대한 분과원들의 공동 인식을 형성하는 데 도움이 되었다. 이처럼 중심 질문으로의 구심운동과 개별 수업 구상이라는 원심운동을 반복하면서, 세 교사의 고민이 교수·학습 활동 구상으로 구체화되고 변모되는 변화의 궤적은 다음 수업 사례 서술에서 확인할 수 있다.

3. 3인 3색의 수업과 중심 질문의 변화

마, 바, 사 교사의 수업은 계획에서부터 실행, 평가와 성찰까지 분과원들과의 공유와 논의를 거쳤다. 세 교사의 수업 의도 및 목표, 그에 따른

---

5) 김민정, 〈3·1 운동 수업 공동 실천의 성찰과 교사의 성장〉, 《역사와 교육》 12, 2015, 174쪽.

수업 자료와 수업 방법, 실제 제작된 학습지의 내용과 형식 등에 대한 의견 교환이 여러 차례 이루어졌다. 세 교사의 수업은 각자의 형편에 따라 실행되었는데, 논의의 내용과 수준이 축적되면서 분과원들의 3·1 운동 수업에 대한 인식도 변화해갔으므로 시간의 흐름에 따라 그 과정을 살펴보기로 한다.[6]

1) 3·1 운동 대표자 선정 수업

'3·1 운동 대표자 선정 수업'은 3·1 운동 수업 시나리오 중 세 번째 중심 질문 "3·1 운동을 대표하는 인물은 누구인가?"를 구현하기 위해 구안되었다. 그 중심 질문은 분과의 논의를 거쳐 고안한 것이면서 **마 교사**의 중심 질문이기도 했다.

> **마 교사**: 이 과정에서 "3·1 운동을 대표하는 인물은 누구인가?"라는 질문이 중요하게 떠올랐어요. 3·1 운동 관련 독립유공자들은 우리 사회가 합의한 그 나름의 기준에 의해 선정되어 기억되고 기념되는 분들이며, 우리는 그 결과로서 특정 기념일에 혹은 수업 중에 이분들을 떠올리고 그 행적을 배우며 감사하는 마음을 갖는다는 것도 느끼게 되었어요. 그래서 3·1 운동을 대표하는 인물을 학생들에게 선정하도록 수업을 한다면, 학생들은 어떤 기준으로 대표자를 선정할 것인지 궁금했어요.

---

6) **마 교사**는 2014년 9월 19일(금) 수원의 J중학교 3학년, **바 교사**는 2014년 11월 5일(수) 서울의 O중학교 3학년, **사 교사**는 2014년 11월 28일(금)과 12월 2일(화)에 서울의 N초등학교 5학년을 대상으로 각각 수업을 실행했다.

〈표 2.2.4〉 수형자기록표에서 인물카드로의 수정

2013년 12월 분과발표회	→	2014년 9월 수업 계획

이름	김마리아	
당시 나이	28세	
죄명	기소 면제로 석방	

주요 활동

- 1913년 모교인 정신여학교 교사로 부임
- 1919년 2월 일본 유학 중 2·8 독립 선언 참가, 독립 선언서를 몰래 국내로 들여옴
- 1919년 3월 정신여학교 기숙사에서 일경에 체포, 증거불충분으로 풀려남
- 1919년 11월 다시 체포, 모진 고문으로 중병에 걸려 치료 중 병보석으로 석방
- 1921년 3월 경성복심법원의 재판에 회부, 병으로 인한 휴양 승인 기회를 이용해 상하이로 탈출, 대한민국 임시 정부 활동
- 1923년 신병 치료차 미국에서 휴양 중 대학 진학
- 1932년 귀국해 원산의 신학원에서 교사로 근무
- 1944년 고문의 여독으로 사망

당시 나이	28세

주요 활동

B

- 1919년 2월 일본 유학 중 2·8 독립 선언 참가, 독립 선언서를 몰래 국내로 들여옴
- 1919년 8월 군자금을 상하이 대한민국 임시 정부로 보내고, 독립 선언서 배부 등 활동
- 1919년 11월 경찰에 체포되어 고문을 받다가 중병에 걸려 병보석으로 나옴
- 1921년 8월 상하이로 가서 대한민국 임시 정부에서 활동
- 1932년 귀국 후 신학 교사로 활동하다가 1944년 고문의 여독으로 사망

마 교사는 수업을 준비하면서 더 많은 인물이, 또 다른 인물이 3·1 운동에 참여했기 때문에 그 인물들이 대표자로 선정될 수도 있고, 다양한 방식으로 기념될 수 있음을 자각했다. 우선 3·1 운동에 참여했던 독립운동가 4인을 선정해 〈표 2.2.4〉의 인물카드 형태로 관련 자료를 제작했다. 학생들이 각각의 자료를 읽고, 3·1 운동을 대표하는 인물을 선정한 후, 같은 인물을 선정한 학생들끼리 모둠을 구성해 선정 이유를 설명하도록 했다. 이와 같은 수업 계획은 여러 차례 분과 협의회와 전자우편을 통해 분과원들에게 공유되었고, 피드백을 거쳐 여러 차례 수정·보완되

었다.

3·1 운동을 대표하는 후보 선정 과정은 역사 교과서 집필 과정만큼 지난했다. 최초 구상 단계에서는 민족대표 33인 중 3·1 운동 이전과 3·1 운동 이후에 활동한 사람, 2·8 독립 선언 관련자, 만세 운동 참가자라는 서로 다른 활동과 성별과 연령 등을 고려해 인물을 선정했다. 손병희, 한용운, 유관순, 김마리아라는 독립운동가 4인을 선정했는데, 이후 수업 구상을 구체화하면서 한용운을 이병헌으로 교체했다. 이병헌은 수원 지역에서 주로 활동한 천도교인으로, 수원 지역 3·1 운동에 직간접적으로 참여했고 제암리 사건을 목격했던 인물이다.[7] **마 교사**는 경기도 수원에 위치한 중학교에 근무하고 있었고, 학생들이 살고 있는 지역에서 일어난 3·1 운동과 그 관련 인물을 수업에 접목하고자 했다. 이는 학습 내용인 역사 사건과 학생들의 삶의 연관성을 극대화하려는 **마 교사**의 수업 궁리가 깊어지는 지점을 보여준다.

학습지의 내용 수정은 형식의 변화를 수반했다. 먼저 분과원들은 '죄명'은 일본 제국주의의 시각인데 그 용어를 그대로 쓰는 것이 적절하지 않다고 지적했다. 분과원들은 학습지 초안을 검토하고 인물의 주요 활동 내용이 많고 어렵다, 학생들이 좀 더 구체적으로 이해할 수 있도록 인물에 대한 일화·사진 등을 삽입하게 좋겠다 등의 조언을 했다. 이에 따라 **마 교사**는 수형자기록표에서 인물카드로 자료 형식을 바꾸고, 죄명은 삭제하며, 각 인물의 주요 활동만 골라 알기 쉽게 서술해 학생들의 역사 이해를 돕고자 했다. 인물과 관련된 일화는 교사의 설명으로 보충하고, 인

---

7) 성주현, 〈일제강점기 이병헌의 생애와 민족운동〉, 《수원역사문화연구》 1, 2001, 204쪽.

물 사진은 마지막에 공개하는 것으로 수업 계획을 수정했다.

수업은 3·1 운동 1차 대표자 선정 → 선정 인물별 모둠 조직 → 모둠별 인물 선정 이유 발표 → 3·1 운동 2차 대표자 선정 → 모둠별 인물 선정 기준 작성 및 발표 → 소감 작성 순으로 진행할 계획이었다. 실제 수업에서는 학생들이 자료를 읽고 3·1 운동 대표자를 선정한 후 모둠을 조직하는 데 시간이 예상보다 많이 소요되어 모둠별 인물 선정 이유를 발표하는 데서 끝났다. **마 교사**의 애초 수업 의도는 학생들이 설득력 있는 기준을 정해 3·1 운동을 대표하는 인물을 선정해봄으로써, 학생들이 제시한 각각의 인물들이 그 나름대로 3·1 운동을 대표할 수 있는 인물로서 의미가 있다는 점을 알게 하는 것이었다.

하지만 **마 교사**의 기대와 달리 가장 많은 학생이 3·1 운동 대표자로 선정한 인물은 유관순이었다. 학생들은 기존에 갖고 있던 선행 지식, 수업 중 교사의 설명과 학습지를 통해 알게 된 정보를 가지고 3·1 운동을 대표하는 인물을 선정했다. 학생들이 유관순을 선정한 것은 학생들의 사전 지식이나 이미지도 작용했지만 **마 교사**의 수업이 좀 더 큰 영향을 준 것으로 판단된다. **마 교사**는 이 수업의 이전 차시에 3·1 운동의 배경, 전개, 결과, 의의를 다루면서 유관순 수형자기록표를 학생들과 함께 살펴보았기 때문이다. 또한 본 차시 수업에서 학생들은 **마 교사**가 각각의 인물에 대한 소개를 할 때 '16세 나이'를 듣고 네 인물 중 누가 유관순인지 손쉽게 추정한 듯했다. 학생들이 3·1 운동 대표자를 선정할 때 3·1 운동 이후의 지속적이고 장기적인 독립 운동 활동이나 경기도 수원 지역과의 관련성 등은 별다른 고려 사항이 아니었던 것으로 나타났다. 3·1 운동 대표자 선정 수업은, **마 교사**의 의도와 달리, 학생들의 유관순에 대한 중요성을 재인식하는 결과를 낳았다.

마 교사는 미진하게 마쳤던 수업에 대한 아쉬움을 다시 들여다보고 성찰하며, 심도 있는 분과의 논의를 통해 수업을 보완해나갔다. 3·1 운동 대표자 선정 수업에서 유관순이 선택지에 포함될 경우 학생들이 유관순을 추론하기 쉽고, 이에 비해 다른 인물은 낯설다는 점에서 3·1 운동 대표자로 선택하기 어렵다고 판단했다. 그만큼 학생들은 '3·1 운동' 하면 바로 '유관순'을 떠올릴 정도로 역사적 사건과 인물을 곧바로 대응해 인식했다. 학생들이 어떻게 그러한 기억을 갖게 되었는가, 학생들로 하여금 다른 인물들에 대해 숙고하게 하려면 어떻게 해야 할까에 대한 과제는 별도의 수업을 통해 해결해야 할 일이었다. 교사의 각 인물에 대한 설명이 학생들의 사고에 미치는 영향을 최소화할 필요가 있었다. 3·1 운동의 대표자를 누구로 뽑을지보다 그 선정 '기준'을 무엇으로 삼을지에 대해 좀 더 천착하는 것이 필요했다. 나아가 3·1 운동 수업으로서 대표자를 선정하는 수업 방법이 적절한가에 대한 반성이 요구되었다.

2015년, **마 교사**는 중학교 3학년 역사과 연간 교수·학습 및 평가 계획을 세우고 3·1 운동 대표자 선정 수업에 다시 도전했다. 이번에는 유관순을 제외하고 잘 알려지지 않은 독립 운동 인물로 인물카드를 구성하고, 해당 인물에 대해 교사가 설명하는 대신 학생들이 인물카드를 낭독하도록 했다. **마 교사**는 학생들이 자료를 읽고 3·1 운동을 대표하는 인물을 선정한 후 그 근거를 3개 이상 제시하도록 해 대표자 선정 기준을 주요 학습 내용이자 평가 요소로 끌어올렸다. 학생들이 역사적 인물을 판단할 때, '중요성'이라는 판단 기준을 구체적으로 활성화해 사고하도록 하는 의도에서 나온 것이다. **마 교사**는 수업의 목표를 대표자를 선정하는 데서 마무리하지 않고 학생들이 자신이 선정한 인물을 기억하고 기념하는 활동을 제안하도록 했다. **마 교사**가 3·1 운동 수업을 구상하면서 초기에 가졌던 문제의식이 이 수업에서 구현된 것이다. 바로 3·1 운동과 관련해 특정 몇 사람에게 집중된 기억과 기념을 좀 더 의미 있게 배분하는 것이었다. **마 교사**는 학습지를 수정해, 학생들로 하여금 자신이 선정한 인물과 그 이유, 독립을 향한 고귀한 뜻을 기념하기 위한 방법을 제안하도록 했다.[8] 수행평가의 일환으로 학생 활동을 평가하는 기준은 다음 네 가지로 설정했다.

- 자신이 선택한 인물이 누구인지 알고 있는가?
- 해당 인물의 선택 근거를 세 가지 이상 제시하고 있는가?
- 기념하는 방법을 구체적으로 제시하고 있는가?
- 기념 사업의 기대 효과를 설득력 있게 제시하고 있는가?

마 교사는 "3·1 운동을 대표하는 인물은 누구인가?"라는 중심 질문에 대한 교사의 응답과 학생들의 응답이 공명하기를 기대했다. 하지만 그 과정은 순탄하지 않았다. **마 교사**는 학생들의 유관순에 대한 인식에서 미끄러지고 대표자 선정 기준에서 꺾이면서도 좌절하지 않고, 수업에서 굴곡진 실패의 지점에서 다시 활로를 찾아나갔다. **마 교사**의 3·1 운동 대표자 선정 수업은 분과와의 유기적 협력관계를 유지하며 3년여간의 시행착오를 거쳤고 여러 면에서 개선·공유되었다. 3·1 운동 대표자

---

8) 수정된 학습지는 이 책 5부 〈자료 5.1.1〉 참조.

선정 수업은 분과의 모든 교사에게 공동의 수업 경험이 되었고, **마 교사**와 분과원들의 수업 실행을 통해 지금도 진화하는 중이다.

2) 3·1 운동 민족대표 수업

'3·1 운동 민족대표 수업'은 3·1 운동 수업 시나리오 중 "3·1 운동 당시 민족대표는 무슨 일을 했을까?"라는 중심 질문을 구현하기 위한 것이었다. **바 교사**는 이 수업에서 '민족대표 33인의 독립 선언(이하 민족기록화)'을 활용해 학생들로 하여금 3·1 운동의 시작을 알렸던 민족대표 33인을 비판적으로 바라보고, 3·1 운동이 200만 명 이상이 참여한 거족적인 민족 운동이었다는 점을 부각하고자 했다.[9] **바 교사**는 주로 교사의 설명과 강의로 이루어졌던 평소의 수업 스타일에서 벗어나 선정된 자료를 학생들이 직접 읽고 논의하는 블록 수업을 시도했다. **바 교사**는 학생들이 민족대표 33인의 중요한 역할을 강조하는 3·1 운동 서사를 새롭게 인식하기를 기대했다.

3·1 운동 민족대표 수업은, 다른 수업과 마찬가지로, 분과에서 진행한 3·1 운동에 대한 학습과 논의를 바탕으로 구체적 수업 계획을 세우고 학습지를 제작했다. 분과원들은 **바 교사**의 수업 계획을 꼼꼼하게 검토하면서 실행 과정에서 예상되는 갖가지 문제를 제기했다. 예를 들어 분과원들은 민족기록화가 중심 질문 및 수업 의도에 적절한 자료인지 의문을 제기했고, 실제 수업에서 활용하기 쉽지 않다는 점을 우려했다. **바 교사**

---

9) 송치중·이춘산, 〈인물 중심의 3·1 운동 블록 수업〉, 《역사와 교육》 12, 2015, 119쪽.

－최대섭 작, 출처: 독립기념관

- 천도교계: 손병희, 이종일, 권병덕, 양한묵, 김완규, 홍기조, 홍병기, 나용환, 박준승, 나인협, 임예환, 이종훈, 권동진, 오세창, 최린(15명)

- 기독교계: 이승훈, 박희도, 오화영, 최성모, 이필주, 양전백, 이명룡, 유여대, 김병조, 길선주, 신홍식, 정춘수, 이갑성, 김창준, 박동완, 신석구(16명)

- 불교계: 한용운, 백용성(2명)

- 거사 계획에는 가담했으나 서명에 빠진 인물: 송진우, 현상윤, 정노식, 김도태, 최남선, 임규, 박인호, 노헌용, 김홍규, 이경섭(이상 천도교계), 함태영, 안세환, 김세환, 김지환(이상 기독교계), 강기덕, 김원벽(이상 학생)

－ 위의 자료를 읽고 다음 물음에 답해보자.
1) 민족대표 33인은 어디에서 독립 선언서를 낭독했는가?
2) 민족대표 33인은 어떤 종교계에서 참여했나?
3) 그림에서 실제로 태화관 독립 선언에 참여한 민족대표는 모두 몇 명인가?
4) 태화관의 독립 선언에 참여하지 않은 민족대표는 길선주, 유여대, 김병조, 정춘수(이상 기독교계 4명)다. 이들이 태화관의 독립 선언에 참여하지 못한 이유를 상상(또는 검색)해보자.

는 분과원들의 피드백에 따라 수업 계획과 학습지를 몇 차례에 걸쳐 수정·보완했다.

바 교사는 주요 학습 자료인 민족기록화의 제작 연도, 제작자, 크기 등의 세부 정보를 조사해 수업 내용에 내실을 기했다. 특히 **바 교사**가 민족대표 33인 중 한 명이 설립한 민족학교에 근무하고 있어서, 교실마다 걸려 있는 학교 설립자의 사진은 3·1 운동 민족대표 수업의 귀중한 모티브가 되었다. **바 교사**는 민족기록화에 대한 발문을 구체적으로 다듬으며 학생들의 비판적이고 역사적인 추론이 일어나도록 수업을 구상했다.

민족기록화가 담긴 학습지를 받아든 학생들은 민족기록화에 그려진 민족대표의 수에 주목했다. 재빠르게 수를 센 학생들은 그림 속 인물이 33명이 아닌 29명이라는 것을 찾아내고 자리에 없었던 민족대표의 행적에 관심을 가졌다. **바 교사**는 각 교실에 풍경처럼 걸려 있는 사진 속 인물이 학생들이 다니는 학교의 설립자이자 민족대표 33인 중 한 명임을 밝혔다. 학생들은 짧은 탄성과 함께 오래전 역사인 3·1 운동이 자신이 다니는 학교 교실에서 되살아남을 느꼈다. 이 설립자가 젊은 시절 민족대표로 3·1 운동에 참여했고 민족기록화에 기록되어 있다는 교사의 설명이 끝나자마자 거의 모든 학생이 민족기록화 속 인물들을 한 명씩 좁혀가며 해당 인물로 추정해가는 몰입을 보여주었다.[10] **바 교사**의 수업은 과거인 3·1 운동을 학생들의 현재와 관련짓는 접근이라는 점에서 의미가 있다. "역시 역사의 현장인 민족학교다운 수업이었다"는 참관 교사의

---

10) 민족기록화 속의 해당 인물들에 대한 추정은 다음 자료를 참고할 수 있다. http://dh.aks.ac.kr/Encyves/wiki/index.php/최대섭-민족대표의_독립선언

역사수업, 함께 궁리하고 더불어 성장하다

소감은 실제 수업의 내용과 분위기가 어떠했는지를 여실히 전해준다.[11]

라 교사: 역시 민족학교가 갖고 있는 특수한 역사적 무게감을 다시 한 번 확인하는 수업이었어요. 그리고 민족기록화로 수업을 한다고 했을 때 수업시간에 아무리 강조해도 손병희 한 사람을 기억하는데 나머지 서른 명이 넘는 사람들에 대해 어떻게 수업을 할까 어렵게 생각했는데, **바 교사**가 교실 오른쪽에 걸려 있는 학교 설립자의 사진을 가리키면서 학생들에게 '저분이 〔민족기록화 속에서〕 어디에 앉아 계신가?' 하고 묻는 부분, 3·1 운동에 가담했던 부분에서 형기를 얘기하면서 유관순의 형기와 그분의 형기를 비교하는 부분 등에서 학생들의 눈빛이 반짝였어요. 이것이 바로 민족학교 학생들이 가지는 가장 큰 역사적 혜택이자 선물이 아닐까 생각을 했어요.

하지만 이 3·1 운동 민족대표 수업에서 구현하고자 했던 중심 질문과 수업 의도는 학교의 여건과 수업 상황 속에서 굴절되었다. 해당 학교가 민족학교라는 특수한 여건이 역사수업을 굴절시킨 것이다. "3·1 운동 당시 민족대표는 무슨 일을 했을까?"라는 중심 질문은 3·1 운동의 표상으로 당연하게 제시되곤 하는 유관순이나 민족대표 33인에 대한 인식을 비판적, 반성적으로 성찰하려는 것이었다. 실제 수업은, 민족대표 33인에 대해 다시 생각해보려 한 본래 수업 의도와 달리, 민족기록화에 그려진 민족대표 33인에 대해 자세히 알아보고 그 역사적 의미를 되새기는

---

11) 송치중·이춘산, 〈인물 중심의 3·1 운동 블록 수업〉, 《역사와 교육》 12, 2015, 114~131쪽.

방향으로 전개되었다.

바 교사는 수업 후 분과 협의회에서 "너무 교사가 의도한 방향 속에서 질문 등 모든 것을 정해놓고 몰아가지 않았나 하는 생각이 들었어요. '누가 3·1 운동을 주도했는가?'에서 '누가'를 충분히 살려내지 못한 수업이었던 것 같아요"라고 소감을 밝혔다. **바 교사**의 3·1 운동 민족대표 수업은 분과의 3·1 운동 공동 수업 기획에서 비롯되었으나 다른 교사의 수업으로 확장되지 못했다. 이 수업은 민족학교의 역사성을 고려한 역사수업으로서 그 학교에는 남다른 의미가 있으나 일반화하기에는 어려움이 있었다.

바 교사의 3·1 운동 민족대표 수업은 중심 질문에 대한 교사의 문제의식이 수업 구상과 실행에서 얼마나 중요한가를 알게 해준다. 역사수업에서 중심 질문을 던지고 각자가 자기 나름의 답을 찾아가는 과정은 중심 질문이 있다고 해서 저절로 펼쳐지지 않는다. 중심 질문의 의도를 충분히 살리며 학생의 역사적 사고를 고려한 수업 궁리 및 실행은 결코 쉬운 길이 아니다. 사료에 근거해 생각하고 중심 질문을 쫓아 각자 자기 나름의 답을 찾아가는 수업이 구현되기 위해서는 중심 질문에 대한 교사의 천착이 바탕이 되어야 한다. 교사가 고심해 중심 질문을 설정해도 근무하는 학교의 특수성, 수업 상황 등에 의해 실제 수업에서 중심 질문의 의도가 미끄러지거나 괴리될 수 있다는 것을 감안할 필요가 있다. 수업 구상에서 제기된 중심 질문이 교사 자신의 내러티브와 학생의 역사 이해, 학교의 여건, 수업 상황 등과 동떨어져 있다면 수업 성찰 후 중심 질문을 재설정해야 할 것이다.

역사수업, 함께 궁리하고 더불어 성장하다

3) 졸업식 만세 운동 역할극 수업

'졸업식 만세 운동 역할극 수업'은 3·1 운동 수업 시나리오 중 중심 질문 "1919년 3월 1일에 무슨 일이 일어났을까?"를 구현하기 위해 구상한 수업이다. 3·1 운동 당시 한 보통학교의 졸업식 장면을 기술한 프레더릭 아서 매켄지(Frederick Arthur McKenzie)의 글을 활용해, 보통학교 졸업식에서 벌어진 학생들의 만세 운동을 추체험해보는 역할극 수업을 계획했다. 앞의 두 중학교 수업 사례와 달리 초등학교 역사수업 사례다. 사교사는 "1919년 3월 1일에 무슨 일이 일어났을까?"라는 중심 질문에 대한 학생들의 상상적 역사 이해와 맥락화 등 역사적 사고를 촉진하기 위

〈표 2.2.6〉 '졸업식 만세 운동 역할극 수업' 자료

> 3·1 운동 이후 학교 당국이 골치를 앓는 일은 학생들이 등교를 거부한 사태였다. 어느 큰 소학교에서는 집집마다 연락해 졸업식만이라도 참가해서 졸업증서를 받아가도록 간청을 하기도 하였다. 그 도시에 살고 있던 사람들이 들려준 이야기는 다음과 같다.
> 학생들의 시위가 수그러든 것처럼 보이자 수많은 관리와 저명한 일본인들이 참석한 가운데 졸업식이 시작되었다. 학교 당국의 애원에 자신의 뜻을 꺾은 듯 많은 학생들이 식장에 나타났다. 많은 학부모들도 자리를 채웠다. 졸업장이 학생 각자에게 수여되었다. 그러자 수석 졸업을 하게 된 열두 살 정도쯤 된 학생회장이 단상으로 올라가서 학교 선생님들과 당국에 감사를 표하는 연설을 하였다. 그는 예의가 아주 몸에 배어 있었다. 절할 때마다 90도로 했고 내빈들은 기분이 좋았다. 그런데 갑자기 엄숙한 식장의 분위기는 끝나고 말았다. 연설이 끝날 무렵, 이 소년은 '이제 이것만은 말씀을 드려야겠습니다.' 하더니 목소리가 달라졌다. 그는 몸을 바로 폈다. 그의 눈에는 결의가 보였다. 그는 지난 며칠 동안 자기가 하려는 말로 인해서 많은 사람들이 죽임을 당했다는 것을 잘 알고 있었다. '우리는 한 가지 더 여러분께 부탁드리겠습니다.' 그는 품속에 손을 넣더니 태극기를 꺼내었다. 그는 깃발을 흔들면서 소리쳤다. '우리나라를 돌려주시오. 대한 독립 만세! 만세!' 소년들이 모두 자리를 박차고 일어섰다. 저마다 웃옷 속에서 태극기를 꺼내었다. '만세! 만세! 만세!' 그들은 기절초풍한 내빈들 앞에서 귀중한 졸업장을 찢어서 땅바닥에 던지고는 떼를 지어 밖으로 몰려나갔다.
>
> — F. A. 매켄지, 신복룡 옮김, 《한국의 독립 운동》

〈표 2.2.7〉 '졸업식 만세 운동 역할극 수업' 학습지 수정 과정

	학습지 형식	질문 구성	역할극 장면 구성
초안	글로 제시된 A4 양면	역할극 실연에 도움이 되는 질문 8개 이상	4개 중요 장면, 모둠별로 역할극

⇓

- 검토 의견: 질문의 수가 많고 내용이 어려움. 역할극 수업에 대한 원론적 검토 필요. 모둠별로 역할극을 수행하려면 사전 조율과 연습 필요. 한 차시에 자료를 다 이해하고 역할극까지 실행하기가 어려움.
- 수정 방향: 자료의 이해를 돕는 질문 추가. 수업 의도와 자료를 고려해 역할극이 가능하도록 전체 학생이 참여하는 형태로 바꿈. 자료와 역할극의 관련성을 보여줄 수 있는 졸업식장을 그림으로 제시함.

	학습지 형식	질문 구성	역할극 장면 구성
수정안	글과 표로 제시된 A4 양면	자료 이해를 위한 질문 5개, 역할극 실연 관련 질문 8개, 순서 조정	1개 장면으로 자료 제시, 교사와 학생 전체가 참여하는 극으로 구성

⇓

- 검토 의견: 자료를 이해하기 위한 질문을 추가한 것은 긍정적이나 여전히 질문이 많음. 학생들이 즉석에서 역할극의 대사나 행동을 만들어내는 것이 어려울 수 있음. 전체 학생을 대상으로 한 역할극이 의미 있게 실행될 수 있을지 궁금함. 시간이 부족할 거라 생각됨.
- 수정 방향: 자료에 대한 이해와 역할극 실행을 위한 질문을 최소화. 즉석에서 극을 만드는 데 도움이 되는 연극적 요소(배경, 등장인물, 무대, 대본, 관객 등) 고려. 역할극 참여를 동기 부여할 수 있는 도구(졸업증서, 태극기 등) 준비. 실제 시간을 안배해보고 불필요한 활동을 줄임.

	학습지 형식	질문 구성	역할극 장면 구성
실행안	글과 표, 간이 대본이 제시된 A4 양면	자료에 대한 이해와 실연에 도움이 되는 질문 5개	1개 장면으로 자료 제시, 연극적 요소 고려해 교사와 학생 모두 참여하는 역할극 구성

해 당시 상황을 즉흥적으로 재연해보고자 했다.

분과에서는 학습지의 형식, 질문 조직, 역할극 장면 구성, 학생들의 이해 수준 등의 측면에서 수업 계획을 검토하고 공동 논의와 계속적인 피드백을 통해 "1919년 3월 1일에 무슨 일이 일어났을까?"라는 중심 질문을 관통하는 수업을 구현하고자 했다. 사 교사의 수업 계획은 초기부터 학생들이 연습 없이 수업시간에 즉흥적으로 만드는 역할극이 어려울 것

이라는 점에서 분과원들의 많은 우려를 낳았다. **사 교사**는 이러한 분과원들의 문제 제기를 토대로 수업에서 예상되는 어려움을 미리 점검해보고 해결 방안을 준비하는 계기로 삼았다. 여러 번의 논의를 거치면서 **사 교사**는 학생들의 반응을 다각적 측면에서 예측하고 역할극 실연이 가능한 방향으로 수업 계획을 구체화했다. **사 교사**와 분과원들의 상호작용을 통해 수업 계획이 역동적으로 변화해간 과정은 〈표 2.2.7〉에서 확인할 수 있다.

초기 학습지는 역할극 속 인물 설정을 돕는 질문을 8개 이상 포함했다. "나는 졸업식장 어디쯤 앉아 있는가?", "내 품속에는 무엇이 들어 있나?", "졸업식장에는 우리 가족 중 누가 참여했나?", "어젯밤 친구들과 무슨 얘기를 나누었나?", "오늘 졸업식장에서 무슨 말과 행동을 할까?" 등이었다. 학습지를 검토한 뒤 분과 교사들은 자료의 내용이 이해하기 어렵고, 한 차시에 역할극까지 실행하기 어려울 것 같다고 조언했다. 이에 **사 교사**는 자료의 내용을 파악하는 데 도움이 되는 질문들—"언제 일어났던 일인가요?", "어떤 사람들이 등장하나요?", "학생들이 품속에 숨겨두었던 물건은 무엇인가요?", "학생들은 무엇이라고 외쳤나요?" 등—을 추가하고 역할극 실행 순서를 표로 제시했다.

학생들이 즉석에서 역할극의 대사나 행동을 만들어내기 어려울 것이라는 우려가 여전히 있었다. 이에 대해 **사 교사**는 질문들을 정돈했고, 교사와 학생들이 자료를 읽고 정돈된 질문에 답하는 활동에 참여하면서, 수업 진행이 자연스럽게 역할극 실행으로 연결되도록 했다. "언제, 어디에서 일어난 일인가요?", "어떤 인물들이 등장하나요?", "지켜보고 있는 사람은 누구인가요?", "학생들은 품속에 무엇을 숨겨두었나요?", "학

〈표 2.2.8〉 졸업식 만세 운동 역할극 수업 계획

	교수·학습 활동	시간(분)	수업 도구 및 자료
도입	**애국가 부르기** －'우리나라 만세'에서의 '만세'의 의미 및 독립 만세 운동과의 관련성 찾기 **3·1 운동에서 사람들은 어떻게 만세를 불렀을지 예상해 발표하기** －학생들의 발표를 칠판에 써가며 함께 소리 내어 따라해보기	5	☆애국가 플래시 자료
전개	**[활동 1] '졸업식 만세 운동' 자료 읽고 내용 파악하기** －매켄지 사료를 읽고 궁금한 점 발표하기 －질문과 응답을 주고받으며 자료를 이해한다(교사 질문 사례) 1) 언제, 어디에서 일어난 일인가요? 2) 어떤 인물들이 등장하나요? 3) 학생들은 품속에 무엇을 숨기고 있었나요? 4) 학생들은 무엇이라고 외쳤나요? 5) 학생들은 졸업식장에 참여하기 전에 무엇을 준비했을까요? 6) 학생 대표가 "우리나라를 돌려주시오"라고 한 말은 누구에게 한 것이었을까요? 7) 졸업생들이 졸업증서를 찢어 던진 이유는 무엇일까요? **[활동 2] '1919년 어느 보통학교의 졸업식 만세 운동' 역할극 하기** －무대 꾸미기: 졸업식장에 걸린 국기나 현수막, 졸업식장에 필요한 소품 준비하기 －배역 정하기: 인물을 선정하고 인물의 모습과 말과 행동을 상상해보기 －역할극 하기	10 20	☆학습지 ☆천으로 만든 태극기, 일제 강점기 졸업증서 사본(이상 학생 수 만큼), 졸업식장 현수막, 일장기, 슬레이트 등 역할극 소품
정리	**3·1 운동에 참여했던 사람들 기억하기** －역할극을 통해 느낀 점을 취재기자의 인터뷰를 통해 알아보기 －당시 3·1 운동에 참여했던 사람들에게 하고 싶은 말 적어보기	10	☆ 마이크 ☆ 학습지

〈사진 2.2.1〉 '졸업식 만세 운동 역할극 수업' 중 만세 장면

생들은 무엇이라고 외쳤나요?"와 같은 질문을 학급 전체가 서로 묻고 답하면서 참여하는 역할극을 상정했다. **사** 교사와 분과원들은 가상으로 수업을 전개해보면서 수업의 실제성과 구체성을 높여나갔다. 역할극은 좀더 연극적인 요소 즉 대본-사료, 무대-교실, 배우-학생, 관객-참관 교사 등을 고려해 구체화되었고, 역할극에 대한 전체 학생의 참여와 몰입을 가능하게 하는 태극기와 졸업증서 등의 소품을 마련했다.

학생들은 이 수업을 통해 당시의 졸업식 장면을 재연하며 당대 학생들의 만세 운동을 추체험했다. 졸업식장에서 만세를 같이 부른 '현재'의 학생들은 3·1 운동 주도자가 아니라 3·1 운동 참여자들이 느꼈을 법한 두려움과 용기, 독립에 대한 열망 등을 경험했다. 그리고 여태껏 당시 현장에 있던 사람들에 대한 관심과 기억이 없었다는 점을 깨달았다. 학생들은 "1919년 3월 1일에 무슨 일이 일어났을까?"라는 중심 질문을 쫓아가며 자연스레 당시 3·1 운동에 참여했던 학생들을 떠올리게 되었다. '누가' 그 만세를 주도했는지는 더는 중요하지 않았다. 학생들은 기억하지 못하는 수많은 사람이 3·1 운동이란 역사적 사건에 참여했다는 것을 발견했다.

"3·1 운동에 참여했지만 우리에게 전혀 알려지지 않은 이름 없는 학생들에게 해주고 싶은 말을 적어봅시다"라는 질문에 대해 초등학생들은 "덕분에 우리가 독립했으니 고맙습니다. 편히 쉬세요", "비록 이름은 알려지지 않았지만, 꿈은 이루어졌나요?" 등의 말을 전했다. 학생들은 3·1 운동에 참여했던 많은 사람의 존재를 실감하는 동시에 이들을 기억하지 못하는 미안함과 이들을 더 알고 싶다는 의견을 피력했다. **사 교사**는 수업 후에 담임교사의 수업 소감을 들었다.[12] 졸업식 만세 운동 역할극 수업을 참관한 담임교사는 다음과 같은 소감을 밝혔다.

보통 역할극처럼 몇 명이 하거나 모둠별로 하는 것이 아니라 반 전체가 모두 맡은 역할이 있어서 긴장감을 갖고 [역할극에] 참여할 수 있는 게 좋았어요. 앉아 있는 친구도 구경꾼이 아니라 태극기도 꺼내 흔들어야 하고 졸업장도 찢거나 날려야 해서 책임감을 갖고 [수업에] 참여할 수 있었고 자신들이 모두 중요한 역할을 하고 있다고 생각하며 적극적이었어요. 역할극을 통해 아이들은 당시 '만세 운동에서 우리 같은 어린 친구들도 참여했구나!'를 느꼈던 것 같고, 글쓰기에서 그 사실을 새롭게 알게 되었다고 적

---

12) 사 교사는 졸업식 만세 운동 역할극 수업 당시 1학년을 담당하고 있어 교육과정상 3·1 운동을 배우는 5학년의 두 학급 담임교사와 협의를 거쳐 처음 만나는 5학년 두 개 학급 학생들을 대상으로 각각 유관순 수형자기록표 수업과 졸업식 만세 운동 역할극 수업을 했다.

역사수업, 함께 궁리하고 더불어 성장하다

었어요.

사 교사는 "누가 3·1 운동을 주도했는가?"라는 중심 질문을 염두에 두고 수업을 하면서 그 중심 질문에 대한 답이 유관순이나 다른 누군가를 찾는 것이 아님을 깨달았다. 졸업식 만세 운동 역할극 수업은 한 번도 호명되어보지 못한 당시 보통학교 학생들을 현재의 학생들이 호명해 추체험해보도록 했다. 1919년 3월 1일에 일어난 일을 재연한 **사 교사**의 수업은 3·1 운동이라는 역동적인 역사적 사건의 현장을 이름 없는 인물들을 통해 한 번쯤 구체적으로 상상하고 느끼게 하는 방향으로 전개되었다. 수업의 준비와 실행 과정을 거치면서 **사 교사**의 관심은 분과의 중심 질문인 "3·1 운동을 누가 주도했는가?"에서 "3·1 운동에 누가, 어떻게 참여했는가?"라는 새로운 중심 질문으로 옮겨갔다.

'역사'다운 역사수업을 위해 중심 질문을 고안하고 학생의 역사하기를 시도한 3·1 운동 수업은 역사학계의 연구 성과와 역사 교사의 수업 경험에 바탕을 두고 기존의 3·1 운동 수업을 반성하고 기존 형태의 수업에 도전하는 과정이었다. 분과원들은 수업 구상과 실행 및 성찰 과정에서 '역사가처럼 읽기'를 제대로 적용하고자 고심했고, 그 출발점이자 구심점으로서 중심 질문이 어떻게 작동했는지를 고찰했다.

가 교사: 우리가 왜 3·1 운동 수업을 구상하게 되었는가를 돌아보면 어떨까요? 우리가 어떤 문제의식 속에서 와인버그의 책을 가져왔는지를 생각해보면 좋겠어요. 우리 연구의 틀로서 와인버그의 책이 중요하게 적용되

었는데, 그 책은 중심 질문, 출처확인, 사료에 담긴 관점, 사료 간의 간극, 감정이입적으로 이해하기 등 '역사가처럼 읽기' 방법을 구상·실천하고 있었어요. 3·1 운동 수업에서 중심 질문, 사료 선정, 읽기 활동 등의 요소들이 서로 긴밀하게 결합되었는지, 수업 기획과 실행에서 어떻게 현실화되었는지를 면밀하게 들여다볼 필요가 있어요.

분과원들은 3·1 운동 공동수업 기획과 실행 속에서 사료를 비판적으로 읽고 해석하며, 관점을 파악하고 자신의 입장에서 판단했다. 이렇게 교사들이 경험한 역사적 사고 과정을 수업의 중심 질문으로 고안하면서 녹여내고자 했다. 먼저 수업 시나리오 단계에서 중심 질문으로 설정한 "1919년 3월 1일에 무슨 일이 일어났을까?", "3·1 운동 당시 민족대표는 무슨 일을 했을까?", "3·1 운동을 대표하는 인물은 누구인가?"라는 3개 질문은 "3·1 운동을 대표하는 인물은 누구인가?"로 수렴되었다. 이후 그 의도를 좀 더 선명하게 드러내는 "3·1 운동을 누가 주도했는가?"라는 중심 질문으로 변형되었다. 이처럼 중심 질문의 수렴과 변화는 3·1 운동 수업 실행의 변곡점이 되었다.

3·1 운동 수업은 수업자의 근무 환경과 수업 여건을 고려해 수업을 구상하고 실행했다. 이에 따라 분과에서 처음에 고안했던 중심 질문은 **마 교사, 바 교사, 사 교사**의 수업 구상이 구체화되면서 그 빛깔이 짙어지기도 하고 달라지기도 했다. 그 과정에서 중심 질문을 설정하고 그것을 해결해나가는 과정으로 역사수업을 구안했던 본래의 목적 즉 '역사가처럼 읽기'를 통해 학생들의 역사적 사고를 촉진하고자 했던 시도는 분과뿐만 아니라 여러 역사 교사의 수업에 지문처럼 남았다. 중심 질문을 구현하

는 3·1 운동 수업은 순차적으로 실행되었고, 수정과 공유를 거쳐 다른 사람들에 의해 실행되었다. 특히 **마, 바, 사** 세 교사는 자신과 다른 교사들의 수업 실천을 전후해 경험 지식을 집적·공유하면서 3·1 운동을 포함한 역사수업 내용을 가르치는 데 필요한 지식을 확장했다.[13)

3·1 운동 수업의 공동 기획과 실행 및 성찰은 분과가 함께 만든 첫 수업 사례이자, 향후 수업 연구의 토대로서 중요한 의미가 있었다. 역사를 역사답게 가르치고 배우는 수업을 궁리하며 학생과 함께 역사적으로 탐구해보는 3·1 운동 수업 연구의 경험은 학교 역사수업 전반에 적용 가능한 방안을 모색하도록 추동했다. 이러한 방향에서 3·1 운동처럼 하나의 역사적 사건에 집중한 수업이 아니라 학교 여건과 교실 상황을 고려하면서도 역사수업을 유연하고도 깊이 있게 바꾸어갈 수 있는 새로운 도전이 이어졌다. '역사가처럼 읽기'를 하나의 사건이 아닌 특정 시대를 대상으로 해 좀 더 다채롭고 폭넓게 적용하려는 것이었다.

13) 김민정, 〈역사 수업 연구공동체의 3·1 운동 수업 실행과 수업 대화〉, 《역사교육논집》 56, 2015, 140쪽.

3부

역사수업 구상과 실행 2
: 고려시대 수업, 교과서 서사의 재구성

송치중 · 김슬기 · 이은주

A 교사 고려시대는 어떻게 가르치시나요? 저는 주로 강의식으로
수업을 해서, 아무리 수업 준비를 해도 학생들이 흥미를 느
끼지 못하는 것 같아요.

B 교사 고려 건국부터 주요 정치 세력 변화와 주변 민족과의 항쟁
을 순서대로 가르치다 보면 벌써 고려시대 중간이죠. 제도
사도 학생들이 간단히 정리하게 하고 다른 활동을 하는 편
입니다.

C 교사 대외관계도 항쟁사로만 가르칠 게 아니라 다원적 국제질서
속에서 다루라고 하는데, 거란, 고려, 송 사이의 관계를 어
떻게 설명할 수 있을지 다른 대안이 잘 떠오르지 않아요.

B 교사 고려가 다원적, 국제적, 역동적 사회와 문화 특징을 지니고
있다고 하지만 제 설명은 단편적이고 명료해서 사실 1~2시
간 만에 고려시대를 수업할 수도 있을 거 같아요. 그러면 안
되겠지만요.

A 교사 제 수업만 봐도 고려시대를 설명하는 방식이 거의 변함이
없는 것 같아요. 고려는 조선만큼 뚜렷한 사회상도 보이지
않는 것 같고요. 논문을 찾아 읽으면 달라질까요?

01

새로 엮은
고려시대 수업

1. 새로운 도전, 교과서 서사는 완전무결한 것일까?

역사수업연구분과(이하 분과)에서는 3·1 운동을 주제로 수년간 수행한 수업연구 결과, 사료 기반 학습 활동이 지닌 유용성을 확인할 수 있었다. 학생들이 중심 질문을 매개로 스스로 사료를 읽고 해석하며 질문에 대한 답을 찾아가는 과정은 역사다운 역사수업을 위한 전제이자 중핵적 활동이었다. 중심 질문에 대한 사료 기반 탐구학습을 위해서는, 학생들이 일련의 사료를 읽고, 충돌하는 견해와 관점을 차용하며, 이해하기 어려운 과거의 사건이나 맥락이 있다면 이를 인지적 도전으로 간주해, 스스로 사료 분석과 해석의 과정에 참여하는 것이 필요하다. 교사들이 완성된 기승전결의 이야기 구조를 학생들에게 일방향으로 전달하거나, 정답을 전제로 한 발문과 학습 활동은 학생들의 역사하기를 제약하게 된다. 논쟁과 해석에 열려 있는 역사 이해를 학습목표로 설정할 때, 지금까지 교사들이 주도적으로 제공해온 완결적인 설명틀을 해체하고, 학생들로 하여금 사료를 비판적으로 다시 읽어내고 사료의 역사적 의미를 추론하게 하는 학습 경험이 필수적이다.

분과에서 학생들의 역사적 읽기에 천착하면서, '교과서 서사'는 교사들이 구사하고 있는 정전적(正典的) 설명틀이자 비판적 성찰과 해체의 대상으로 간주되었다. 교과서 서사는 특유의 완결적이고 닫힌 구조성을 가지고 있어 설명틀에 대한 문제의식이나 새로운 해석을 시도하기 어렵다. 고려시대를 예를 들면 '고려시대는 문벌 귀족 사회였다', '고려는 거란·몽골 등 외세에 맞서 항전하며 자주성을 지켰다'와 같은 설명 도식이다. 교과서 서사는 역사학계의 연구 성과나 교과서 기술상의 수정·삭제·폐기와 관계없이 오랜 시간 절대적 지위를 얻고 있는 설명틀이라고 할 수 있다.[1]

분과원들은 지금까지 통상적으로 설명해온 교과서 서사의 현주소를 확인하면서 한국사 특히 전근대사에 팽배한 교과서 서사의 실체를 목도했다. 한국 전근대사는, 비교적 많은 사료가 남아 있고 다각도의 접근과 해석이 가능한 근현대사에 비해, 제한된 사료라는 한계와 함께 민족과 국가와 문화가 지속적으로 발전해왔다는 서사가 강력하게 포진해 있었다. 분과에서는 당연하다고 받아들이며 의심 없이 가르쳐온 이 전근대 서사를 하나씩 되짚어보면서, 관련 연구 성과를 탐독하고, 전문 연구자와의 대화, 기존 교과서 서사 중심의 역사수업 현황 검토를 동시다발적

---

1) 김민정·최종석, 〈고려시대 '교과서 서사'의 해체적 읽기와 역사적 사고 과정의 구현〉, 《歷史教育》 143, 2017, 157~160쪽 참조.

으로 수행했다.

교사와 역사 연구자 사이의 대화를 통해 교사들이 최근의 한국 전근대사 연구 경향과 문제의식을 접하고, 지금까지 통념적으로 소비해온 교과서 서사에 균열을 가져오면서, 대안적으로 가르칠 수 있는 방법을 묻고 답할 수 있는 기회를 제공했다. 분과원들은 한국 고대사, 고려시대사, 조선시대사 연구자들과 만나면서 교과서 서사를 해체하고 새로운 역사 이해가 가능한 교수·학습 활동을 구상하려는 대상 시기로 고려시대를 선정했다. 남겨진 사료가 제한적인 고대사, 대중적으로 다양하게 해석·소비되는 조선시대사에 비해 고려시대가 최근 학계의 연구 성과가 축적되고 있지만, 정전적 설명틀은 제자리걸음이라는 비판에 기인했다.[2] 분과원들은 역사수업에서 유통되는 고려시대 서사에 대해 한 번이라도 진지하게 고민해보았는지 자문해보았고, 당연히 여겼던 고려시대 서사에 의문을 품기 시작하면서 현재까지도 진행 중인 고려시대사 공부에 매진하게 되었다.

분과 모임에서 솔직하게 공개한 분과 교사들의 고려시대 수업 내용은 대동소이했다. 수업에서 절대 빼놓을 수 없는 소재로는 고려가 호족의

---

2) 다수의 고려사 학자가 참여해 공동으로 저술한 고려사 단행본에 따르면 문벌 귀족 세력의 존재 여부, 고려의 대외 항쟁의 의미와 국제관계의 특징 등 고려시대를 구성하는 중요한 주제들에 대해 기존의 교과서 서사와 완전히 다른 방향의 서술이 드러난다. 김인호·박재우·윤경진·추명엽,《고려시대사 1: 정치와 경제》, 푸른역사, 2017; 이종서·박진훈·강호선·한정수,《고려시대사 2: 사회와 문화》, 푸른역사, 2017 참조. 그러나 이와 같은 서술은 2009 개정 교육과정까지의 교과서에 반영되지 않았다. 김민정 등은 1969년 발표된 중·고등학교 국사교육 개선을 위한 기본 방향에서 정한 민족의 주체성을 살리고 내재적 발전론의 시각에서 교과서를 서술하라는 집필 방향이 현재까지 영향을 미치고 있음을 지적한 바 있다. 김민정·최종석, 앞의 글, 2017, 164쪽.

연합 속에 탄생했다는 것과 문벌 귀족 사회의 형성, 민족 항쟁사와 자주성의 회복, 권문세족과 신진 사대부의 대립과 조선 건국에 관한 것이었다. 최근에는 조선시대에 견주어 고려시대의 비교적 높은 여성의 지위, 내투인이나 귀화인, 벽란도를 들어 다문화성·다원성의 발현으로 해석하며, 고려가 주변국과도 다양한 문화를 교류했다는 점이 강조되었다. 사실관계의 확인과 교과서 서사 연원과 유통의 이유를 검토할 필요가 없어 보였던 너무나 익숙한 내러티브에 대해 문제 제기를 하는 것이 분과원들에게도 어려운 인지적 도전이었다.

고려시대 교과서 서사는 꽤 오랜 시간 답보 상태에 있었다. 고려시대 교과서 서술은 학계의 연구 성과와는 간극을 지니고 있다고 비판받아왔다. 고려시대 연구자들은 고려시대 교과서 서술에서 사실관계상 오류와 최근 연구 성과가 반영되지 않았다는 점을 비판하고 있다. 하지만 연구자들의 서술 오류에 대한 지적과 연구 성과의 미반영 여부는 역사수업에서 쓰이는 교과서 서사의 문제를 전면적으로 되짚어보고 대안을 제시하는 교사들의 노력에 참고가 될 뿐이다. 쏟아져 나오는 새로운 연구 성과를 역사수업에서 다룰 만한 내용인지를 판단하고 그 내용 및 수준을 판가름하는 것은 오롯이 교사의 몫이다. 수업에 활용할 수 있는 자료를 찾고, 학생들이 흥미롭게 역사적 의미를 탐색하도록 학습의 경로를 만드는 것도 온전히 교사들에게 달려 있다. 역사학의 연구 성과가 학생의 역사 이해로 전환되도록 교육의 내용을 선택·조정·변형하는 일은 교사가 하는 것이 가장 타당하며, 이런 점에서 교사는 누구보다 전문적이다.

분과에서는 고려시대 수업에서 공유되는 서사를 있는 그대로 드러내면서 각자의 수업에 내면화된 교과서 서사를 직시하고 비판적으로 바라보는 것을 새로운 수업 구상의 출발점으로 삼기로 했다. 교과서 서사를 해체하고 대안적 서사를 모색하는 일은 교사 혼자서는 절대로 할 수 없는 지난한 과정임에 틀림없다. 이를 극복하는 유일한 길은 같은 교사끼리 머리를 맞대고 함께 지치지 않고 도전하는 것뿐일 것이다. 교사의 수업은 더는 혼자서 준비하고 타인으로부터 평가받는 개인의 전유물이 아니라 공적 영역에서 함께 고민하고 그 실효성을 검증해야 하는 차원의 문제다.

2. 천천히, 긴 호흡으로 고려시대사 공부 시작하기

고려시대를 선명하게 설명해주는 대신 고려시대 사회상과 시대적 특징을 귀납적으로 해석하는 수업은 불가능한가? 그 해석의 주인공이 학생이 될 수는 없을까? 고려시대 연구 성과를 폭넓게 검토하던 중 **가 교사**의 제안으로 2016년 분과에서는 《사건으로 본 우리 역사》[3]를 함께 읽으며 고려시대 연구 경향을 돌아보았다. 이 책은 중학교 교사들을 위한 자료집으로, 고등학교급의 《인물로 본 우리 역사》와 짝을 이루고 있다. 학교 현장에 보급되었으나 교사용 자료집으로서 별반 주목받지 못했다. 하지만 고려시대사뿐 아니라 한국사 수업에서 일상적으로 공유되는 담론의 주요 내용과 오류를 짚어주고 있다는 점에서 분과에서는 파장을 불러일으켰다. 각 주제별로 3장 정도 분량의 짧은 글로 구성되어 있지만 최근 연구 성과를 압축적으로 반영하고 있어 교과서의 고려시대 서술과의

---

3) 경상북도교육청 · 교육부, 《사건으로 본 우리 역사》, 2015.

〈표 3.1.1〉 고려시대 수업 구상과 실행 과정

연구사 정리와 최근 연구 성과 개관 : 역사 교사와 연구자의 만남	⇒	장기 연구 주제 선정	⇒	교과서 서사의 비판적 검토	⇒
가능한 대안적 서사의 모색 : 중심 질문 구성	⇒	교수·학습 과정안 공동 개발 및 수업 실행	⇒	고려시대 대단원 교수·학습 과정안 공동 개발	

격차를 손쉽게 파악하게 해주는 의미 있는 자료다.[4]

분과는 정기 모임에서 《사건으로 본 우리 역사》를 검토하면서 추가로 궁금한 사항은 사료나 논문을 검색해 정리해갔다. 이전 글에서 제시한 참고문헌을 포함해, 새로 간행된 고려시대사 개설서도 함께 읽어가며 주요 내용을 정리했다.[5] 분과 모임의 말미에는 연구 성과의 내용을 역사수업에서 다룰 수 있는 가능성에 대해 진지하게 토론하고 궁리했다. 분과의 1

---

4) 자료집 성격을 띤 책으로 다루고 있는 고려시대 주요 주제는 다음과 같다. 태조 대(代) 호족 통합책의 실상, 광종 대 왕권강화책의 대상, 성종 대 지방사회 통제책의 실상, 주현-속현제의 오해와 실상, 거란에 대한 사대와 거란과 전쟁, 강동 6주, 금에의 사대 논란 배경, 몽골과 장기 전쟁을 해야 했던 이유, 삼별초 항쟁의 원인, 경원 이씨와 문벌사회, 이자겸의 난 그리고 그 여파로서의 묘청의 난, 무신 정변의 원인, 국왕의 위상 변화를 통해 본 원 간섭기의 변화상, 공민왕 대 반원 개혁의 발생 배경, 천태종 개창과 결사 운동의 성격 등을 다루고 있다.

5) 박종기, 《고려사의 재발견: 한반도 역사상 가장 개방적이고 역동적인 500년 고려 역사를 만나다》, 휴머니스트, 2015. 이 책은 고려시대의 다원성과 개방성에 대해 사례를 들어 강력한 메시지를 전달하고 있다. 추가로 한국역사연구회, 《개경의 생활사: 고려 500년 서울》, 휴머니스트, 2007; 이윤섭, 《역동적 고려사: 몽골 세계제국에도 당당히 맞선 고려의 오백 년 역사》, 필맥, 2004; 서긍, 한국고전번역원 옮김, 조동영 감수, 《고려도경: 송나라 사신, 고려를 그리다》, 서해문집, 2005 등도 검토했다.

역사수업, 함께 궁리하고 더불어 성장하다

년간 연구를 통해 고려시대사 서사 구조의 특징을 몇 가지로 정리했다.

첫째, 고려시대의 지나친 단순화의 문제다. 광종은 왕권강화에 한 획을 그은 지도자로, 공민왕은 반원(反元) 자주와 왕권강화를 이룬 시대적 영웅이라는 고착된 이미지를 공유·유통하고 있었다. 둘째, '조선이라는 거울에 비친 고려' 담론이 통용된다는 점이다. 고려는 '조선에 비해 개방적이고 다원적이었다', '조선에 비해 여성의 지위가 높았다', '조선에 비해 통치체제의 발전 단계가 과도기적이었다'는 담론이 끊임없이 재생산되고 있었다. 조선을 전근대의 '완성된 제도'를 지닌 왕조로 비정하면서, 고려를 그에 비해 느슨하고 미숙한 단계에 위치시키게 되고 정작 '고려는 실제로 어떠했는가?'라는 질문은 간과되었다. 셋째, 고려시대에는 민족주의와 영웅주의, 국난 극복과 자주성이라는 강력한 서사 구조가 있었다. 자랑스러운 고려의 대립항에는 '서희의 세 치 혀에 군대를 돌린 어리석은 거란'이 있었다.

분과의 1년간의 고려시대사 공부는 그 연구 성과를 반영한 수업을 실행하는 수업 연구로 결실을 맺었다. 먼저 8차시의 고려시대 단원 개발 초안을 작성했다. 분과의 교수·학습 과정안은 신선하고 기발한 수업 방법을 제시하기보다 역사다운 역사수업이 무엇인지에 대한 근본적 고민에서 출발했다. 학생이 역사에 서로 다른 해석이 존재할 수 있다는 것을 이해하고 사료를 읽으며 스스로 판단하는 과정, 나아가 학생 스스로 역사의 담론을 재구성하는 과정을 교실에서 구현하고자 했다.

'고려시대사를 어떻게 가르칠 것인가?'라는 문제의식을 공유한 분과의 수업 연구 목표는 고려시대 대단원 전체의 학습 내용과 교수·학습 활동을 재구조화하는 것이었다. 2017년 한 해 실행연구의 목표로 그중

<표 3.1.2> 고려시대 주제별 단원 개발 계획(안)

주제	단원	수업 의도	내용 요소	자료	중심 질문
1. 왕건 동상의 비밀	고려의 후삼국 통일	후삼국 통일의 의의 조명	후삼국 통일, 왕건의 정책	왕건의 혼인 가문 도표, 호족 귀부(歸附) 사료, 왕건 동상	삼국 통일과 후삼국 통일의 차이점은?
2. 최승로의 시무 28조	문벌 귀족 사회의 형성	6두품, 호족이 귀족으로 변하는 과정	광종의 개혁, 귀족의 삶의 조건	과거제 · 노비안검법 사료, 시무 28조, 귀족 가계	특권층의 형성은 당연한 것인가?
3. 고려를 살린 두 사람	고려의 대요 항쟁	민족주의, 영웅주의 탈피	고려와 요의 세 차례 전쟁	서희 담판 사료, 귀주 대첩 관련 지도	서희의 외교 협상을 어떻게 볼까?
4. 가자, 서경으로	서경 천도 운동	내치와 연결된 외교적 판단	이자겸의 난, 묘청의 난	이자겸 · 김부식의 논리, 당시 동아시아 현세도	고려의 외교, 최선의 선택은 무엇?
5. 이 땅에 천민을 없애자	농민 봉기, 천민 봉기	고려 민의 저항 조명	무신 정변, 망소이의 난 · 만적의 난	무신 정변 사료, 만적의 난 사료	오늘날에도 신분제는 존재하나?
6. 몽골에 맞선 고려 사람들	대몽 항쟁	대몽 항쟁의 주체와 활약 파악	강화 천도, 민의 항쟁, 충주성 전투	처인부곡 · 충주성 전투 사료, 몽골에 끌려가는 참상, 황룡사 터 사진	내가 당시 충주성의 민이었다면 어떤 선택을 할 것인가?
7. 개혁의 깃발, 그러나	공민왕의 개혁	공민왕의 개혁의 배경과 실상 파악	권문세족의 횡포, 공민왕의 개혁	전민변정도감 · 공민왕의 개혁 관련 사료	공민왕의 개혁을 어떻게 볼까?
8. 고려를 지키는 방법	신진 사대부의 선택	고려 말 사대부의 입장과 노선 이해	사대부의 성장, 신흥 무인 세력의 등장	당시 외교관계 지도, 신진 사대부의 활동과 입장을 드러내는 자료	고려를 어떻게 바꿀 것인가?

2개 소주제에 집중하기로 하고, 서희와 공민왕을 최종적으로 선택했다. 서희와 공민왕은 고려의 자주성을 지킨 인물로 상징되며 '반외세와 자주'라는 서사를 구성하는 중요한 수업 주제다. 각 주제에 대한 선행연구 검토와 교과서 서사에 대한 비판적 성찰은, 〈표 3.1.1〉(102쪽)에서 묘사된 바와 같이, 학생들과 함께 탐구할 중심 질문을 정교화하는 작업으로 수렴되었다.

서희를 다루는 수업에서는 '서희가 몇 마디 말로 거란을 물리쳤나?'를 시작 질문으로 설정했다. 일개 개인이 대규모의 군사를 몰고 먼 길을 온 세력을 겨우 몇 마디 말로 물리쳤다고 하는 서사에 분과원들이 의문을 제기했기 때문이다. 분과는 전근대 시기 국가 간의 관계 및 외교의 관계가 복잡하다는 점 자체를 있는 그대로 학생들에게 보여주기로 했다. 또 지나치게 폄하된 유목민족의 모습을 복원하는 데 주의를 기울였다.

공민왕 수업에서는 공민왕에 대한 평가나 공민왕의 개혁에 대한 해석이 단일할 수도 없고 단일해서도 안 된다는 점에 착목했다. 공민왕에 대한 통념적 이미지로서 '원으로부터 자주성을 지킨 용기 있는 지도자'를 있는 그대로 받아들이기보다 당대 사료를 통해 그 이미지에 대해 확인하고 이의를 제기하는 접근을 구상하고자 했다. 분과원들은 당시 시대상을 고려해, 당대 맥락과 인물의 특성을 단편적이기보다는 입체적으로 그려내는 것이 관건이라는 점에 동의했다. 당시 고려인들이 원의 풍습 중 당연히 여기던 것은 무엇이었을지, 원과의 관계 속에서 공민왕의 행동반경이 얼마나 제한되었을지 당대 맥락에 대한 이해도 넓혀갈 필요가 있었다. 분과원들의 고심은 역사적 인물에 대한 평가를 정해놓고 학생들에게 주입하던 자신들의 종래의 수업 방식에 대한 문제 제기라고 할 수 있다.

02

고려사 수업
실행과 확장

1. 서희의 담판을 외교적 맥락에서 보다

1) 서희의 외교 담판 서사에 대한 고민과 수업 궁리

서희에 대한 대안적 서사의 탐색은 분과원들이 서희에 대한 교과서 서사를 철저히 분석하고 해체하는 과정에서 가능한 것이었다. 서희는 민족 항쟁사를 대표하는 중요한 외교적 인물로, 거란의 고려 1차 침입을 세 치의 혀로 막아내고 '강동 6주'를 획득한 인물로 알려져 있다. 특히 거란의 장수 소손녕에게 고구려를 계승한 나라는 고려라고 논박하는 장면은 민족 항쟁사 서사의 백미를 이루며, 상당수 역사수업에서 자연스럽게 구사하는 극적 서사 중 하나다. 아울러 유목민족인 거란을 이민족이나 오랑캐로 경시하는 태도는 동전의 양면처럼 고려 국난 극복의 서사를 뒷받침하고 있다.

역사수업, 함께 궁리하고 더불어 성장하다

10세기 동아시아 세계는 중국은 당의 멸망 이후 5대10국로 나뉘는 혼란한 시기였고, 만리장성 이북에는 거란이 유목 세계의 주인으로 자리해 가고 있었다. 당시 동아시아의 맹주로 떠오른 것은 거란이었으며, 송은 10세기 중반에 건국되어 979년에야 중국을 통일한 상황이었다. 이 과정에서 거란은 만리장성 이남의 연운 16주를 차지하며 남하했고, 중국을 통일한 송과의 일전을 준비하고 있었다. 이와 같은 동아시아의 상황 속에서 고려와 거란의 충돌은 피할 수 없는 것이었다. 서희의 담판을 거란 제국과 송의 전쟁이 전개되는 맥락 속에서 조망할 필요가 있었다. 이러한 동아시아의 맥락 속에서 거란의 고려 1차 침입부터 3차 침입까지의 과정을 전략적 요충지인 강동 6주의 반환 문제와 함께 수업에 담고자 했다. 가능하다면 강감찬의 귀주 대첩 이후 다원적 국제질서가 형성된 10세기 동아시아의 정세를 수업에 녹여내려 했다.

서희와 강감찬을 통해 고려 전기의 대안적 서사를 구성하려던 초기 논의는 세 차례에 걸친 거란의 고려 침입 과정을 모두 다루기보다 당대 맥락 속에서 '외교'를 입체적으로 살펴보려는 접근으로 귀결되었다. 이전의 '서희는 몇 마디 말로 거란을 물리쳤나?'라는 질문은 외교적 맥락을 염두에 두고, '고려와 요는 서로 무엇을 주고받았나?'로 정련되었다. 이 중심 질문은 서희의 담판 결과가 고려의 강동 6주 획득이라는 단편적 내러티브로 전달되어서는 안 된다는 전제와, 10세기 고려가 송과 거란 그리고 수많은 여진 부족과 맺은 중층적 관계 속에서 서희의 당시 상황 인식과 담판 내용을 입체적으로 이해할 필요가 있다는 분과원들의 주문이 몇 차례의 수정 과정을 이끌면서 결실로 맺은 것이다.

다 교사가 실행을 자원하면서 중학생을 대상으로 수업을 구상했다. 다 교사는 초등학교와 중학교에서 변하지 않고 지속적으로 강조되어온 '서희'의 서사를 환기하고자 했다. 대상 중학생들이 초등학교 때 배운《사회-1》교과서는 2007 개정 교육과정에 따른 것으로, 총 4쪽에 걸쳐 고려가 거란과 여진에 맞서 국가와 민족을 지킨 항쟁 내용이 기술되어 있었다. 서희의 담판 역시 1쪽에 걸쳐 삽화와 함께 기술되어 있었다. 초등 교과서 내용은 다음과 같은 중학교《역사1》교과서[1]의 기술 내용과 전반적으로 대동소이했다.

서희는 송나라와의 전쟁으로 무리하게 고려와 전쟁을 계속할 수 없는 거란의 속사정을 알아채고 거란의 장수와 담판을 벌였다. 거란은 고려가 송나라와의 관계를 끊고 거란과 교류할 것을 약속받은 후 물러났다.

중학교 역사 교과서는 동아시아 정세를 꿰뚫어본 서희가 거란과 외교적 합의를 이룰 수 있었던 것으로 기술했다. 하단 사료 보기를 통해 '고려가 고구려의 후손이기에 고려와 거란 사이에 위치한 압록강 동쪽의 땅을 차지해야 한다'라는 서희의 주장을 실어주어 기존의 서사를 강화하고 있었다. 또 본문과 코너 사이에 강동 6주의 위치를 표시한 지도를 통해 거란의 침입을 서희와 강감찬이 막아내고 있음을 보여주고 있었다.

서희의 뛰어난 안목과 상황 판단 능력도, 교과서에 기술된 바와 같이, 당시 거란을 막아내는 데 분명히 중요한 요소일 것이다. 하지만 좀 더 본질적인 것은 서희의 협상이 고려와 거란 양국의 관계 속에서 있었던 역

---

1) 한철호 외 11인, 《(중학교) 역사 1》, 좋은책신사고, 2014, 114쪽.

역사수업, 함께 궁리하고 더불어 성장하다

	학습 자료	교수 · 학습 활동
초안	① 초등 사회 교과서(도입) ② 원사료 4개: 거란의 고려 1차 침입과 서희의 담판 관련 ③ 동아시아 연표 ④ 서희 연보	• 초등학교 교과서 서술을 읽고 학습 내용 환기; 사료 읽고 동아시아 상황 파악, 사료 내용의 맥락화; 고려인 · 서희 입장에서 추체험

⇓

검토 의견: 원사료의 수를 줄이고(4개→2개), 윤문 필요; 사료 학습과 교과서 읽기 활동의 순서 치환. 초 · 중등 교과서 내용을 숙지한 뒤, 사료를 보고 하는 '내가 쓰는 교과서' 활동 제안; 각국의 역학관계 변화를 보여주는 연표와 지도 제시; 서희 연보 대신 동아시아 연표를 추가; 중심 질문을 간결하게 수정할 필요; 고려뿐 아니라 거란의 입장도 생각해보도록 하는 방안

수정 방향: 중심 질문 수정과 수업 목표의 명료한 설정, 당대 국제관계 속에서 서희의 담판을 평가해보는 방안으로 구상; 고려와 거란의 충돌 속에서 양국이 서로 무엇을 주고받았는지 고민하고, 고려 외에 거란 · 송 · 여진의 입장도 감정이입하는 방안 모색

수정안	① 초등 사회 교과서(도입) ② 중등 역사 교과서 ③ 거란의 고려 1차 침입과 서희의 담판 관련 사료 ④ 동아시아 연표: 고려 연표, 서희 연표 포함 ⑤ 동아시아 지도 ⑥ '고려와 거란은 외교를 통해 서로 무엇을 주고받았는가?' 질문 제안	• 초등학교 학습 경험 환기; 서희 관련 학습 내용 인지; 거란의 침입과 고려, 서희의 대응 파악; 모둠별 연표와 지도를 통해 동아시아의 맥락 파악; 고려 · 거란의 뇌구조와 말풍선 완성 · 발표

⇓

검토 의견: '서희와 담판 후 거란이 도대체 뭘 얻었기에 물러갔을까?'라는 의문에 학생 스스로 답을 찾도록 하는 방향; 초등 → 중등 → 원사료로 가는 것은 적절하며, 사료를 보고 중등 교과서에 누락된 것을 찾도록 하는 방향; 거란의 고려 1차 침입 이후 '외교란 무엇인가?' 또는 '요에 강동 6주란?'에 대한 의견을 적도록 하는 방안; 동아시아 상황과 거란의 팽창 과정을 시간 순서에 따라 전개된 지도를 준비하는 방안; 뇌구조 그림 속에 고려 · 거란 · 송 · 여진의 입장을 보여주고, 각 입장을 말풍선에 표현하게 하는 방안

수정 방향: 고려와 거란을 넘어서 송 · 여진을 포함한 뇌구조와 말풍선 추가; 당시 국제 상황에서 각국 입장과 관점 추측; 당시 '외교'에 대해 정의한 후 이유를 기술하도록 수정; 다른 학생들의 의견을 정리하는 학습지 공간 마련

---

2) 송치중, 〈서희의 담판을 외교적 맥락에서 보다—고려와 요(거란)는 서로 무엇을 주고받았나〉, 《역사와 교육》 17, 2018, 131~133쪽.

사적 사건이라는 점이다. 당시 동아시아의 상황을 이해하고 그 속에서 각국의 접근방식을 파악할 수 있도록 동아시아 연표와 지도 등을 활용하기로 했다. 관련 자료를 국사편찬위원회 한국사데이터베이스(http://db.history.go.kr) 등을 활용해 정리하고, 고려사와 중국사 개론서 등을 참고해 동아시아 연표와 서희 연보를 제작했다. 또 이를 입체적으로 보여주기 위해 《아틀라스 한국사》[3]에 수록되어 있었던 10세기 말~11세기 초 거란의 대외 팽창을 연표 형식으로 보여주는 지도를 준비했다.

분과원들은 **다 교사**의 기본 구상을 존중하면서 중심 질문과 학습 목표, 자료와 학습 활동의 적합성과 실현 가능성 등을 검토해 수정 의견을 적극적으로 개진했다(〈표 3.2.1〉).

다 교사의 교수·학습 과정안 초안과 학습지는 분과원들과의 상호작용을 통해 최종 수정·보완되었다(〈표 3.2.2〉). 수업은 서희의 외교 담판을 당대 국제관계 속에서 조망한다는 의미에서 '서희의 외교 협상 수업'으로 명명되었다. 수업의 중심 질문은 '고려와 거란은 외교를 통해 무엇을 서로 주고받았을까?'로 결정되었다.

다 교사는 고려와 거란의 쌍방향적 외교 상황을 상정해서 탐구해보는 활동은 흔히 오랑캐라고 부르는 유목민족에 대한 편견을 깨고, 현재 갖고 있는 편협하고 자문화 중심적 인식틀을 벗어나는 계기가 될 것으로 보았다. 중국 중심의 동아시아 질서 속에서 중화세계를 중심에, 조선을 부중심에 두는 인식을 탈피할 필요가 있었다. 오랑캐로 비하된 거란, 이후 동아시아의 중심이 되는 여진, 세계적 제국을 건설한 몽골이나 후일

---

3) 아틀라스 한국사 편찬위원회, 《아틀라스 한국사》, 사계절, 2004.

〈표 3.2.2〉 서희의 외교 협상 수업: 최종 수업 개요

초등 사회 교과서 떠올리기	[개별 학습] 배운 내용 환기하기
중등 역사 교과서 읽기	[개별 학습] 사실 관계 정리하기
고려사 사료 읽기	[짝 활동] 문맥을 통해 맥락 파악하기
고려 · 거란 · 송 · 여진 뇌구조 및 말풍선 작성하기	[모둠 학습] 역사적 상황을 다른 입장에서 생각해보기
고려 및 거란의 입장에 대해 모둠별 발표하기	[모둠 학습] 고려와 거란의 입장과 관계 이해하기
'외교'란 무엇인가에 대해 표현하기	[개별 학습] 자신이 생각하는 외교의 개념 표현하기

만주족이 세운 청을 이해하는 인식의 확장을 가져올 수 있을 것으로 기대하는 마음도 있었다. 당대 관점을 취해보고, 각기 다른 관점을 인식 · 차용해 타자의 처지와 결정 방식을 이해하는 힘은 현대사회를 살아가는 학생들에게 앞으로도 필요한 역량이라는 점에 분과원들이 동의했다. 귀납적이고 역사적으로 종합하고 판단하는 마무리 활동이 필요할 것이라는 조언에 대해 '외교란 무엇인지' 정의하는 활동을 구상했다.

2) 서희의 외교 협상 수업

2017년 여름 서울시의 한 중학교 3학년 교실에서 **다 교사**의 공개수업이 있었다. 남녀공학 학생들이 4인 1조의 모둠 자리 배치로 앉은 가운데 수업이 시작되었다. 수업의 도입 부분에서는 초등학교 사회 시간에 배운 서희 관련 내용을 보여주며 수업의 내용을 환기했다. 그리고 중학교 역사 교과서에 기술된 서희 관련 내용을 발췌해 학생들에게 개별적으로 읽어보게 했다. 여기까지는 기본적 학습 내용을 숙지하는 수준이었다.

다 교사 수업의 주안점은 2가지로 요약할 수 있다. 하나는 교사의 설명을 줄이고 학생의 탐구 시간을 늘린 것이다. 다른 하나는 학생들이 스스로 배움을 찾아가게끔 수업을 설계한 것이다. 학생들의 학습이 일어나기 위해서는 학습 경로가 치밀하게 계획되어야 했고, 학생들이 무엇을 다루고 생각해야 하는지 과제를 명확히 전달해야 했다. 사전에 학생들이 시간의 흐름에 따라 무엇을 해야 할지를 구체적으로 담은 파워포인트 화면을 통해 수업을 원활하게 진행하려고 했다. 수업자는 학생들에게 구체적 수업의 방향과 지시사항을 계획된 시간에 맞춰 알려주어 학생들이 혼란을 겪지 않고 개인 활동, 짝 활동, 모둠 활동에 집중할 수 있게 했다.

서희의 외교 협상 관련 사료는 학생들이 읽을 수 있도록 윤문해 제공했다(《표 3.2.3》). 서희와 거란의 고려 1차 침입 관련 기사를 학생들이 직접 확인하고, 역사가처럼 당대 기록을 비교·대조해보는 작업에 참여토록 했다.

고려사 사료는 분과 교사들의 도움으로 여러 차례의 윤문 과정을 거쳤지만 일부 학생에게는 여전히 어려운 자료였다. 이를 해결하기 위해 학

가. 성종 12년(993) 요가 침입해오자, 성종은 서희를 중군사(中軍使)에 임명하며 대비했다
요(거란)의 동경유수 소손녕은 고려의 봉산군을 함락하고 고려의 선봉군을 포로로 삼았다.
서희가 군대를 이끌고 구원하려 하는데, 소손녕이 말을 퍼뜨리기를 "우리나라(요)가 이미
고구려의 옛 영토를 영유했다. 그런데 너희 나라에서 우리 땅을 강제로 차지하므로 이제
토벌하러 온 것이다"라는 선전을 하는 한편 공문을 보내기를 "우리나라에서는 천하를 통일
하고 있으며 아직까지 우리에게 귀순치 않는 나라는 기어코 소탕할 것이니 속히 투항할지
며 잠시라도 머뭇거리지 말라"라고 했다.

— 《고려사 권94》〈서희 열전〉

나. 소손녕이 서희에게 말하기를 "당신의 나라는 옛 신라 땅에서 건국했고 고구려의 옛 땅
은 우리나라(요)에 소속되었는데 어째서 당신들이 침범했는가? 또 우리나라와 가까운데 바
다를 건너 송(宋)나라를 섬기고 있는 까닭에 이번에 당신들의 나라를 정벌하러 온 것이다.
만일 우리에게 땅을 떼어 바치고 국교를 회복한다면 무사하리라"라고 하니 서희가 말하기
를 "그렇지 않다. 우리나라(고려)가 바로 고구려의 후계자이다. 그러므로 나라 이름을 고려
라고 부르고 평양을 수도로 정했다. 그리고 경계를 가지고 말하면 귀국의 동경(東京)이 우
리 국토 안에 들어와야 하겠는데 당신이 어떻게 침범했다는 말을 할 수 있겠는가? 또 압록
강 안팎이 역시 우리 영역인데 이제 여진(女眞)이 그 중간을 강제로 차지하고 있으면서 악
질적인 행위와 간사스러운 태도를 보이며 오고 가는 길을 차단했으므로 바다를 건너기보
다도 왕래하기 곤란한 형편이니 우리나라가 귀국과 국교가 통하지 못함은 여진의 탓이다.
여진을 몰아내고 우리의 옛 땅을 회복해 거기에 성을 쌓고 길을 통하게 된다면 요(거란)나
라와 국교를 통하지 않겠는가? 장군이 나의 의견을 귀국 임금에게 전달하기만 한다면 들
어주지 않으실 리가 없다"라고 격앙된 기색으로 당당하게 논박했다. 그래서 소손녕도 강요
하지 못할 것을 알고 드디어 담판한 내용을 자기 나라에 보고했더니 요 황제로부터 고려가
이미 화의를 요청했으니 그만 전쟁을 중단하라는 회답을 받게 되었다. (…) 서희가 고려의
지휘 본부로 돌아올 무렵에 소손녕은 낙타 10두, 말 100필, 양 1,000마리와 비단 500필을
예물로 보내주었다. 왕은 서희가 화의에 성공한 것을 알고 대단히 기뻐하며 강가에까지 나
가서 서희를 맞았다.

— 《고려사 권94》〈서희 열전〉

생으로 하여금 스스로 읽어본 뒤 어렵다고 느낀 부분을 표시해 짝과 함
께 사료의 어려운 용어와 문장을 파악하도록 했다. 모둠별로 사료의 내
용을 서로 설명하고 이해하는 시간을 가진 후, 교사는 학생들이 이해하
기 어려울 것으로 예상된 역사 용어를 해설해 파워포인트 화면으로 학생
들에게 제시해주었다.

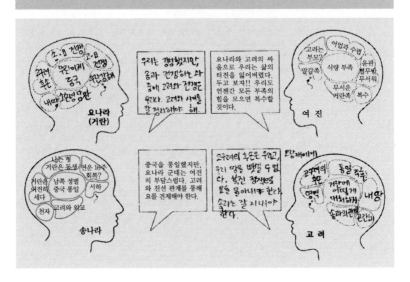

〈그림 3.2.1〉 고려와 거란의 뇌구조 및 말풍선 채우기 활동(모둠 활동 예시)

학생들은 교과서와 사료 읽기에 이어 모둠별로 동아시아 역사 연표와 지도를 살펴보고, 거란의 고려 1차 침입에 따른 서희의 외교 활동을 이해하기 위한 역사적 맥락을 파악했다. 이를 통해 학생들이 거란·송·고려·여진의 입장을 각각 파악할 수 있을 것으로 기대했고, 편차가 있었지만 모든 모둠이 각국의 외교적 입장을 정리하는 데 성공했다. 이를 기반으로 서희 외교 담판의 당사국인 고려와 거란의 입장을 뇌구조를 통해 표현하도록 했다.

미리 송과 여진의 뇌구조와 말풍선을 학생들에게 예시로 제공해주었기 때문에 학생들은 나머지 두 국가인 고려와 거란의 입장을 추론하는데 도움을 받을 수 있었다. 학생들의 개별적 고심과 추후 모둠별 정리를 거쳐서 고려와 거란의 외교적 입장을 말풍선에 문장으로 표현하게 했고,

역사수업, 함께 궁리하고 더불어 성장하다

〈표 3.2.4〉 외교 협상 후 고려와 거란이 얻은 것(학생 답변 예시)	
고려가 얻은 것	**거란이 얻은 것**
• 강동 6주를 획득했다 • 고구려의 후손임을 입증·인증받았다 • 고구려의 옛 땅을 회복할 출발점을 얻었다 • 거란의 침략을 외교를 통해 방지했다 • 거란은 오랑캐라고 볼 수 없다	• 고려와 송 사이를 갈라놓았다 • 고려와 관계 개선에 성공했다 • 송과 싸움에서 연운 16주를 획득했다 • 송과 싸움에서 승리한 뒤 중국 전체로 영토를 넓힐 계기를 마련했다

모둠별 의견을 발표해 나와 다른 입장과 의견을 듣는 기회를 가졌다. 발표를 듣는 학생들은 발표 내용 중 자신에게 필요한 내용은 따로 정리할 수 있게 했다. 학생들은 다른 모둠의 타당한 의견들을 변별하면서 10세기 동아시아 국제관계를 좀 더 정교하게 파악하고 자신의 잘못된 이해를 바로잡는 기회로 삼았다.

학생들은 개별로 또는 모둠별로 고려와 거란 양국의 외교적 대처에 대한 자신들의 서사를 만들어내기 시작했다. 교과서에 기술된 서희의 외교 담판을 그대로 수용하거나 알려진바 교과서 서사를 복기하는 것이 아니라, 교과서-사료 간을 왕복하며 당대 서희의 협상이 지닌 의미를 파악하며 역사적 실체에 다가가려고 노력했다. 10세기 전후 동아시아의 다원적 국제질서는 고려의 문화적 다양성 차원에서 비정되는 실체 없는 주변 국가가 아니라 서희의 외교 협상에서 고려하고 판단해야 했던 것처럼 복잡다단한 정황을 지닌 역사적 주체 사이의 중층적 외교관계로 특징지을 수 있었다. 이와 같은 상호적이고 다원적인 국제관계에 대한 맥락적 이해는 외교 협상 후 고려와 거란이 얻은 것을 기술한 학생들의 반응에서 확연히 드러난다(〈표 3.2.4〉).

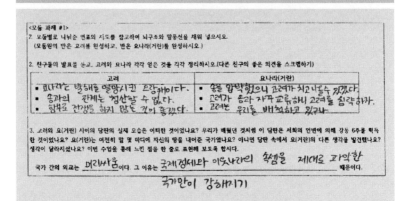

〈그림 3.2.2〉 서희의 외교 협상 수업 중 '고려와 거란이 얻은 것'(모둠 활동 결과 예시)

학생들은 고려와 거란이 얻은 것을 구체적으로 기술하고 나와 다른 의견들을 귀담아 듣는 가운데, 당시 국가마다 처한 입장과 그에 따른 반응 또한 다를 수밖에 없다는 점을 인지했다. 마지막으로 당대 외교의 의미를 자신의 언어로 정리하고 공유하는 활동을 통해 고려와 거란이 서로 주고받는 것을 전제로 하고 있는 당시 국제관계를 추상적으로 혹은 비유적으로 기술할 수 있었다(〈그림 3.2.2〉).

학생 중 일부는 '외교'를 "조상"이라고 표현했다. 이는 '고려가 조상인 고구려 덕분에 땅을 얻었다'라는 기존의 내러티브를 반복하는 것으로 보인다. 학생 대부분은 '외교'를 "예의"(훈훈한 교류를 맺으면 국가 간은 멀어지지 않기 때문이다), "믿음"(거란은 땅과 여러 가지를 내줌으로써 명분과 실리를 얻었기 때문이다), 눈치 게임"(국가 간 외교를 하면서 서로 눈치를 보느라 경쟁하기 때문이다), "역사의 결과"(고려가 자신들의 선조 나라였던 발해를 무너뜨린 요를 적대시했기 때문이다), "물풍선 받기"(적정선을 넘으면 풍선이 터지고 모자라도

풍선이 터지기 때문이다), "소통"(외교도 전투와 같이 소통으로 시작해 소통으로 끝나기 때문이다), "힘"(국가 간의 외교를 가지면 다른 나라는 불안해지기 시작하기 때문이다), "터질 것 같은 무기"(무시를 하면 무기가 언제 터질지 모르기 때문이다), "밀당"(서운할 땐 달래주고 평소에는 긴장하도록 행동해야 하기 때문이다), "줄다리기"(외교는 힘과 힘이 대립해 강한 쪽으로 흘러가기 때문이다) 등으로 정의했다.

중학생들의 답변 중에서 역사 전공자들에게서 나올 법한 '사대관계'나 '조공로의 확보'와 같이 역사적 맥락을 담아서 외교를 정의한 사례를 찾기가 어렵다. 도리어 현대사회에서 강조되는 외교관계상 유의점이나 주요 가치 등이 투영되어 나타나고 있음을 확인할 수 있다. 하지만 학생들의 외교에 대한 정의는 고려와 거란이 서로 외교를 통해 각각 얻은 것이 있음을 이해하고 있고, 교사의 설명을 정전으로 간주하던 학생들이 스스로 역사적 의미를 부여하는 경험이 시작되었다는 점에서 의의를 찾을 수 있었다.

2. 공민왕 반원자주화 정책의 목적을 다시 묻다

1) 공민왕 반원자주화 서사에 대한 고민과 수업 궁리

고려시대 학습 내용 중 빼놓을 수 없는 주제는 공민왕의 개혁일 것이다. 공민왕의 반원자주화 정책은 역사 교사 누구도 의심하지 않는 교과서 서사 중 하나였다. 하지만 분과원들은, '원의 지배 – 고려의 저항'처럼 자주성을 강조한 기존의 설명틀과 달리, 연구 성과를 읽으면 읽을수록 복잡다단한 역사적 사건들로 인해 원 간섭기를 명쾌하게 설명하기가 쉽지 않다는 점을 확인했다. 여러 선행연구와 교과서 서사 사이의 간극에 생각이 미치자, '그 자체가 완결되어 닫혀 있는 서사를 전달'하는 수업을 넘어 '역사가처럼 사고' 하는 수업으로 전환하기 위한 수업 고민이 계속되었다.

　수업 설계의 첫 단계는 연구사를 검토하고 중심 질문을 설정한 다음 이에 대한 교사의 내러티브를 구성하는 것이었다. 연구사 검토를 통해서[4] 흔히 공민왕의 반원자주화 정책이라고 부르는 개혁은 주로 1356년(공민왕 5)에 집중되어 나타나고 있고, 역사학계에서는 이를 원과의 관계에서 국왕으로서 위상에 위기를 느낀 공민왕의 군주권 확립 시도로 해석하고 있음을 알게 되었다. 일례로, 1356년 공민왕이 실시한 일련의 개혁 조치 ―기철 일파의 처단, 정동행성 이문소의 폐지, 원나라 연호 사용 중지, 쌍성총관부 함락 및 영토 탈환 등― 이후 원이 고려의 상황을 묻는 국서를 보내자, 공민왕은 '여러 조치는 기철 일파의 모반으로 인한 불가피한 것이었으며, 국경의 소란은 일개 장수의 일탈적 행동이라며 이미 해당 장수를 처형했다'라고 답변한다. 이러한 선후관계와 인과관계

---

4) 민현구, 〈政治家로서의 恭愍王 ―在位 前半期의 행적에 보이는 改革君主로서의 면모〉, 《아세아연구》 100, 1998; 이형우, 〈노국대장공주와 공민왕의 정치〉, 《한국인물사연구》 12, 2009; 이강한, 〈공민왕 5년(1356) '反元改革'의 재검토〉, 《대동문화연구》 65, 2009; 신은제, 〈공민왕 즉위 초 정국의 동향과 전민변정〉, 《한국중세사연구》 29, 2010; 이명미, 〈奇皇后세력의 恭愍王 폐위시도와 高麗國王權 ―奇三寶奴 元子책봉의 의미〉, 《역사학보》 206, 2010; 이명미, 〈공민왕대 초반 군주권 재구축 시도와 奇氏一家 ―1356년(공민왕 5) 개혁을 중심으로〉, 《한국문화》 53, 2011; 홍영의, 〈개혁군주 공민왕 ―공민왕의 즉위와 초기 국왕권강화노력〉, 《한국인물사연구》 18, 2012.

만 보더라도, 공민왕이 취한 일련의 개혁 조치를 고려 자주성의 회복이라는 차원에서 설명하는 기존의 교과서 서사가 타당하지 않은 점이 있음을 알 수 있다.

한편, 공민왕의 기철 숙청에 대해 큰 반감을 가지고 있었던 원은 이후 '기철의 처형과 국경의 소란을 용서한다'는 내용의 국서를 고려에 보내온다. 이는 고려가 원의 연호 사용을 중지한 직후, 원이 자국에 상주하던 고려 관리들을 하옥하고 고려 토벌을 공언했던 것과는 상반된 반응으로, 고려와의 갈등을 확대하지 않으려는 원의 의도를 읽을 수 있는 대목이었다. 이를 통해 고려의 내정에 간섭하는 것보다 더 중요한 일이 원의 내부와 외부에 생겼음을 추측할 수 있었다. 당시 맥락을 세세히 들여다보면서 공민왕의 반원자주화 정책에 대해 가지고 있던 분과원들의 생각에 균열이 생기기 시작했다. 공민왕은 반원자주가 목적이 아니라 '위기에 처한 자신의 군주권 강화'를 위해 일련의 개혁 조치를 취했을 수 있다는 해석이 가능해진 것이다.

공민왕의 정치적 시도를 '고려의 자주성 회복'이라는 대의명분의 실현보다 '위기에 직면한 국왕권의 확립'을 위한 노력의 일환으로 간주한다면, 어떤 수업 구상이 가능한가? 분과에서는 교사와 학생 모두에게 친숙한 자주의 서사를 낯설게 보면서, 자료에 기초한 해석을 열어주고 학생 스스로 이해하고 표현하도록 수업을 계획하겠다는 전망을 구체화했다. 이 전망 속에서 강의 경청과 필기에 멈춰 있던 학생들은 좀 더 적극적으로 생각하고 표현하는 수업 주체로 그려졌다. 여러 방향에서 고민한 끝에 학생들이 이미 당연시하고 있는 '공민왕 개혁=반원자주화 성격' 자체에 질문을 던지는 것이 중심 질문으로 적절하다고 보고, '공민왕은 왜 반

〈표 3.2.5〉 '공민왕의 반원자주화 다시보기 수업' 수정 과정

	학습 자료	교수 · 학습 활동
초안	[1안] 공민왕에 대한 평가는 시간의 흐름에 따라 달라진다: 4개 자료(《고려사》 〈세가〉 사관의 공민왕 평가; 중학교 역사 교과서; 고등학교 한국사 교과서; 《살아있는 한국사 교과서》 일부)	공민왕의 개혁 정치에 관한 내용 찾기; 쉽게 설명한 글 찾기; 자세히 설명한 글 찾기; 공민왕에 대한 평가가 가장 잘 드러나는 글 찾기; 출처 추측하기
	[2안] 공민왕 대 중요한 사건을 선정해보자: 《고려사》 〈세가〉 공민왕 기록	알고 있는 이름 · 용어 찾기; 공민왕이 인식하는 가장 중요한 사건 2가지 선택, 그 이유 쓰기; 선택 결과를 모둠에서 공유하고, 모둠 의견 결정; 공민왕이 개혁을 추진한 의도 쓰기

검토 의견: [1안] 중심 질문이 '공민왕의 개혁 정치의 목적'을 탐구하는 데 적절한지 검토 필요; 〈세가〉의 평가를 독해하는 활동과 공민왕의 개혁 정치에 대해 평가하고 표현하는 활동을 구안해야 함
[2안] 사료의 분량 방대, 선택과 집중; 사료 읽고, 정치 · 경제 · 군사 분야 등으로 범주화하는 등의 활동을 마련할 필요; 사료에서 가장 중요하다고 생각하는 10가지 사건을 선정하고, 그 이유를 표현하는 활동 제안

수정 방향: 〈세가〉 사료 재정리(A4 1장); 발문을 수정해 사료의 출처를 모둠별로 찾으며 독해─중요한 사건 2개와 선정 이유 쓰기─즉위교서 사료를 통해 공민왕의 개혁 정치 의도 찾기 도입함

수정안 (I)	공민왕의 업적을 알고 평가해보자: 《고려사》 〈세가〉 공민왕 기록 편집(A4 1장); 공민왕 즉위 이전 기록 추가	사료의 출처 찾기; 사료 해석; 공민왕의 업적 중 긍정적으로 평가할 수 있는 사건 2가지 선택, 그 이유 쓰기; 즉위교서 읽고, 공민왕의 개혁 정치 추진 목적 쓰기; 학생 활동으로 카드뉴스 제작 제안

검토 의견: 사료카드 형태로 다시 돌아가는 방안; 번호 달고 범주별로 구분해 사료 제공; 카드 뉴스 제작 활동 대신 '공민왕은 ~하는 왕이 되고자 했다' 혹은 공민왕의 묘비명 쓰기 방식 제안; 공민왕의 외교적 입장 변화의 이유를 묻는 질문 추가

수정 방향: 카드뉴스 제작 활동 삭제; 중심 질문의 탐구에 단서가 될 만한 사료 중심으로 재편집; 발문별로 사료를 나눠서 제시; 공민왕의 반원자주화 정책 추진 목적을 정리할 수 있는 발문 추가

수정안 (II)	공민왕의 개혁 정치가 일어난 시기를 알아보자; 기황후 모친 영안왕 대부인 관련 사료 추가; 반원자주화 정책을 1356년 사료로 정리; 원 · 명 교체기 공민왕의 외교 관련 사료 정리	사료의 출처 찾기; 공민왕의 원 숙위 시절에 대한 질문; 영안왕 대부인 연회 좌석 배치와 공민왕의 반응에 대한 질문; 반원자주화 정책 내용과 추진 이유 찾기; 원과 명 사이에서 공민왕의 태도에 대한 질문

⇓

검토 의견: 영안왕 대부인의 위상 파악을 위해 기씨 일가 가계도 추가; 공민왕의 연회 좌석 배치에서 상석 위치를 알려주는 참고 영상 추가; 공민왕의 반원자주화 정책 추진이 사적 복수 차원으로 오인될 우려가 있는 발문 수정; 고려가 원에 맞선 사례와 원과 화해를 시도한 사례를 동시 제공, 학습지에 사료 포함하는 대신 별도의 자료로 제공

수정 방향: 학습지에서 사료를 모두 삭제하고, 별도의 사료 학습지 제작; 발문별 사료를 A4 1장으로 제작해 모둠별 총 4장의 사료 학습지 제공; 발문별로 순차적으로 제공

| 수정안 (Ⅲ) | 총 4장의 사료 포함한 학습지 제작: 공민왕의 원 숙위 시절 사료; 원의 태자가 참석한 잔치 관련 기록; 공민왕의 반원자주화 움직임을 묻는 원에 대한 답신; 고려 답신에 대한 원의 입장 표명 | 공민왕이 원 숙위 시절 취했던 행동이 고려 왕이 되는 데 어떤 도움이 되었는가 물음; 1353년 8월 잔치 기록에서 당시 자리 배치와 이에 영향을 준 요소 추론; 1356년 공민왕의 개혁이 원과 관계에 끼친 영향 및 원에 보낸 답신과 고려 답신에 대한 원의 입장 추론; 공민왕의 반원자주화 정책의 추진 목적에 대해 묻는 질문 |

⇓

검토 의견: 발문에서 하위 질문이 세분화될 필요성; 연표에서 고려와 원으로 나누어 자료를 세분화해 제시할 것을 제안; 공민왕 즉위교서의 사료 추가

수정 방향: 발문별 하위 질문 세분화; 연표 재구성

〈표 3.2.6〉 '공민왕의 반원자주화 다시보기 수업': 최종 수업 개요

공민왕이 반원자주화 정책을 실시한 목적은 무엇일까?

사료 학습지 (4개 사료, 각각 다른 색깔로 인쇄, 봉투에 넣어 제시)	모둠 활동: 발문별 해당 사료 꺼내서 읽기
교과서, 고려 왕조 계보도, 공민왕의 원 숙위 시절 사료	⇐ 왕기는 고려 왕이 되기 위해 어떤 노력을 했을까?
연회 사료	⇐ 잔치의 자리 배치 그려보기 & 자리 배치를 통해 알 수 있는 사실 찾기
원의 서신에 대한 공민왕의 답신과 이에 대한 원의 답신 사료	⇐ 공민왕의 개혁 이후 고려와 원의 관계 추론: 교사의 질문 → 모둠별 활동 → 교사의 질문 → 모둠별 활동
공민왕의 반원자주화 정책의 목적과 근거를 묻는 스펀지 퀴즈	⇐ 모둠별로 해결한 뒤, 모둠칠판에 적어서 교실 칠판에 붙이기

원자주화 정책을 실시했을까?'라는 질문을 중심으로 수업을 구상했다.

마 교사의 본시 수업 구상은 분과 교사들과 공유되었다. '역사가처럼 사고' 하는 행위의 특징은 사료를 읽고 이해하려는 시도 속에서 끊임없이 질문을 제기하고 답을 찾아가는 과정이라는 점, 그리고 이를 통해 얻어진 과거에 대한 해석은 시대와 관점에 따라 달라질 수 있다는 점을 중시하며, **마 교사**의 초기 수업 계획은 공민왕의 정치에 대한 평가 글을 제시하고 관점을 비교하게 하거나, 당시 기록에서 중요하다고 생각하는 공민왕의 업적을 선정하게 하는 방향으로 이루어졌다. 중심 질문과의 관련성과 타당성 등을 검토하고, 자료의 가독성과 학생의 역사 이해 활동의 수준과 범위 등에 주목한 분과원들의 검토 의견이 수렴되었다. 그 과정에서 **마 교사**의 사료 선정과 발문 구상이 다시 분과원들의 검토와 제안을 거치면서 정련되었고, 중심 질문을 따라 학생의 역사 탐구가 수행될 수 있도록 수업 계획을 면밀히 다듬는 과정이 여러 달에 걸쳐 지속되었다(〈표 3.2.5〉).

마 교사의 교수 · 학습 과정안 초안과 학습지는 분과원들과의 상호작용을 통해 최종 수정 · 보완되었다(〈표 3.2.6〉). 본시 수업은 '왕이 되기 전 공민왕의 원나라 생활─1353년 8월 잔치 기록을 통해 살펴본 공민왕의 위상─1356년 공민왕의 반원자주화 정책 그리고 고려와 원의 관계─공민왕의 반원자주화 정책의 추진 목적'을 정리해 발표하는 활동으로 구성되었다. 수업은 통념적으로 반원자주화 성격을 지닌 것으로 의미를 부여 해온 공민왕 5년 개혁의 의도를 되짚어본다는 의미에서 '공민왕의 반원자주화 다시보기 수업'으로 명명했다.

2) 공민왕의 반원자주화 다시보기 수업

2017년 가을 경기도의 한 중학교 2학년 교실에서 **마 교사**의 공개수업이 있었다. 남녀공학의 학생들은 이미 고려시대를 학습한 상태여서 충분한 배경지식을 갖추고 있을 것이라는 기대와 함께 당일 단축 수업이 이루어지는 예상치 못한 수업 조건까지 현실 수업 상황 그대로 분과원들이 관찰할 수 있었다. 교우 관계, 성적을 고려해 모둠 활동을 이끌어갈 학생 1인을 포함해 4인으로 모둠을 구성했고, 수업에 소극적이고 관심이 적은 학생들을 각 모둠에 분산·배치했다.

학생들의 배경지식을 확인·공유하기 위해 기존에 배웠던 공민왕의 반원자주화 정책의 내용에 대해 물으며 수업이 시작되었다. 학생들은 변발과 호복 금지, 정동행성 이문소 폐지, 쌍성총관부 탈환과 영토 회복 등에 대해 답했다. 이어서 교사가 공민왕의 개인사를 강의식으로 설명하고, 공민왕이 어린 조카들과 고려국왕 자리를 놓고 경쟁했으나 2차례나 실패했다는 점을 언급했다. 그러고 나서 학생들은 모둠별로 사료 봉투를 1개씩 받고, 그 안에서 각기 다른 색깔로 출력된 사료 세트 중 교사의 지시에 따라 해당 사료를 꺼내 읽으며 토론에 임했다.

그리고 학생들에게 아래와 같이 〈사료 1〉과 발문을 제시하고, 모둠활동을 통해 답을 추론해보도록 했다.

학생 대부분은 공개수업 이전 실행한 수업에서 동일한 학습 내용에 대해 '고려의 왕이 되기 위해'라는 각기 나름의 합리적 의견을 제시했다. 하지만 학생들은 사료에 '이후 고려 왕이 되기 위해'라는 문구가 이미 기재된 것을 확인하자 적잖이 당황할 수밖에 없었다. **마 교사**는 고려국왕

〈사료 1〉	충정왕에 밀려 고려국왕에 오르지 못했던 왕기(공민왕)는 **이후 고려 왕이 되기 위해** ㉠노국대장공주와 혼인을 했고, 원나라 황태자(기황후의 아들)가 세운 단본당에 들어가 ㉡황태자를 모시는 일을 한 적도 있었다.
발문	왕기(이후 공민왕)는 어떤 의도에서 ㉠, ㉡과 같은 행동을 했을까? ⇒ **고려의 국왕이 되기 위해** _____ _____

(강조는 추후 필자)

이 되기 위해서는 원의 지지가 필요하다는 점을 학생들이 찾아내도록 설계했으나, 학생들이 '고려의 왕이 되기 위해'라는 답변에서 한 발짝도 나아가지 못하는 것을 발견했다. 결국 이를 개선하기 위해서 아예 학습지 발문에 '고려의 국왕이 되기 위해'라는 문구를 삽입해 학생들의 사고의 진전을 촉진했다. 이후 진행된 수업에서는 몇몇 모둠에서 '원과의 관계에서 필요했을 것 같다'는 학생들의 발언이 나오기 시작했다. 공개수업

〈표 3.2.7〉 공민왕 수업에 활용한 사료 세트와 봉투

충정왕에 밀려 고려국왕에 오르지 못했던 왕기(공민왕)는 이후 고려 왕이 되기 위해 ㉠노국대장공주와 혼인을 했고, 원나라 황태자(기황후의 아들)가 세운 단본당에 들어가 ㉡황태자를 모시는 일을 한 적도 있었다.	1356년 7월 (공민왕이) 고려 장수의 목을 베고, 원 황제에게 글을 보내었다. 그 내용은 기철의 반역으로 인해 어쩔 수 없이 그 일당을 처형하게 되었으며, 국가의 소란을 일으킨 장수를 처형했다는 것이다.
원나라에서 태자와 신하를 보내 영안왕 대부인(기황후의 어머니)을 위해 잔치를 열었다. 노국대장공주와 원나라 태자는 북쪽에 앉고, 공민왕은 서쪽에, 영안왕 대부인은 동쪽에 앉았다. 공민왕이 술을 부어 먼저 무릎을 꿇고 태자에게 드리니 태자가 서서 마시고, 태자가 술을 부어 대부인에게 드리고, 다음에 공민왕고 노국대장공주에게 드렸다.	1356년 10월 원 황제가 고려에 글을 보냈다. 그 내용은 기철의 처형과 국경의 소란을 일으킨 점을 용서한다는 것이었다. (공민왕은) 황제의 너그러움에 감사하다는 글을 보냈다.

〈사료 2〉	원나라에서 태자와 신하를 보내 영안왕 대부인(기황후의 어머니)을 위해 잔치를 열었다. 노국대장공주와 원나라 태자는 북쪽에 앉고, 공민왕은 서쪽에, 영안왕 대부인은 동쪽에 앉았다. 공민왕이 술을 부어 먼저 무릎을 꿇고 태자에게 드리니 태자가 서서 마시고, 태자가 술을 부어 대부인에게 드리고, 다음에 공민왕과 노국대장공주에게 드렸다.
발문	1) 네 사람(원 태자, 공민왕, 노국대장공주, 영안왕 대부인)의 자리를 표시해보자.

[북]
[서]   [동]
[남]

2) 네 사람 중 공민왕의 서열은 (높은, 낮은) 편이다.
3) 공민왕은 2)의 상황에 대해 (만족, 불만족)했을 것이다.
4) 공민왕은 이후 _____ 을/를 계획했을 것이다.

장면에서도 교사는 전체 학생과 질문과 대답을 주고받으며 '원의 지지'라는 학생의 반응이 나오자 긍정적 피드백을 하며 질문-대답 과정을 마무리할 수 있었다.

고려국왕이 된 공민왕의 처지는 기황후 모친인 영안왕 대부인의 생일 연회 장면을 담은 사료를 읽으며 파악할 수 있었다(〈사료 2〉). 학생들은 사료를 읽고, 1353년 8월 영안왕 대부인의 생일 연회에서 참석자들의 당시 자리 배치를 어렵지 않게 표시했다.

교사는 모둠 활동이 끝나갈 무렵 전체 학생을 대상으로 각 발문의 답을 확인하면서 공민왕의 처지와 반응에 대해 '왜 공민왕이 그렇게 느꼈을지' 생각해보도록 했다. 학생들이 영안왕 대부인과 공민왕의 자리가 대등하게 배치된 것을 보고, 기씨 집안에 대한 원의 지지가 높았고, 공민왕은 위기를 느꼈을 것이라고 추론해내게끔 의도한 것이었다. 학생들이 잠시 침묵하자, 교사는 다시 '왜 공민왕은 기분이 나빴을까?'라는 질문을 거듭 던지고 몇몇 학생을 지목해서 발언케 했는데, 의외의 답변이 많이 나왔다. '원나라 태자가 서서 술을 받아서', '아내인 노국대장공주가 공민왕 자신보다 상석에 앉아서', '영안왕 대부인과 공민왕이 동등하게 취급받아서', 심지어 '공민왕 자신의 생일은 〔원나라 태자가〕 축하해주지 않아서'라는 답변까지 등장했다. 학생들의 분위기는 금세 달아올라 모둠 내에서 또 모둠 간에 의견을 나누며 교실 전체가 '공민왕'의 심정을 추론하느라 의견이 분분했다.

학생들의 참여도는 높았으나 교사의 의도와 달리 흘러가는 수업 분위기를 감지하고, 교사는 판단을 해야 했다. 여기서 학생들의 분위기를 환기하고 계획된 대로 수업을 진행할 것인지, 아니면 선행 수업들과는 달리 다양한 답변을 내놓는 학생들의 반응을 발판 삼아 논의를 진전시킬 것인지 결정이 필요했다. 선행 수업들에서 소극적이었던 학생들의 태도에 실망했던 터라, 짧은 시간이었지만 고민하다가, 학생들의 논의를 확장하는 방향으로 가닥을 잡았다. 칠판에 학생들이 내놓은 4가지 가설을 A~D로 명명하고 모둠 내에서 의견을 정하도록 했다. 모둠 활동은 활기를 띠며 학생 대부분은 적극적으로 얘기를 나누고 있었고, 교사는 모둠을 돌며 '왜 A/B/C/D라고 생각하는지?' 그 근거를 묻고 추가 질문을 했다. 잠시 후 각 모둠별 의견을 확인했는데 원 태자의 술 받는 태도, 노국대장공주의 상석 배치, 영안왕 대부인과 공민왕의 동등한 자리 배치 등을 골고루 언급했다. 교사는 '왜 공민왕은 기분이 나빴을까?'라는 질문에 대해 특정 답안을 적시하는 대신 3~4가지 요인이 복합적으로 작용했을 것으로 정리하면서 마지막으로 공민왕의 추후 계획을 묻는 질문으로 학생들을 이끌었다. 학생들은 자연스럽게 '이후 공민왕이 자신에게

역사수업, 함께 궁리하고 더불어 성장하다

| 〈사료 3〉 | 1356년 7월 (공민왕이) 고려 장수의 목을 베고, 원 황제에게 글을 보내었다. 그 내용은 기철의 반역으로 인해 어쩔 수 없이 그 일당을 처형하게 되었으며, 국경의 소란을 일으킨 장수를 처형했다는 것이었다. |

발문

시 기	고려의 움직임	원의 움직임
1356년 5월	기철 무리가 반란을 꾀하다가 처형당함 공민왕의 명령으로 정동행성 이문소를 폐지함	
1356년 6월	원나라 연호 사용을 중지함	원이 고려 관리를 가두고 고려를 토벌하겠다고 공개적으로 밝힘
1356년 7월	공민왕의 명령으로 쌍성총관부를 함락하고 땅을 되찾음	원나라 사신이 압록강까지 와서 최근의 사건에 대해 묻는 황제의 글을 전함

1) 공민왕이 추진한 일은 고려와 원의 관계를 (친밀, 대립)하게 만들었을 것이다.
2) 공민왕은 황제의 글(1356년 7월)에 어떻게 답했을까?
3) 원나라는 공민왕의 답변에 어떤 반응을 보였을까?

위협이 되는 기씨 일파의 힘을 약화시키는 조치를 계획했을 것'으로 추론했다.

두 번째 학습 활동이 지났을 뿐인데, 이미 수업시간은 35분을 경과하고 있었다. 학생들의 논의가 활발하게 전개되는 사이에 상당한 시간이 지나버린 것이다. 남은 시간 동안 기철의 숙청과 공민왕이 원에 보낸 서신과 그에 대한 원의 서신을 교사가 명쾌하게 설명하고 마무리할 수밖에 없다는 갈등도 잠시, 학생들은 다른 색깔의 사료를 봉투에서 꺼내 읽으며 또 질문에 답하고 있었다.

공민왕의 반원자주화 정책에 대해 이미 알고 있었던 학생들은 공민왕의 일련의 정책이 원과 대립적 관계를 불러왔다고 지적했다. 학생들은 〈사료 3〉을 읽으면서 공민왕의 입장에 대해 '예상 밖'이라는 반응을 보였다. 이어서 공민왕의 입장을 잘 표현할 수 있는 단어를 선택해보라는 교사의 질문에 '변명, 핑계'라는 학생들의 발언이 나왔다. 학생들이 살짝 들뜬 상태로 공민왕의 입장에 대해 얘기를 나누느라 분위기는 다소 산만해져갔고 계획과 달리 이제 수업을 마무리 지어야 하는 상황이 되었다.

수업을 정리하기 위해 '공민왕의 입장 표명 이후, 원에서 다시 국서가 왔다. 원의 국서 내용은 무엇이었을지 생각해보세요'라는 교사의 발문을 듣고, 잠시 학생들 사이에 침묵이 흘렀다. 일부 학생은 작은 목소리로 "전쟁"이라고 했는데, 그때 돌발 상황이 벌어졌다. 한 학생이 "제가 미리 살짝 봤는데, 원에서 공민왕을 용서한다고 했어요"라고. 학생들은 예상 밖의 답변에 웅성거리며 〈사료 4〉를 확인했고, 교사는 학생의 발언에 긍정적 반응을 보였다. '원은 왜 고려를 용서한다고 했을까? 당시 원이 처해 있던 국제적 상황을 고려해볼까요?'라는 교사의 제안에 학생들은 "원·명 교체기"라고 답했다. 앞으로 전개될 '원·명 교체기'라는 역사적 변화에 대해 이미 인지하고 있던 몇몇 학생이 정답을 자신 있게 내놓을 수 있었던 것이다.

수업 실행자의 입장에서는 학생들이 사료를 독해하고 친구들과 의견을 교환하면서 수업에 몰입하는 모습을 통해 '역사가처럼 사고' 하는 수업의 실현 가능성을 엿볼 수 있었다. 기존의 수업이 '홍해를 가르듯' 교사의 폭발적 설명과 카리스마로 수업을 진두지휘했었다면, 이번 수업에서는 학생이 스스로 목소리를 내는 학습 활동이 가능하다는 점을 확인했기 때문이다. 학생들의 흥미를 불러일으키는 사료의 발굴, 학생들의 읽기 수준과 이해 수준을 고려한 학습량의 조정, 학생들의 생각을 확장·

심화·정교화하도록 잘 다듬어진 발문과 하위 발문이 어우러지면 학생들도 비판적으로 사고하며 기존의 교과서 서사에 도전할 수 있을 것이라고 판단했다. 또한 선행 수업들과 달리 영안왕 대부인 생일 연회장 자리 배치에 대해 학생들의 기대 이상의 활발한 의견 발표 및 토의로 수업이 활기차게 진행되었다는 점, 강의 중심의 수업에서는 크게 몰입하지 못했던 몇몇 학생의 적극적인 모습도 긍정적으로 평가되었다.

반면, 수업이 원래 계획에서 벗어나면서 기철 등의 친원 세력을 제거한 공민왕의 의도와 일련의 정책적 시도의 근원적 목적을 본격적으로 탐색하지 못한 점이 아쉬움으로 남았다. 무엇보다 기존 서사에 대한 비판적 접근을 통해 대안적 내러티브를 구축하려는 분과원들의 고심이 결과적으로 잘 살아나지 않았다. 수업자는 활동의 순서를 **기**-공민왕의 원 숙위 생활, **승**-기철 모친(영안왕 대부인)의 생일 연회, **전**-기철 숙청에 따른 고려와 원의 갈등, **결**-이를 종합한 학생의 판단으로 펼쳐놓았지만, 기승전결의 **전**에 해당하는 발문은 학생들에게 충분히 다가가지 못했고, 이에 따라 공민왕과 원의 갈등을 다각도로 살펴볼 기회도 사라지고 말았다.

'공민왕의 반원자주화 다시보기 수업'의 굴곡에는 학교 행사에 따른 단축 수업으로 시간에 쫓기는 제약도 분명 한몫을 담당했다. 하지만 결과적으로 수업 전반부에서 시간과 공력을 쏟은 나머지 다소 고민이 필요하고 인지적 혼란을 겪으면서 사료의 이면을 읽어가야 했던 부분은 절반의 성공에 그쳤다. 왜 원이 공민왕을 크게 나무라지 않았을까? 왜 공민왕은 결기 어린 대응이 아니라 적당히 핑계만 댔을까? 왜 이렇게 앞뒤가 안 맞는 걸까? 등등 학생들이 충분히 가져야 할 의문과 그에 따른 모둠 내의 활발한 논의, 모둠 간의 서로 다른 해석의 장면은 제대로 꽃을 피우지 못한 셈이다. 그나마 한 학생의 먼저 사료를 꺼내본 돌출 행동이 중요한 촉매제가 되어 학생들이 반응을 보이면서 끝까지 활기를 유지한 채 수업을 마칠 수 있었다. 이처럼 우연과 다행으로 내러티브에 다가간다면, 수업자의 의도가 충분히 살아났다고 보기 어렵다.[5]

---

5) 이 책의 〈부록 3: 수업 후 협의 녹취록(일부)〉를 참고하면 이 수업 실행 후 강평 장면을 엿볼 수 있다.

역사수업, 함께 궁리하고 더불어 성장하다

03

교과서 서사의
해체와 수업 구상

　분과에서 점검해본 한국의 전근대사 수업은 근현대사 수업에 비해 한계점이 명확했다. 전근대는 학생들이 느끼기에 먼 과거였고, 학생들의 전근대 관련 지식은 다양한 관점과 해석으로 접근하기에는 사실로 고정되어버린 지식이 대부분이어서, 전근대사 수업은 암기식 수업이거나 잘 구조화된 설명식 수업으로 흐를 가능성이 높았다. 그만큼 교과서 서사의 힘이 강했고, 고려시대도 이와 비슷한 상황이었다.

　2018년 7월 새로운 교육과정이 고시되고, 기존의 구도와 전혀 다른 고려시대 학습 내용이 제안된 상황에서,[1] '해동천하(海東天下)', '정호(丁戶)', 귀족이 빠진 '문벌'이 어떻게 교과서에 서술될지 눈여겨볼 필요가 있다. 새로운 교육과정은 '고려＝귀족제 사회'를 부정하고 있어, 음서와 공음전 등으로 귀족의 특권이 지지되었다고 설명해온 기존의 교과서 서

---

1) 2015 개정 교육과정(2018-162호).

사가 강력히 도전받을 것이다. 처음 국가수준 교육과정 개정 내용이 고시되었을 때, '해동천하' 또는 '정호'라는 낯선 용어에 대한 비판과 함께 거부감이 표시되었다. 이는 역사 교사 사이에 고려시대 교과서 서사가 오랫동안 변하지 않고, 학교 현장에서 끊임없이 재생산되어왔음을 반증하는 것이기도 했다.

분과는 2~3년에 걸친 고려사 개설서와 연구 논문을 읽는 학습 결과에도 불구하고,[2] 새롭게 알게 된 연구 성과를 기계적으로 수업에 적용할수 없다는 점을 통찰하고, 공통분모가 되는 교과서 서사의 문제와 이를 극복할 수 있는 방안을 다각도로 모색했다. 새로운 고려시대 수업은 민족 항쟁사로 점철된 고려 대외관계사를 다시 보려는 노력에서 출발해서, 교과서 서사의 깊은 연원과 이를 탈피한 역사 이해의 가능성을 탐색하는데 집중했다. 개별 영웅 중심의 항쟁사에서 벗어나고 배타적 민족주의의 관점을 탈각하려는 노력은 상술한 바와 같은 '서희의 외교 협상 수업'과 '공민왕의 반원자주화 다시보기' 수업이라는 결실을 맺었다.

분과원들에게 역사수업 연구의 필요성은 교육과정과 교과서 개정에 따른 외부의 요구보다 역사수업을 장악하고 있는 교과서 서사의 인식과 해체, 대안 모색이라는 교실 현장의 요구에 답해야 한다는 내부 목소리

---

2) 김인호 · 박재우 · 윤경진 · 추명엽, 《고려시대사 1: 정치와 경제》, 푸른역사, 2017; 이종서 · 박진훈 · 강호선 · 한정수, 《고려시대사 2: 사회와 문화》, 푸른역사, 2017; 노명호 · 서성호 · 이익주 · 박재우 · 윤경진 · 최연식 · 이종서 · 추명엽 · 정요근 · 이강한 · 최종석 · 강호선 · 이영미 · 김우택 · 정동훈 · 황향주 · 오희은 · 렘코 브뢰커 · 모리히라 마사히코, 《고려 역사상의 탐색: 국가체계에서 가족과 삶의 문제까지》, 집문당, 2017; 존 B. 던컨, 김범 옮김, 《조선 왕조의 기원》, 너머북스, 2013; 에드워드 슐츠, 김범 옮김, 《무신과 문신: 한국 중세의 무신 정권》, 글항아리, 2014; 한국중세사학회, 《21세기에 다시 보는 고려시대의 역사》, 혜안, 2018.

에 기인했다. 아울러 학생들에게 유의미한 대안적 서사 형성의 기회를 제공해야 한다는 의무를 충실히 이행하는 것이기도 하다. 이를 위한 분과의 공동 노력과 절차를 제안하면 다음과 같다.

우선 한국 전근대사 수업 특히 고려시대 수업의 현황과 난점을 비판적으로 성찰할 필요가 있다. 교사 스스로 가지고 있는 고려시대에 대한 인식과 학생들에게 가르치려는 고려시대에 대한 인식 간에 간극이 있다면 그 이유를 파악하고, 간극을 좁힐 수 있는 방안을 모색해야 한다. 분과원들은 고려시대가 갖는 민족주의적 담론, 민족 항쟁사 중심의 국난 극복의 내러티브, 대외관계에 대한 침략과 저항 중심의 설명, 문화 다양성과 다원성에 대한 과도한 의미 부여 등에 대해 집중적으로 문제 제기 했다.

분과는 이처럼 고려시대를 지탱해온 교과서 서사를 하나씩 의심하고 보완하며 대안적 서사를 고민해보게 되었다. 첫째, 민족 통일의 서사다. 교과서는 신라의 삼국 통일을 최초의 통일로, 고려의 후삼국 통일은 실질적인 민족 통일의 서사로 그리고 있다. 이러한 고려시대 교과서 서사는 발해 유민까지 받아들이며 통일 신라와 발해가 통합되었다고 설명하고 있다.

둘째, 지배층 중심의 서사다. 호족의 연합 정권으로 시작해, 문벌 귀족, 무신, 권문세족, 신진 사대부로 지배층이 변화하는 과정과 연동해, 대외관계 및 고려 정치사에 대한 서사도 전개되고 있다. 이러한 서사 안에는 피지배층에 대한 배려는 없고, 국가의 통치 체제 및 제도가 우선일 수밖에 없으며 국가가 지방을 어떻게 통제해나갔느냐가 서사의 중심이 될 수밖에 없었다. 호족의 일부가 중앙에서 문벌 귀족으로 변화하고, 지방에 남은 이들은 향리층으로 자리한다는 서사는 부연적인 것이다. 이와 같은 서사 속에서는 광종과 성종의 국가 통치 체제 정비가 서사의 중심부에 자리할 수밖에 없다.

셋째, 민족 항쟁사의 서사다. 거란·여진·몽골의 연이은 침략과 항쟁 속에서 고려시대 전체에 대한 교과서 서사가 성립하고 있으며, 침략을 물리친 서희·강감찬에 대한 영웅사관은 필연적인 것이었다. 더불어 유목민족은 외부의 침략자이자 극복해야 할 대상으로 간주되었고, 원 간섭기는 치욕적인 시기였으며 이를 극복해낸 공민왕의 반원자주화 정책은 개혁 정책의 표본으로 제시되었다. 몽골의 침략에 저항한 고려인의 항쟁이 민중사의 대부분을 차지하는 것도 이와 맥을 같이하는 서사라 할 수 있다.

넷째, 고려시대는 고려시대일 뿐인데 발전 사관에 입각해 고려시대를 설명하는 서사다. 고려시대는 삼국시대보다는 발전된 사회이며 조선시대보다는 미성숙되거나 미완성된 사회로 간주되어왔다. 중앙집권화된 사회가 발전된 사회라고 설명하는 것이 대표적 사례라고 할 수 있다. 이와 같은 서사는 지배층 중심의 서사와 맞물려 돌아가며 고려시대 교과서 서사를 지탱해왔다.

2018년 분과에서는 고려시대 교수·학습 과정안을 작성하는 별도의 소모임을 만들어서 새로운 서사를 구현하고자 했다. 고려시대는 상대적으로 연구 성과가 적고 사료도 부족할 뿐 아니라 참조할 수 있는 교수·학습 과정안도 미비하다는 점이 지적되었다. 이에 따라 새로운 서사는 기존의 교과서 서사에 대한 점검과 비판을 토대로 교사 자신의 역사 인식을 성찰하고 기존의 서사에 대한 비판과 해체를 도모함으로써 경쟁하는 대안적 서사를 모색하는 가운데 발견할 수 있다는 점에 착목했다. 이

과정을 수업 연구공동체에서 거듭해보면서 학생들도 교사들이 경험한 것과 유사한 역사적 이해 과정에 참여할 수 있도록 교수 · 학습 경로를 만드는 것이 목표가 되었다.

고려시대에 대한 역사상을 비판적 해체와 적극적 재구성 속에 새롭게 세워나가는 역사수업 연구를 필두로 앞으로 교과서 서사와 관련된 연구가 활발히 이루어지기를 기대한다. 이와 같은 연구는 두 측면에서 유의미하다. 하나는 우리의 고려시대 수업 연구 · 실천 사례가 다른 시대에 대한 수업 연구에서 참조할 수 있는 모델로서 기능할 수 있다는 것이다. 현행 교육과정 및 교과서 분석과, 교사와 학생의 고려시대 이해에 대한 성찰, 교과서 서사에 대한 비판을 기반으로 연구 성과의 검토와 중심 질문의 설정, 학습 자료와 역사적 읽기를 중핵으로 하는 학습 활동의 구상 및 실행의 과정이라는 전근대 한국사 수업 연구의 틀은 다른 시대와 주제 학습에 적용할 수 있다. 우리 분과가 고려시대에 천착하고 있다면, 또 다른 수업 연구공동체는 조선시대를 천착하고 있으면 된다. 또 다른 수업 연구공동체는 세계사 중에 이슬람사를, 또 다른 수업 연구공동체는 아프리카사를 혹은 라틴아메리카사를 '어떻게 가르칠 것인가?'에 대해 천착하는 것이다.

수업 연구의 결과를 공유 · 소통하는 것은 그다음 단계다. 예컨대 한국 고대사의 교과서 서사를 해체하고, '한국 고대사를 어떻게 가르칠 것인가?'에 대한 수업 연구에서 학생들이 스스로 서사를 만들어가는 학습 경험을 어떻게 제공할 것인가를 궁리한 결과는 교사와 연구자의 집단지성을 관통하며 수정 · 보완될 수 있다. '서희의 외교 협상 수업'에서 활용한 당대 맥락 속 뇌구조 수업 모형을 조선시대의 임진왜란이나 병자호란,

개항기의 청일전쟁과 러·일 전쟁에 대입해볼 수도 있을 것이다. 또 동남아시아의 교류사나 유럽의 제1차 세계대전, 제2차 세계대전에 적용한 수업 연구 성과도 기대해볼 수 있다. 이러한 협력적 수업 연구에 여러 학교급, 지역, 관심과 관점이 다른 교사들을 초대해 각각의 수업 연구 성과를 공유하고 소통하는 것이 가능해진다.

또 다른 시사점은 고려시대 수업 연구의 성과를 통해 학생들이 알아야 할 역사 내용 요소의 규명과, 가장 적절한 방식의 역사 교수·학습의 절차를 축적함으로써 이 축적 성과를 교사들의 교과서 재구성, 교육 내용 재구성을 위한 기초 자료로 활용할 수 있다는 것이다. 나아가 학교 현장의 수업 연구는 국가수준 교육과정 개정에서 쟁점이 되는 학습 양과 학습 수준의 문제를 가늠할 수 있는 구체적 준거가 될 수 있다. 한 명의 역사 교사, 소수의 역사 교사 중심의 연구공동체가 모든 수업에 대한 해답을 제공할 수는 없다. 함께 연대하는 수업 연구공동체가 더욱 많은 역사 수업 연구를 수행할 때, 학생들에게 역사다운 역사수업을 제공할 수 있을 것이라는 점에서 우리는 또 새로운 출발점에 서서 동료들과 수업 연구를 따로 또 함께하려고 한다.

4부

역사수업의 두 날개

: 가르침과 배움에 대한 성찰

윤종배 · 정미란

마 교사 학교생활만으로도 힘든데 왜 역사수업연구분과에 꾸준히 나오시나요?

다 교사 제 수업이 바뀌는 계기가 된 모임이거든요. 새로운 수업을 고민하고 실천하는 것이 강의로 채우는 수업보다 쉽지 않지만, 분과 모임을 통해 아이들을 믿고 기다려주게 되었고, 무엇보다 수업을 성찰하면서 제 수업이 더 넓어지고 깊어진다는 걸 느낀다고나 할까요.

라 교사 분과 모임은 '배움'이라는 단어가 완성태가 아니라 과정 자체임을 깨닫게 해주죠. 아이들이 어떻게 배울까를 염두에 두고 동료들과 함께 얘기하다 보면, 위로도 받고 지혜도 얻으면서 더 많이 배워요. 교사가 수업 전문가가 되는 다소 힘든 길이지만, 가장 빠른 길이 수업 연구공동체가 아닌가 싶습니다.

01 학생의 배움을 고민하는 교사의 성장

1. 수업을 본다는 것
: 수업 성찰, 어떻게 해야 할까?

10년을 함께한 수업 연구공동체로서 역사수업연구분과(이하 분과) 분과원들은 자신이 왜 모임에 꾸준히 나오는지 허심탄회하게 이야기를 나눈 적이 있다. 저마다 참여 동기는 조금씩 달랐지만, 분과 모임에 대한 만족도는 공통적으로 상당히 높았다. 분과원들은 수업의 완성도 제고는 물론, 논의 과정에서 나온 집단지성을 소중한 경험으로 꼽았으며, 전 과정에서 수업 성찰이 있었음을 자각하고 있었다. 교사 개인의 수업 성장이나 수업 연구공동체의 발전에서 빼놓을 수 없는 요소가 수업 성찰임을 다시금 확인할 수 있었다.

수업 성찰이란 교사가 자기 수업을 있는 그대로 바라보고 수업 외형뿐 아니라 교사의 내면까지도 되돌아보는 것을 말한다. 교사들은 수업 성찰이 중요하다는 것을 알지만 실제로 혼자서 성찰을 지속하기가 쉽지 않다. 그런데 수업 연구공동체는 교사가 수업을 끊임없이 고민하고 성찰할 수 있는 기회를 제공한다. 수업 연구공동체가 수업 공간을 사적 영역에서 공적 영역으로 바꾸어주는 것이다.[1]

바로 이러한 수업 성찰로부터 수업 전문성이 높아질 수 있다. 수업은 교사 개인의 내밀한 작업이 아니라 국가수준 교육과정에 근거한 행위이기에 마땅히 공개되어야 하고, 교사의 문제의식도 공유할 필요가 있다. 흔히 전문직으로 불리는 검사·변호사들은 법정에서 공개적으로 논박하고, 의사들은 동료 의사들과 함께 세미나를 하면서 환자를 치료한다. 그 결과는 판결과 치료 효과로 드러나며 그 설득력과 합리성에 따라 전문성에 대한 신뢰도가 높아진다.[2] 학교에서는 수업 연구공동체가 바로 그런 역할을 할 수 있다. 지속적인 성찰과 협의 과정에서 문제의식을 다른 교사들과 공유하고 수업의 내용과 방식을 가다듬어 수업의 완성도를 높이는 것이다.

수업 성찰의 유형은 인적 구성 측면에서 3가지 정도로 나눠볼 수 있다. 교사 개인의 자기 수업 성찰, 3명 안팎의 수업친구들의 성찰, 공통의 연구 관심을 갖는 적정 규모의 수업 연구자들이 일정 기간 지속적으로 실행하는 공동연구 등이다.

앞서 교사가 개인적으로 자신의 수업을 성찰하기 어렵다고 진단했지

---

1) 김현섭, 《수업공동체: 수업 연구 실천모임 어떻게 할까?》, 수업디자인연구소, 2018. 23쪽.
2) 윤종배, 《역사수업의 길을 묻다: 30년차 교사의 성찰, 그리고 진화의 수업기록》, 휴머니스트, 2018, 38쪽.

만 그것이 불가능한 것은 아니다.[3] 교사로서 자기 수업 성찰은 반드시 필요한 일이다.[3] 서울 S중학교에 근무한 **라 교사**는 2012년과 2013년 3월에 공개수업을 하면서 같은 단원 같은 차시의 수업을 공개했다. 프랑스혁명을 다룬 부분이었다. 그는 굳이 같은 차시의 수업을 연이어 공개한 이유를 이렇게 밝혔다.

해마다 다른 주제로 수업을 하면 내 수업의 레퍼토리가 다양해지지만 변화가 있을 뿐 성장 여부는 오히려 알기 어려웠어요. 같은 차시를 수업해보면서 작년의 수업과 올해의 수업이 어떤 면에서 진전이 있는지, 그 원인은 무엇인지, 진전이 없는 까닭은 무엇인지, 참관 교사들의 피드백에서는 또 어떤 차이가 있는지를 알고 싶었습니다.

라 교사는 2012년 배움 중심 수업을 시도하면서 수업을 교사의 설명과 모둠 활동으로 구성했다. 수업을 실행하고 나서, 자신이 배움의 공동체를 기계적으로 수업에 적용했으며 내용 면에서도 학생들이 충분히 자기 의견을 만들도록 구성하지 못했다는 반성을 했다. 이듬해 수업에서는 학생과 교사가 주고받는 발문을 많이 던지고, 그를 토대로 모둠 활동을 유도해 학생들의 역사 해석에 디딤돌을 놓고자 했다. 수업 후 피드백 과정에서 발문이 수업 소통의 좋은 매개가 되었으나 발문과 그 대답이 길

---

3) 개인의 수업 성찰은 교사가 반성적 실천가로서 수업 개선을 도모하는 데 필수적인 일이다. 이는 일종의 자기연구로서 수업 개선의 본질적 요소라는 점에서 더 많이 대중화될 필요가 있으며, 그 분위기를 조성하는 데 수업 연구공동체가 기여할 수 있을 것이다. 이혁규,《수업 비평가의 시선》, 교육공동체벗, 2018, 380, 389~390쪽 참조.

어지면서 모둠 활동 시간이 줄어들어 아쉽다는 조언을 들었다. 이후 **라 교사**는 이를 보완하기 위해 고민하는 과정에서 하브루타를 접하게 되었고, 이듬해부터 학생들 간에 '친구 가르치기'를 하면서 수업의 변화를 꾀했다.

이 과정에서 **라 교사**는 어떤 수업 방법도 역사수업에서 제기되는 문제를 단번에 해결해줄 수는 없고, 특정 수업 이론이나 방법은 '유력한' 해결책일 뿐 '유일한' 해결책은 아니라는 사실을 깨닫게 되었다. 깊은 고민 끝에 자기 수업의 결에 맞게 점차적으로 혹은 부분적으로 수업 기법이나 방법을 녹여내는 것이 수업 성장의 관건인 것이다.

교사 개인의 수업 성찰은 자신의 수업 성장을 스스로 도모하는 의미 있는 사례이나 무척 드문 경우다. **라 교사**도 처음부터 이런 고민을 했다기보다는 전해에 있었던 수업친구 차원의 수업 성찰 경험이 있었기에 자발성을 발휘할 수 있었다. 2011년에 **라 교사**는 분과원들의 권유에 따라 3명이 함께하는 수업 성찰을 했다.

수업자인 **라 교사**는 3월부터 6월까지 10차례 수업을 공개했고, 분과원 2명(**가 교사, 사 교사**)은 관찰자로서 수업을 참관했다. 수업의 출발점을 잡기 위해 학생들을 대상으로 기초 설문 조사를 실시하고, 중간고사 이후와 기말고사 이후 다시 설문 조사를 해 당시 학생 반응을 점검하면서 전반적 추이를 살폈다. 수업 후에는 관찰자와 협의를 하면서 자신의 수업 의도를 설명하고, 수업 과정에서 일어난 일을 복기했으며, 관찰자로부터 일부 피드백도 받았다. 여기에 더해 10차례 모두 수업을 촬영한 뒤, 화면을 보면서 학생의 수업 중 행동과 학습 양상, 배움의 증거가 될 만한 장면들을 점검했다. 수업 영상과 학습지를 비교하기도 하고, 일부 학생을 면담해 학생들 생각의 변화와 진전을 확인했다.

이를 통해 수업자는 배움의 실체는 무엇이며, 그 실체를 어떻게 확인할 수 있는가, 학생 한 명 한 명의 배움을 어떻게 보장할 수 있는가, 이를 위해 모둠 구성을 어떻게 해야 하는가 등에 대한 고민을 하게 되었고, 이 고민들을 이후 수업 성찰의 중요한 초점으로 삼게 되었다. 이후에도 관찰자들과 많은 협의를 거치면서 수업자는 아래와 같은 잠정적 결론을 내렸다. 배움이란 학생이 학습한 내용을 자기 언어로 진술하는 것이고, 그 배움은 학생의 발표, 학습지 기록, 모둠 활동에서 확인할 수 있으며, 좀 더 명료하게는 학생들과의 수업 소감 인터뷰를 통해 확증할 수 있다. 학생의 배움을 보장하는 방법은 교사의 치밀한 궁리 끝에 나오는 교수내용지식과 길 안내가 그 핵심이라는 사실과, 모둠 활동의 인적 구성과 활동 과정을 잘 조직하면 혼자 학습할 때보다 훨씬 더 넓고 깊게 배울 수 있다는 결론도 얻을 수 있었다.

한편, **사 교사**는 학생들의 학습지, 학습자료, 서술형 답안지를 수합해 다양한 반응을 확인·분석하며 학생의 역사 이해와 배움 양상에 대한 글을 썼다. **가 교사**는 같은 학년 동료 교사의 수업도 관찰하면서 **라 교사**의 수업과 동료 교사의 수업 사이 닮은 점과 다른 점을 파악하고 그 의미를 해석하는 논문을 썼다. 소규모 수업친구 차원에서 같은 수업 현상을 보고 수업자는 수업자대로 관찰자는 관찰자대로 사태를 분석하고 의미를 부여하며 성찰의 지점을 짚어나갔다.[4]

---

4) 정미란, 이 책 4부 2장 참조; 김민정, 〈'연구공동체' 교사의 '배움의 공동체' 역사 수업 연구: 지향과 실제〉, 《역사교육연구》 25, 2016, 7~48쪽.

참고삼아 수업친구끼리의 성찰을 원활히 수행하기 위한 필수 요소를 소개하면 다음과 같다. 우선 뜻 맞는 동료끼리 소박하게 팀을 꾸릴 필요가 있다. 서로 터놓고 수업 고민을 나눌 수 있어야 다음 이야기가 가능하기 때문이다. 수업의 속살을 보고 나눈다는 것은 수업자와 관찰자가 서로의 내면과 철학과 삶을 엿보는 것이기에 상대에 대한 신뢰가 있어야 하며, 이 과정에서 서로가 더욱 돈독해지게 된다. 두 번째로는 수업자의 도전의식과 관찰자의 열린 마음이 함께 필요하다. 수업자는 자기 수업의 난맥상을 돌파하겠다는 의지로 크건 작건 도전을 해서 문제를 해결하겠다는 의지가 있어야 하며, 관찰자는 일상적 수업에서 의미를 발견하든 새로운 수업 실천에서 변화의 지점을 확인하든 열린 마음을 갖고 수업자의 도전을 격려해야 한다. 끝으로 이 모든 과정을 기록해 일기를 들여다보며 복기를 하듯 수업자와 관찰자가 자신을 성찰하고 상대를 위로하면서 한 걸음씩 나아갈 수 있게 서로 다독거려야 한다. 수업 영상과 관찰기록을 함께 살피면 좀 더 구체적인 논의를 펼칠 수 있을 것이다.

위에서 보듯 '작지만 강한' 수업친구끼리의 연구는 분과 차원에서도 수업 성찰의 변곡점이 되었다. 협력적 성찰로 수업 논의를 추구해본 경험을 확장해 더 많은 분과원이 역할을 분담해 조직적으로 수업 성찰을 도모하는 단계로 나아가게 되었다. 이처럼 분과는 2013년부터 3년간 3·1 운동을 주제로 '역사가처럼 읽기' 방식을 원용해 수업 시나리오와 학습 자료를 3가지 영역으로 나누어 개발하고 이를 수업에 적용·실천하는 연구를 했다. 2016년 이후에는 고려시대의 판에 박힌 교과서 서사를 비판하면서 처음부터 수업을 공동으로 기획하고 교수·학습 과정안을 구성하며 수업을 함께 관찰하는 노력을 기울였다.

2. 수업 성찰 사례
   : 수업의 주요 장면 되새기기

분과에서 공동의 수업 성찰이 본 궤도에 오른 것은 2013년의 일이다. 수년간 일반적 수업 논의와 수업 분석, 배움 중심 수업에 대한 관심을 거치면서 역사과의 문법에 맞는 수업 디자인과 수업 보기는 어떻게 구현할 수 있을까를 떠올리게 되었다. 역사과의 본질적 특성을 담아내는 수업을 탐색하던 중, 샘 와인버그의 《역사가처럼 읽기》를 접하게 되었다. 이를 통해 기존의 사료학습처럼 사료를 충실히 해독하는 데만 그치지 않고, 다양한 자료에 깊이 있는 질문을 더해 역사적 사고력을 진작하는 방안을 모색했다.

《역사가처럼 읽기》를 통해 분과원들이 함께 수업을 구성하고 발전시켜가는 과정은 2부에서 자세히 서술했기에 여기서는 논의 과정에서 나타난 협업 장면과 수업의 주요 성찰 지점을 소개한다.

분과원들은 3·1 운동의 현장을 생생하게 보여주는 사진과 운동에 참여한 인물에 관련된 문서를 함께 정선했으며, 또 다른 맥락에서 이런 사료를 발전시키는 면모를 보였다. **사 교사**가 국사편찬위원회 한국사데이터베이스에서 찾아낸 유관순 수형자기록표를 **바 교사**가 자신의 수업 맥락에 맞게 가공하고 질문을 더해 학생들의 흥미를 불러일으켰다. 학생들은 유관순의 키가 얼마나 되는지 논란이 되는 부분, 유관순의 직업란에 이화학당이 아니라 "정동여자고등보통학교" 생도라고 적혀 있다는 점, 징역 3년이라는 형기가 민족대표의 좌장인 손병희의 형량과 동일하다는 사실 등을 알고 표를 집중해서 살피게 되었다.

〈표 4.1.1〉 유관순 수형자기록표(뒷면)

수형사항									신분	주소	출생지	본적
급기 사유	출옥 년월일	집행 감옥	언도 재판소	형의 시기	언도 년월일	형기	형명	죄명	평민	〃 〃 〃 〃	〃 〃 〃 〃	충청 남도 천안군 동면 용두리
만기 가출옥	대정 10년 1월 2일	서대문 감옥	경성 복심 법원	〃	대정 8년 7월 4일	3년 월	~~금고~~ 징역	보안 법 위반, 소요	직업			
비고					전과				정동 여자 고등 보통 학교 생도			
주소지 천안군 동면 용두리 418 사촌 유경석 방					초 범							

유관순 수형자기록표는 수업 성찰이라는 측면에서 여러 시사점을 보여주었다. 우선 잘 알려진 인물에 대해 실제로 잘 알고 있는지 되묻게 하는 효과가 있었다. 3·1 운동의 상징, 한국의 '잔 다르크'로 비유되는 그녀에 대해 과연 우리는 잘 알고 있는 것인가, 익숙한 인물조차 이럴진대, 우리가 얼마나 많은 사람을 단순한 이미지로 기억하고 있는지 돌아보게 해주었다. 모름지기 역사는 기억이 아니라 엄정한 기록을 토대로 구성된 이야기이며, 그중에서도 함께 기릴 만한 사건이나 인물을 기념한다고 할 때, 왜 유관순을 기념하는가 하는 근본적 질문 또한 던져주었다.

두 번째로는 글 위주의 전형적 사료에서 벗어나 수형자기록표처럼 도표화되고 시각화된 자극이 있는 자료를 활용하는 것이 학생들의 관심과 호응을 이끌어내는 데 큰 역할을 한다는 점이다. 이는 '공민왕의 반원자주화 다시보기 수업'에 쓰인 연회 도면과도 일맥상통하는 것으로 사진과 도표를 포함한 자료가 한자어 혹은 예스러운 문투로 쓰인 문자 사료보다 접근성도 뛰어나고 여러 궁금증을 일으킨다는 점에서 학생들을 역사적 사고력의 세계로 초대할 가능성이 높다는 것이다. 다만, 맥락이 거세된 단순화와 도식화, 이분법의 함정에 빠지지 않는 주의가 필요하다.

세 번째로는 수형자기록표가 학생들의 커다란 관심과 호응을 일으킨 것은 사실이나 그것이 3·1 운동 운동을 다루는 수업 전체의 맥락에서 어느 정도 비중을 차지해야 하는가의 문제를 돌아보게 했다. 자료 자체는 흥미롭기 그지없고 그것에 대한 학생들의 반응도 좋지만, 수형자기록표가 3·1 운동의 서사를 뒷받침하는 것이 아니라 수업시간의 많은 부분을 차지하고, 수업 내러티브를 휘청거리게 할 수도 있다는 점에서 분과원들의 고민이 적지 않았다. '쓰자니 벅차고 안 쓰자니 아까운' 자료였던 셈이다. 현실적으로 한 차시 수업에서는 수형자기록표를 다루기 어려운 실정이라 적어도 두 차시로 3·1 운동 수업을 진행하면서 심도 있는 활동 과제로 수형자기록표를 제시하는 것이 적당하다고 판단했다. 나아가 수형자기록표를 역사수업 첫 시간에 다루는 '역사란 무엇인가?'에 걸맞은 활동 과제로 제시해 학생들로 하여금 역사에 관심을 갖게 하고 활동 자체에서 흥미를 느끼게 하는 소재로 삼자는 주장도 나왔다.

분과원들은 2016년부터 시작한 고려시대 연구에서 좀 더 진전된 협력적 양상을 보였다. 분과에서 함께 논의해 고려시대를 독자적으로 재구성하는 표를 만들고, 당장 실현 가능 하고, 교과서 서사의 폐해가 큰 주제를 가지고 수업을 궁리했다. 이 과정 역시 3부에서 충분히 다루었기에 여기에서는 주요한 변화의 지점만 언급한다.

고려시대 수업 연구는 민족주의에 경도되어 사실과 멀어진 서희와 공민왕의 서사를 주로 살펴 학생들의 역사 이해를 돕는 데 목적이 있었다. **다 교사**가 진행한 '서희의 외교 협상 수업'에서는 다원적 국제질서와 국가 간의 동시적 상호작용을 파악하는 작업이 필요했는데, 이를 말로 설명하자면 지도를 동원해 고려 주변의 국가들을 다 언급하고 국가 간 관계를 설정해야 한다. 가뜩이나 복잡한 국제정세와 그 속에서 서희의 담판을 비판적으로 해석하는 과정에서 교사의 설명이 길어지고 수업 활동이 추상적이면 학생들의 이해는 요원한 일이다.

논의 끝에 채택한 활동 과제는 뇌구조를 그리고 그에 걸맞은 대사를 넣는 것이었다. 싸움의 상대가 된 고려와 거란을 기본으로 하고, 중요한 변수가 되는 송을 넣고, 여기에 강동 6주 개척의 희생양이 되는 여진의 입장까지 살펴보기로 했다. 고려와 거란의 힘겨루기 중에 말솜씨가 발휘된 담판이 아니라 국가 간의 역학관계에서 사태를 바라보고, 고려 · 거란 · 여진 · 송이 저마다 어떤 입장에서 어떤 태도를 취했을지를 합리적으로 추론해보게 하는 과제를 학생들에게 제시했다.

다 교사가 학생들에게 다소 친숙한 '뇌구조 그리기'라는 모둠별 과제를 제시하자 학생들이 관심을 보였다. 모둠원들이 서로 의견을 나누면서 고려 · 거란 · 여진 · 송 각각에 대해 대화체를 구성하고 수정하는 과정은 그 자체로 학생들이 외교가 나와 타자 사이의 관계이며, 역동적이라는 점을 깨닫는 수업인 것이다. 다소 날것의 표현들이 있었지만, 학생 수준에서 당시 국제 지형도를 이해하고 개연성 있는 대화를 주고받는 데 어느 정도 성공했다.

마 교사가 진행한 '공민왕의 반원자주화 다시보기 수업'에서는 '공민왕=반원자주'로 등식화되어 있는 상태에서 실상을 파악할 사료와 연표를 주고 복잡한 당시 상황 맥락을 학생들에게 사고하게 하려는 의도가 있었다. 하지만 그것은 학생들의 문해력으로 보건대 난망한 일이었다. 초기에 만든 2~3쪽 분량의 긴 연표는 대폭 간추려서 꼭 필요한 사실만 제시했고, 말로 설명하기 어려운 사료는 도해 자료를 이용하는 새로운 시도를 했다. 사료 기반 학습에서 분과원들이 어려움을 겪었던 터라 수업자에게 계속 우려 섞인 조언을 하자, **마 교사**는 고심 끝에 하나의 화면에 사료를 녹여 그림으로 상황을 제시한 것이다.

마 교사의 기발한 발상의 전환은 학생들로 하여금 당시 상황에 대한 정확한 이해를 도왔고, 그에 따른 문제의식 덕분에 학생들의 뜨거운 관심을 일으켰다. 당시 공민왕이 얼마나 열악한 지위에 있었는지 여실히 보여주는 화면과 그로 인한 공민왕의 분노, 강력한 권력의지를 학생들이 손에 잡힐 듯 파악할 수 있도록 돕는 자료였다.

〈그림 4.1.1〉 영안왕 대부인의 생일 연회 장면

원나라에서 태자와 신하를 보내 영안왕 대부인(기황후의 어머니)을 위해 잔치를 열었다. 노국대장공주와 원나라 태자는 북쪽에 앉고, 공민왕은 서쪽에, 영안왕 대부인은 동쪽에 앉았다. 공민왕이 술을 부어 먼저 무릎을 꿇고 태자에게 드리니 태자가 서서 마시고, 태자가 술을 부어 대부인에게 드리고, 다음에 공민왕과 노국대장공주에게 드렸다.

[북](상석)
원 황태자, 노국대장공주

[서]
공민왕

[동]
영안왕 대부인

[남]

그런데 학생들이 폭발적 반응을 보인 기철 모친(영안왕 대부인)의 생일 연회 도면은 양날의 검으로 작용했다. 수업의 활기는 넘쳤으되, 수업자의 의도가 충분히 살아나지 못한 것이다. 본시의 중심 질문은 공민왕의 반원자주화의 궁극적 혹은 실질적 목표가 무엇인가를 되묻고, 공민왕의 왕권강화라는 실체에 학생들이 접근하게 하는 것이다. 이를 위해 수업 진행 과정을 살펴보고, 수업자의 발문에 학생들이 답하고, 학생들이 사료를 읽으며 모둠 활동을 하면서 사건의 인과관계를 스스로 파악하도록 수업을 디자인했다.

문제는 에피소드에 해당하는 연회 도면의 힘이 너무 강했다는 점이다. 여기에 시간과 관심을 쏟는 바람에 정작 씨름해야 할 다음 단계의 사료와 중심 질문을 모두 놓쳐버린 것이다. 수업자가 나누고자 하는 핵심 서사를 뒷받침하고 부각하기 위해 제시하는 것이 에피소드인데 여기에 시선을 빼앗기면 수업 의도가 굴절되거나 구현되지 못하게 되는 것이다. 모름지기 한 차시 수업이 끝나고 학생들에게 무엇이 핵심적인지, 무엇이 인상적인지를 함께 물었을 때, 이 두 가지가 같은 답이 나올 때 가장 좋은 수업이라 할 수 있다. 문제의식과 중심 질문이 돋보이도록 수업을 꾸려갔다면, 가장 핵심적인 것이 가장 인상적일 가능성이 높기 때문이다.

이런 논의 과정을 거치면서 분과원들은 적절한 사료를 발굴하고 학생 눈높이에 맞게 그것을 가공하는 일뿐 아니라 수업 의도를 살리는 위치와 맥락에 자료를 배치하고 중심 질문에 맞게 발문을 던지고 학생 활동을 안내하는 것이 수업 디자인의 요체임을 함께 확인할 수 있었다.

3. 수업 성찰의 새로운 접근법
: 깊이 있는 성찰 방법의 모색

수업 연구공동체로서 분과의 연구 과정을 보면, 수업을 계획, 실행, 성찰하는 단계로 나아간다. 이는 학교 현장에서 이루어지는 일반적인 수업 연구의 과정과도 같다. 이 가운데 성찰 단계가 현재의 학교 풍토에서 가장 부실한 형편이며 여러 편향을 드러내고 있다.

기존의 수업 연구는 수업이 차질 없이 진행되었는지를 따지거나 교사의 교수 행위만 보고 잘잘못을 논하거나, 역으로 학생의 배움을 강조한 나머지 그 원천이 되는 교사의 교수 행위는 전혀 살피지 않는 경우가 많았다. 수업협의회 진행도 자아비판에 가까운 교사의 자평과 부분적 관찰 의견 제시, 관리자의 덕담 등으로 흘러간다. 이런 식으로 진행된다면, 수업 연구는 보여주기식 행사가 될 공산이 크며 억지로 치러내는 고역일 뿐 일상의 수업을 바꾸는 계기로 활용하지 못하게 된다.

공동의 수업을 기획하고 실행해온 분과에서는 수업 보기에서도 나름의 방안을 강구하고 실천했다. 먼저 수업을 관찰하는 데서 참관자들이 역할을 분담해 수업 상황을 다각적 방식으로 기록하고 서로가 본 수업 장면에 대해 의견을 나누는 방법을 채택했다. 분과원들이 수업자의 교수 행위, 학생의 배움 행위, 수업자-학생 사이 및 학생-학생 사이 상호작용 등을 수업 주체 곧 수업자와 학생 별로 살피는 것이다. 다음은 '공민왕의 반원자주화 다시보기 수업'을 역할을 분담해 관찰하고 수업을 성찰한 사례다(《표 4.1.2》).

이러한 역할 분담 방식은 참여형 수업연구 방식과 유사하다. 참여형

〈표 4.1.2〉 역할 분담 식 수업 관찰 사례

분과 교사	수업 관찰의 초점	주요 의견
라 교사	교사의 수업 의도가 적절히 구현되고 있는가?	우리가 수차례 논의했던 수업의 핵심 장면보다 그 앞 단계(연회 장면)에서 학생들이 자료에 몰입하고 저마다 의견을 쏟아내고 수업자가 이를 수용하다 보니 시간이 많이 걸려 결국 핵심적 문제의식을 강조하지 못한 아쉬움이 있어요.
마 교사	교사의 교수 행위는 학생들과 소통하며 이루어지고 있는가?	1-2)의 답이 잘 나오지 않아서 질문을 수정했어요. 그랬더니 우리 반은 전 시간에 수업한 반보다 답변이 활발하게 나왔어요. 아이들에게 세밀하게 질문을 던져 징검다리를 놓아주면 수업자가 주도하지 않아도 수업자가 의도한 목표에 학생들이 도달할 수 있겠다는 생각이 들었어요.
바 교사	학생들이 어떻게 배우고 있는가, 어떤 지점에서 어려워하거나 오개념을 갖게 되는가?	제각기 다른 사료가 색깔별 봉투에 담겨 있고, 수업자가 이를 미리 펼쳐놓지 않고 그때그때 단계마다 공개해 긴장과 집중도를 높이는 면이 참 좋았어요. 더욱이 사료의 내용이 일반적인 예측과 달라 학생들이 사료의 매력에 흠뻑 빠져들고 그 지점에서 학생들의 배움이 일어난 것 같습니다.
사 교사	교사와 학생, 학생과 학생 사이 상호작용은 잘 되고 있는가?	수업자가 학생들 사이를 누비며 활동을 격려하고 학생들과 눈을 맞추며 소통하고 가볍게 학생들 등을 토닥이며 스킨십 하는 부분이 참 좋았어요. 틀린 답도 계속 질문하면서 학생들이 답을 찾도록 안내해주는 수업자의 수용적인 태도 덕분에 학생들이 자신감을 갖고 활발하게 서로 묻고 대답하면서 수업 참여가 높아졌다고 봅니다.

수업연구란 '수업자의 수업 의도나 문제의식을 기초로 제안된 연구수업에 대해 참관자들이 역할 분담을 통해 함께 참여하면서 협동적으로 문제를 해결해가는 수업연구의 모델'이다.[5] 참여형 수업연구에서는 수업 상

---

5) 천호성 편저, 전수환·김미자·이병인·이동남·김현경·유승원·양미혜·김길수 공저, 《참여형 수업연구와 교사의 성장》, 학지사, 2014, 35쪽.

〈표 4.1.3〉 수업 상황 종합기록표

시간	교사의 발언 및 수업 진행	추출학생 A	추출학생 B	추출학생 C	전체적 분위기 / 다른 학생들의 상황
시작 5분	OOO 하면 생각나는 것은?	늦게 입실			
전개 (분 단위로 기록)	친절한 모둠 활동 안내		짝 활동 열심		사료 읽기에 관심을 보임
정리 5분				오답 발표	

황을 놓고 교사의 수업 의도와 문제의식이 잘 구현되고 있는지 살피는 사람과 학생을 2~3명 집중 관찰 하는 사람, 동영상 촬영 하는 사람 등으로 역할을 나누고, 수업협의회에서는 이를 공유하는 방식으로 수업을 연구한다.

수업자는 이와 같은 참여형 수업연구를 위해 수업 의도를 소상하게 밝히고 무엇을 해결하고자 하는 수업인지 주안점을 분명하게 제시한다. 관찰자는 이를 토대로 수업을 보되 학생 좌석표까지 정확하게 그려놓고 학생 개인과 모둠 내 상호작용을 살핀다. 집중 관찰 학생의 경우에는 해당 학생의 수업 전 상태, 학습목표 인지 여부, 교사와의 정합성(학생의 시선, 필기, 태도 등), 다른 학생과의 협력, 학습 참여도, 학습 이해도, 학습 진행 상황(학생이 학습지 등에 기재하는 과정 등)을 기록한다.

이후 각 관찰자들의 기록을 통합해 하나의 수업 상황 종합기록표를 만들고 이를 토대로 협의를 진행한다. 이렇게 하면 여러 사람의 관점에서 수업 상황을 통합적 · 종합적으로 이해할 수 있고, 드러난 사실이나 알아낸 것에 대해 참가자 모두가 공유할 수 있으며, 중요한 관찰 포인트에 입각해 의제를 설정함으로써 심도 있는 논의가 가능해진다. 〈표 4.1.3〉은 수업 상황 종합기록표[6]를 분과에서 재구성하고 내용을 추가한 것이다.

일반적 수업 연구공동체에서는 심층적 수업 연구를 위해 참여형 수업연구 방식을 원용해도 되고, 분과에서 실천한 것처럼 수업 주체별로 수업을 살피는 방식을 활용해도 좋을 것이다. 공동체 구성원의 의지, 참여도, 여건 등을 고려해 상황에 맞게 선택할 수 있겠다. 중요한 점은 관찰자들이 저마다의 방식으로 수업 상황을 일부만 보는 것이 아니라 다각적으로 바라보고 이를 공유함으로써 수업을 입체적으로 살피고, 역동적 국면을 발견하고, 함께 집중하고 해결해야 할 과제를 추출해 깊이 있는 논의를 할 수 있다는 것이다.

위의 역할 분담 식 수업 관찰이 수업을 파악하는 데 중점을 둔다면 문제 해결과 대안 탐색의 측면에서 수업협의회를 효율적으로, 심층적으로 진행하는 데에도 관심을 기울여야 한다. 분과에서는 협의의 새로운 방식으로 수업 협의 프로토콜을 시도한 바가 있다.[7] 수업 협의를 위한 체계적 논의 절차, 의사소통 방법이라는 의미에서 프로토콜은 대략 다음과 같은 과정을 거치도록 되어 있다. ① 사회자의 간단한 도입및 안내, ② 수업자의 발표(평소 고민, 수업 목표, 실행 과정, 소감 등) ③ 참관자의 사실 관계에 대한 질문(섣부른 예단 대신 의문점 질문), ④ 학생 활

---

6) 천호성 편저, 앞의 책, 53쪽.

7) 프로토콜은 원래 컴퓨터나 통신장비를 사용할 때 지켜야 할 규칙의 집합이라는 뜻인데, 방법에 대한 약속, 체계적 규범이나 절차 등의 의미로 많이 쓰이고 있다.

역사수업, 함께 궁리하고 더불어 성장하다

동 검토(객관적 상황 점검), ⑤ 참관자의 수업에 대한 피드백(Warm & Cool Feedback), ⑥ 수업자의 성찰, ⑦ 논의 내용 요약 등이다.[8] 〈표 4.1.4〉는 분과 차원에서 진행된 프로토콜 기반 수업 협의의 일부를 옮긴 것이다.[9]

이를 통해 수업자의 수업 의도를 충분히 숙지한 후에 수업자인 **다 교사**의 의도를 존중하면서 논의하게 되고, 수업자의 문제의식이 수업 속에서 살아났는지 아니었는지를 되새겨보며, 단기적으로 해결할 방법과 장기적으로 극복할 방안을 함께 깊이 있게 고민하게 된다. 사실관계 질문의 경우는 기본 정보를 확인하는 성격을 띠지만, 다른 한편으로 관찰자 입장에서 이해하기 어려운 부분이나 미흡하다고 여겨지는 상황, 수업 전개에 필요한 것인지 등을 질문 형태로 발언해 완곡하게 수업자에게 답을 구하는 방식이다. 질의응답 과정에서 수업자는 스스로 자신의 수업 과정에서 일어난 일의 성패와 잘잘못에 대한 판단을 할 수 있어 자기 성찰의 계기가 제공되는 것이다.

이어지는 피드백 과정은 수업자의 의도를 파악한 상태에서 이루어지므로 웜 피드백과 쿨 피드백이 위로와 지지, 문제인식과 해결방안 모색이라는 의미를 갖게 된다. 수업 전개 과정에서 드러난 문제는 명확히 짚어 보완하고, 좋은 시도였으나 수업 상황에서 구현되지 못한 부분은 격려하면서 수업자에게 도전의식을 갖도록 품어주는 과정에서 피드백의 의미가

---

8) 수업 협의 프로토콜은 이 책 〈부록 4: 역사수업 보기 프로토콜〉 참조; 김민정 수정보완 버전, Tuning Protocol developed by Joseph McDonald and David Allen(National School Reform Faculty, www.nsrfharmony.org) 기초.

9) 2017년 7월에 있었던 **다 교사**의 수업사례에 대한 협의 과정에서 김민정이 재구성한 프로토콜을 활용했다.

단계	주요 내용
① 도입과 역할 배분	• 사회자가 수업 대화와 프로토콜의 목적, 절차, 일정 등을 소개하고 협의 과정에서 담당할 역할을 배분[10] • 사회자(facilitator): **가 교사** • 시간 확인 담당자(Time – keeper): **사 교사** • 과정 확인 담당자(process – checker): **라 교사**
② 수업자 발표 (**다 교사**)	• 교육과정: 외세의 침입과 저항의 내러티브에 익숙함. 서희 개인에 초점을 맞추려 했다가 당대의 맥락을 고려해보는 것으로 바꿈 • 평소 고민: 교사 위주의 수업이 옳은가. 아이들에게 마이크를 넘겨주는 시도, 평소 토론식 수업이 수업에서 구현되기 어렵다고 생각함 • 수업의 목적: 서희에 초점을 맞추기보다 맥락이 추가될 때마다 여러 측면을 고려하며 다각도로 보게 하고 싶었음
③ 사실관계 질문	• 다른 3개 학급에서 미리 동일한 수업을 해보면서 수업에서 변화/보강된 것이 있나?: 처음에는 학습지가 없었고, 모둠 학습지 크게 다시 만들었음 • 8개 모둠 발표 시 피드백의 차이는 어떤 의도가 있었나?: 평소 발표를 안 하던 아이들이 나온 상황이었음. 사전에 모둠장 제외하고 발표하라고 임무를 줌. 목소리 작았던 아이들 응원하느라 다른 발표자와 달리 피드백을 하게 됨
④ 학생 활동 검토	• 뇌구조 그리기 결과물 확인
⑤ 피드백	**사 교사** • Warm: 학생들이 모르는 단어에 막혀서 힘들어 할 때 확인하고 서로 잘 안 되는 부분 짚어준 점 좋았음. 형식 자체는 다양한 자료를 주고 대화체로 정리해보게 하는 활동도 의미 있었고 감정이입의 기회였을 것임. 간단하게라도 여러 방향으로 볼 수 있는 주제가 있다면 시도해보고 싶음 • Cool: 말풍선 쓰기 어렵다는 이야기 많이 함. 역사적 인물, 상황에 대한 뇌구조 채우기 처음 해봤고 어려웠는데 재밌었다고 함. 전학 온 남학생 모둠을 관찰했는데 남자애들은 거란만, 여자애들은 고려만 씀. 말풍선에 쓴 학생 1명의 의견이 모둠 의견이 됨; 말풍선을 어려워한 이유는 국가가 말하는 상황이 이해하기 어려웠다는 것이었음; '고려와 거란은 무엇을 주고받았나?'에 대해 거란이 강동 6주를 고려에 주고 무엇을 얻었는지에 대해 생각해보지 못한 점 아쉬움. 정리할 때 동아시아적 맥락보다 요의 입장을 정리해보는 것이 어떨까 하는 생각을 함 **나 교사** • 자료 기반 학습의 문제. 자료를 읽는 방법에 일정한 방식이 있는데 무조건 발산적으로 사고하게 하는 것이 자료 기반 학습의 원래 의미와 맞지 않을 수 있다는 고민이 듦 **가 교사** • 아이들이 자료를 읽기 시작했기 때문에 절반 이상의 성공; 역사를 역사답게 가르치는 부분에서 많은 자료를 두루 검토하고 글을 써가는 과정 자체를 경

	험해본 것에서 가능성을 많이 봄; 다른 국가와의 관계에 대해 고민한 학생이 많았음. 송과의 관계뿐만 아니라 다른 여러 국가에 대해 고민하게 했다는 점에서는 성공이었음. 고려에서 주변 국가와 관계를 풀어가게 하는 것을 '외교'라고 표현했지만 고려시대와 현대사회를 구분해서 분류하게 했다면 어땠을까 하는 생각을 함. 역사성을 더 띄게 되었을 것 같음. 한편 아이들에게 피드백을 준다면 선생님께서 어떤 기준으로 평가할지 궁금해짐
⑥ 수업자의 성찰 (다 교사)	• 지금까지 수업에서 아이들이 무의미하게 떠드는 것에 대한 거부 반응 있었음. 명쾌한 강의에 매이는 것에서 이제 벗어나는 중. 앞으로 역사수업에서 사료 읽기를 더 많이 할 예정. 교사는 답을 주지 않고 학생들이 스스로 확인하고 풀어가기를 바람. 모둠 간 활동도 하고 학생들 스스로 답을 찾아가게 되리라 생각함
⑦ 요약	• 사회자의 주도로 수업 대화를 요약하고 향후 논의 지점을 확인함

살아난다. 특히 분과에서 함께 만든 수업이라는 공감대 위에서 피드백을 하는 것인 만큼 수업자 개인에 대한 상찬이나 잘잘못을 따지는 것이 아니라 분과가 수업 기획 단계에서 놓친 것이나 예기치 못한 상황, 혹은 반대로 의외의 성과나 작지만 의미 있는 디딤돌을 확인하는 의미가 있었다.

위에 제시한 수업 협의 프로토콜은 전혀 낯선 것은 아니지만, 기존의 형식적 협의의 문제점을 극복할 수 있는 유력한 방안이며, 심층적인 수업 보기와 그에 따른 협의와 성찰의 주요 내용을 분과 상황에 맞게 재구성한 예라고 할 수 있다. 이 프로토콜의 절차를 기반으로 협의의 성격에 맞게 조정해간다면 수업 논의의 효율성과 진정성을 동시에 획득할 수 있을 것이다.

---

10) 수업 협의를 위해 수업자뿐 아니라 사회자, 시간 확인 담당자, 과정 확인 담당자 등으로 역할을 나눠 맡는다. 사회자는 프로토콜 단계에 따라 수업 논의가 이루어지도록 진행한다. 시간 확인 담당자는 각 단계별로 적절한 시간이 소요되고 불필요하게 시간이 지체되지 않도록 확인하고, 과정 확인 담당자는 각 단계별 협의와 성찰 내용이 잘 다루어지고 있는지 확인하고 적절한 논의가 이루어지도록 제안한다.

02

학생의 역사 이해를
반영하는 역사수업

A 교사: 한 교실 안에 여러 수준의 아이들이 함께 있어서, 어떤 수준의 학생에게 맞춰서 수업을 해야 할지 고민이에요. 교과서를 읽고 무슨 내용인지 전혀 이해하지 못하는 학생이 있는가 하면, 날카로운 질문을 하는 역사 덕후들도 있거든요.

B 교사: 학생의 눈높이를 고려해서 역사수업을 하는 것이 당연한 것 같지만, 정작 어떻게 해야 할지 잘 모르겠어요.

C 교사: 저는 무엇보다 아이들이 흥미를 느끼는 것이 필요하다고 생각해, 교과서 내용을 재미있게 풀어서 설명하는 수업을 하고 있어요. 이 정도로 충분한지, 잘하고 있는 건지 자신이 없어요.

B 교사: 학생의 흥미만 쫓으면 역사가 사라지고, 역사를 강조하다 보면 학생들과 멀어지는 것 같아요. 균형을 잃지 않으면서 학생들이 제대로 역사를 이해하도록 도와주는 방법은 없을까요?

1. 역사수업에서 학생의 역사 이해를 살펴야 하는 까닭

수업은 교사와 학생 두 날개로 난다. 하지만 보통 교사의 날개가 더 힘차고 강하게 난다고 보는 것 같다. 수업은 교사가 교육적 의도를 가지고 하는 일체의 활동이며, 수업의 주체는 교사라는 것이다. 다인수(多人數) 학급이라서, 학생들의 배경지식과 문해력 수준이 천차만별이라서, 행정업무가 지나치게 과도해서 수업 현장에서 학생 개개인을 고려하기란 어렵다고 말한다. 학생의 배움을 강조하며 수업의 주체로 학생을 세우려는 노력이 여러 측면에서 논의·시도되고 있지만 갈 길이 멀다.

수업은 사람과 사람이 만나서 하는 일이다. 수업을 통해 가르치려고 하는 것이 현재 수업에 참여하는 학생들 사이의 관계에 적용되지 않는다면 그 수업은 공허할 수밖에 없다. 학생들이 교과를 공부하는 것은 교과를 통해 나와 다른 타자를 이해하고 타자와 함께 세상을 살아갈 수 있는 힘을 기르는 것이다. 교사는 학생들이 교과의 눈으로 세상을 보게 함과 동시에 바로 교사 자신이 그 눈으로 학생들을 보고 그들과 더불어 살아가야 한다.[1]

수업에서 학생에 대한 고려는 일상적 수업, 공개수업, 연구수업 등을 막론하고 피상적이고 형식적인 차원에 머무르는 경우가 많다. 이는 수업의 구상과 계획을 담은 교수·학습 과정안을 살펴봐도 확인된다. 자기장학이나 동료 장학 등에서 널리 활용되는 약안(略案)의 경우 세안(細案)의 본시 학습 계획 부분만 간략히 표로 작성하는 사례가 대부분이며 학

---

1) 서근원, 《수업을 왜 하지?: 수업으로 읽는 우리 교육》, 우리교육, 2003, 247~248쪽.

생 실태 조사 등의 내용은 포함하지 않는다. 교사는 보통 '교수·학습 활동'이란 항목에서 교사의 교수 활동에 대응하는 학생의 반응과 학습 활동을 제시하는 것이 학생을 고려하는 것이라고 생각한다.

반복적이고 관성적으로 흘러가는 일상적 수업에서 교사의 일방적 수업이 아닌 학생의 역사 이해를 고려한 역사수업을 하기는 쉽지 않다. 그럼에도 역사수업에서 학생의 역사 이해가 갖는 특징이나 제약을 고려하려는 노력의 중요성은 아무리 강조해도 지나치지 않는다. 학생의 역사 이해에 터하지 않은 역사수업은 교사의 메아리로 끝나거나 학생들의 삶과 무관한 죽은 지식이 되기 때문이다.

역사수업은 역사적 사실이라는 내용이 수업에서 학생의 역사 이해를 통해 '학생들이 인식하는 역사'로 바뀌는 과정이다.[2] 학생은 백지 상태의 도화지도, 교사의 설명을 듣고 소비하는 시청자도 아니다. 학생은 자기 나름의 지식과 경험을 바탕으로 교사 및 친구들과 상호작용하며 수업에서 배운 내용을 자신의 것으로 만들어간다. 동일한 교과서나 자료를 통해 같은 교사로부터 수업을 받아도 습득하는 학습 내용에 대한 이해 양상, 학습 과정에서 경험하는 역사적 사고의 수준과 종류는 학습자에 따라 큰 차이가 있다.[3]

학습자를 이해하는 것이 수업 궁리의 전제가 되어야 함은 이견이 없을 것이다. 나의 학생들은 어떤 조건과 수준으로 교실에 앉아 있고, 무엇을

---

2) 김한종, 《역사수업의 원리》, 책과함께, 2007, 121쪽.
3) 방지원, 〈《국사》 서술형 평가 답안에 나타난 고등학생의 역사 이해 양상―조선후기 신분 상승에 대한 서술형 답안 분석〉, 《역사교육》 102, 2007, 33쪽.

좋아하고 어떤 인지적 자극과 도전에 반응해 자기 삶의 중요한 쟁점으로 받아들이는가? 학교 안팎에서 익힌 여러 교과 수업과 학습 경험은 학생들이 역사를 배울 때 어떤 방식으로 작용하는가, 혹은 학습을 제약하는가? 등 교사가 자문하고 고려해야 할 지점이 상당하다.

예컨대 중학교에서 독립 운동 뮤지컬 수업을 교과 통합 프로젝트로 수행할 때, 교사는 학생들의 선수 학습과 흥미, 다른 교과의 학습 내용과 진도 등을 파악해서 학생들에게 최적의 교육 경험을 제공하도록 조율할 필요가 있다.[4] 리 S. 슐만(Lee S. Shulman)이 지적했듯이 교수내용지식(Pedagogical Content Knowledge)뿐 아니라 교육과정지식(Curricular Knowledge)이 교사에게 필요한 이유다. 교육과정지식은 교사가 학생들의 구조적인 동시에 개별적인 특징을 지닌 학습 경험을 이해하는 데 도움을 준다. 학생들은 뮤지컬 수업을 만들어가기 위해 개인의 역량을 발휘하고, 국어과, 음악과, 기술가정과 등 여러 교과와의 협력적 학습 과정에 참여한다. 역사과에서는 구체적인 당대 맥락 속에서 독립군 활동을 이해하고, 독립 운동의 여러 갈래와 특징을 파악하며 역사적 감정이입의 발판을 제공할 수 있다. 학생들이 교과를 넘나들며 모둠별로 뮤지컬 만들기에 매진할 때, 교사는 학생들의 참여 동기, 학습 스타일, 공동체 내 역할, 소통과 표현 방식 등을 고려·반영해 학습의 과정과 결과 단계에 피드백을 줄 필요가 있다.

학생의 역사 이해를 수업에 반영한다는 것은 학생들에게 역사지식을

---

4) 윤종배, 《역사수업의 길을 묻다: 30년차 교사의 성찰, 그리고 진화의 수업기록》, 휴머니스트, 2018, 156~162쪽.

잘 전달하기 위해 수업 내용을 구조화하고 흥미를 유발하는 방법을 적용하는 것이 아니다. 모둠별 과제 수행이 원활히 이루어지도록 학생의 교과 성적, 친소관계, 리더십 등을 따져 모둠 구성을 하는 것은 더더욱 아니다. 학생의 역사 이해를 수업에 반영한다는 것이란, 학습이 일어나는 수업을 위해서, 학생들의 역사수업에 대한 반응과 역사적 사고 과정을 고려해 수업을 구상하고, 실행하고, 성찰하는 것을 의미한다. 학생의 역사 이해에 기반을 둔 수업에서 중요한 것은 학생들에게 쉽고 재미있는 교수 방법을 선택하는 것이 아니라 학생의 지식이나 사고의 변화를 일으키는 수업 경험을 조직하는 것이다.

이를 위해 역사 교사는 일상적으로 '학생들은 나의 역사수업을 어떻게 받아들이고 있을까?'를 염두에 두고 자신의 수업을 들여다볼 필요가 있다. 학생들이 어떤 용어나 설명을 어려워하는지, 어떤 내용에 흥미를 보이는지, 어떤 방법의 수업이 학생의 역사적 사고를 북돋아주는지 등에 대해 교사의 세심하고 체계적인 관찰과 근거 있는 해석이 필요하다. 역사 교사는 역사수업이 교사의 독창에 머무르지 않고 학생과 교사가 역사 교실에서 함께 화음을 만들어가는 합창이 될 수 있도록 힘을 써야 한다.

2. 학생의 역사 이해를 반영하는 역사수업, 어떻게 할까?

학생의 역사 이해를 반영하고, 학생의 역사 이해가 제대로 반영되었는지 여부를 확인하는 것은 수업의 구상·실행·성찰의 과정에서 드러나는 학생의 반응과 목소리에 주의를 기울임으로써 가능하다. 역사수업을 구상할 때 학생의 역사 이해를 고려한다는 것은 전체 학생의 대체적 이해 수준, 사고 과정, 반응 등을 예상해 수업 계획을 세우는 것이다. 예상되는 학생들의 역사 이해에 맞게 중심 질문을 고안하고, 수업 목표를 진술하며, 사료를 선정해 수업 자료로 제작하고, 수업 활동 선택 및 발문 조직을 통해 수업의 과정을 구체화하는 것이다. 역사수업을 실행할 때 학생의 역사 이해를 고려하려면 수업시간에 전체 학생들의 반응뿐만 아니라 소집단과 개별 학생의 반응까지 예의주시해야 한다. 실제 수업에서 나타나는 학생들의 반응이나 역사 이해가 교사가 수업 구상에서 기대했던 바와 비슷한지, 아니라면 그 이유와, 예상하지 못했던 학생들의 질문이나 반응 등을 주목해 수업을 살펴볼 필요가 있다. 교사는 수업 실행에서 학생들의 역사하기를 활발하게 하고 학생과 소통하면서 자신의 수업 계획을 학생의 역사 이해 정도에 따라 조정해나간다. 수업이 끝난 뒤에는 보고 들은 학생의 반응을 떠올리며 자신의 수업을 복기하고 학습 결과물을 검토해 학생의 이해 양상과 수준을 가늠해 다음 차시나 내후년 수업 계획에 반영한다.

학생들의 역사 이해는 타고나는 것이 아니라 역사수업을 비롯한 여러 과정을 통해 길러지고 성숙하는 것이다. 학생이 역사적 이해를 확장하고 역사적 사고를 경험할 수 있도록 하려면 적절한 자료의 활용, 질문의 구체화와 구조화 등이 필요하다. 특히 학생의 역사적 사고는 학생의 선행 이미지 및 사전 지식에 균열이 일어날 때 촉진된다. 교사는 해당 수업 내용과 관련된 학생들의 선행 이미지 및 사전 지식을 수업 속에서 파악하고 이를 수업에 녹여내기 위해 학생들과 적극적으로 소통해야 한다. 이를 위해서는 학생들이 자신의 목소리를 자유롭게 낼 수 있는 학습 분위기의 조성이 전제되어야 한다. 학생들이 교사의 정답을 기다리며 침묵하는 것이 아니라, 자기 생각을 표현하고 교사와 친구들의 생각을 들으면서 자신의 역사 이해를 스스로 성숙시켜나갈 수 있도록 해야 한다. 정답이 아닌 학생의 응답에 대한 교사의 긍정적 피드백은 학생들이 추후에도 수업의 방관자가 아닌 학습의 주체가 되도록 견인하는 힘이 된다. 학생의 단편적이고 피상적인 지식이 아닌 전체적이고 본질적인 역사 이해를 촉진하고자 한다면, 교사는 학생의 역사적 사고가 일어나도록 치밀하게 역사수업을 만들어야 한다.

학생의 역사 이해에 기반을 둔 역사수업이란 어떠하며, 어떻게 만들어가는 것인지 '한반도의 주인이 된 신라 수업', '공민왕의 반원자주화 다시보기 수업', '졸업식 만세 운동 역할극 수업'을 통해 살펴보자. 이 세 수업 사례는 모두 분과의 일부 혹은 전체가 참여한 수업 연구 사례다.

1) 한반도의 주인이 된 신라 수업
: 정답 대신 자신의 인식 드러내기

역사수업에서 흔히 접하는 수업 형태는 교과서와 학습지를 활용한 설명 수업이다. 이런 수업에서 학생들의 역사 이해를 돕기 위해서는 어떻게 해야 하는지 **라 교사**의 '한반도의 주인이 된 신라 수업' 사례를 통해 살펴보자. 이 수업은 **라 교사**가 2011년 서울의 한 중학교에서 실행한 사례이며, 분과원인 **가 교사**와 **사 교사**가 한 학기 동안 수업친구로서 수업 성찰을 수행했다.

라 교사는 학생들이 갖고 있는 신라의 삼국 통일에 대한 선입견을 완

역사수업, 함께 궁리하고 더불어 성장하다

화하고 균형 있는 시각을 갖게 하고자 수업을 구상했다. 그간의 수업 경험을 통해 가르칠 학생들이 신라의 삼국 통일에 대해 부정적인 인식을 갖고 있을 것이라 예상하고, 신라의 삼국 통일에 대한 긍정적인 면을 부각하고자 교과서 외의 참고 자료를 수업에 활용했다.

'한반도의 주인이 된 신라 수업'은 도입 [뭐 했더라?]—전개 [역사 속으로], [개념 잡기], [한 걸음 더]—정리 [삼국 통일에 대한 논술문 쓰기]로 구성되었다. 도입 단계인 [뭐했더라?]에서 **라 교사**는 "고구려 장수 을지문덕은 (   )에서 수의 대군을 물리쳤다"와 같은 괄호 넣기 방식으로 전시 학습 내용을 환기했다. **라 교사**는 [역사 속으로]에서 학생들에게 교과서 내용을 읽고 어려운 단어나 중요한 내용에 동그라미나 밑줄로 표시해보도록 했다. [개념 잡기]는 학습지에서 제시한 주요 용어와 질문에 학생들이 답하는 과정이었다. 이것은 **라 교사**가 본 수업에서 다룬 주요 학습 내용이기도 하다.

〈표 4.2.1〉 '한반도의 주인이 된 신라 수업' 학습지(일부)

[개념 잡기]
1. 다음 용어의 뜻을 적어보자.
 • 나 · 당 연합군:
 • 웅진도독부:
 • 안동도호부:
 • 부흥 운동:
 • 나 · 당 전쟁:

2. 교과서 89쪽을 참고해 삼국 통일의 한계와 의의를 적어보자.
 • 한계:
 • 의의:
 • 교과서에 나오지 않은 삼국 통일의 한계 또는 의의:

약 10분 정도 교과서를 읽고 답을 써 내려가던 학생들이 여러 어려움을 겪는 모습이 포착되었다. 개념을 적절하게 설명하는 것을 어려워했고, 짝이나 주변 친구가 답을 먼저 적으면 그것을 보고 베끼는 모습을 보였다. 베끼는 것도 수업 참여로 볼 수 있지만, '교과서에 나오지 않은 한계 또는 의의'를 묻는 질문에 대해서는 학생 대부분이 적지 못했다. 학생들은 역사 내용에 대한 질문에는 정답이 있다고 생각하면서 자신 없는 문제는 아예 기피하는 경향을 보였다. **라 교사**는 교실을 돌아다니면서 학습 상황을 점검했고, 학생들이 학습지에 어느 정도 내용을 채워 넣자 중학교 역사 교과서에 서술된 내용을 읽으며 설명을 이어갔다.

> <u>신라의 삼국 통일은 외세를 이용하였다는 점과 대동강 이남의 영토만을 차지하는 데 그쳤다는 한계를 갖고 있다.</u> **그러나 삼국 백성 사이의 통합이 강화되어 우리 민족 형성의 기틀을 다지는 계기가 되었다. 아울러 고구려와 백제의 문화를 포용하고 경제력을 늘림으로써, 민족 문화 발전의 토대를 마련하였다는 점에서 그 의의를 찾을 수 있다.**
>
> (밑줄 및 강조는 추후 필자)

학생들이 신라의 삼국 통일이 갖는 한계에 대해 학습지에 쓴 내용은 대부분 신라가 통일을 하는 데서 외세를 이용했다는 점, 대동강 이남의 영토만 차지했다는 점이었다. 위에서 밑줄 그은 교과서 서술 내용을 그대로 옮겨 적은 것이었다. 반면, 신라 삼국 통일의 의의는 교과서 문장을 전체적으로 베끼거나 교과서 내용 중 일부를 골라서 써 넣는 양상을 보였다. 위에서 진하게 표시된 교과서 서술은 두 문장인데, 학생들은 주로 두 번째 문장에서 답을 찾아 적었다. 그 이유는 "그 의의를 찾을 수 있다"라는 표현이 있어서인지 "고구려와 백제의 문화를 포용하고 경제력을 늘림으로써 민족 문화 발전의 토대를 마련하였다는 점"을 그대로 옮겨 쓴 학생들이 많았다.

몇몇 학생은 미처 답을 적지 못했다가 **라 교사**의 설명을 듣고서야 답을 채워 넣었다. **라 교사**는 신라의 삼국 통일이 갖는 한계는 '외세 개입, 영토 축소', 의의는 '최초의 통일, 민족 문화 발전'이라고 정리해 설명했다. 교사의 설명은 학생들이 읽은 교과서 서술 내용을 좀 더 간명하게 정리해 학생들에게 각인하는 효과가 있어 보였다. 이는 학생들이 신라의 삼국 통일에 대한 교과서 서술과 교사의 설명을 정답처럼 수용하는 과정이기도 했다.

[개념 잡기]의 마지막 질문인 '교과서에 나오지 않은 삼국 통일의 한계 또는 의의'는 정답에 대한 압박이 학생들에게 어떤 영향을 미치는지 보여주었다. 학생들은 그 질문에 대한 답을 마치 어떻게 써야 할지 모르는 것처럼 보였다. 정답인지 확신하지 못해서 쓰지 못한 것일 수도 있다. '교과서에 나오지 않은 삼국 통일의 한계 또는 의의'는 학생들에게 그 질문의 의도와 근거를 찾을 수 있는 출처를 전혀 알려주지 않는 불친절하고 애매한 질문이었다. 학생들이 틀릴 수도 있다는 심리적 불안감과 쓴 내용을 고쳐 써야 한다는 부담감을 이겨내고 자신의 생각을 적기에는 난감한 질문이었다고 볼 수 있다. 학생 대부분은 답칸을 빈칸으로 두었다. 학생들은 **라 교사**의 '전쟁이 멈추고 백성들에게 평화가 찾아왔다'는 설명을 듣고 나서야 학생들은 '평화가 옴', '전쟁이 멈춰서 평화롭다' 등의 답을 써 넣었다.

라 교사는 학생들이 신라의 삼국 통일에 대한 교과서 서술을 다시 읽고 삼국 통일의 의미를 스스로 찾아가는 수업을 의도했다. 전쟁이 난무해 불안하고 힘들었던 당시의 역사적 상황을 상상해보고, 신라의 삼국 통일로 전쟁이 끝나고 사람들의 삶이 안정적이고 평화롭게 되었다는 점을 학생들이 파악하기를 기대했던 것이다. 하지만 이러한 의도는 학습지에 치밀하게 반영되지 못했고, '영토 축소', '최초의 통일'처럼 교사의 설명을 통해 '평화가 옴'은 또 하나의 정답처럼 학생들에게 수용되었다.

라 교사가 신라의 삼국 통일에 대한 학생들의 생각을 촉발하고 신라의 삼국 통일이 당시 사람들에게 어떤 의미가 있었는지를 학생들에게 상상해보도록 하려면 학생들이 스스로 생각하게끔 하고 그 생각을 확장해갈 수 있는 장치를 두거나 디딤돌을 놓을 필요가 있었다. 학생들의 사고를 촉발하는 질문과 학생들의 구체적 사고에 도움이 되는 자료를 활용해 다음과 같은 역사 이해의 디딤돌을 놓을 수 있었다(〈표 4.2.2〉).

라 교사는 [개념 잡기]에 이어 [한 걸음 더]에서 신라의 삼국 통일에 대한 학생들의 의견을 듣고자 했다. "삼국 중 어느 국가가 통일을 하는 것이 가장 좋았을까?"에 대해 모둠 토의를 한 뒤 학생들 각자가 국가를 선택하고 그 이유를 적어보는 활동이었다. 학생들은 정해진 정답이 없는 질문에 적극적으로 자신의 생각을 표현했고, 그 내용은 간단하면서도 뚜렷했다. 다만 학생들의 답변이 삼국의 통일 과정에 대한 이전 학습의 결과인지, 본 수업 활동에서 접한 교사의 설명이나 학습지의 내용, 모둠원들과의 대화에 영향을 받은 것인지는 알 수 없었다.

정리 활동은 신라의 삼국 통일에 대한 찬성 혹은 반대 입장을 정해 논술문을 쓰는 것이었다. 학습지는 4쪽으로 신라의 삼국 통일에 대한 상반

- 삼국이 전쟁을 하고 신라가 삼국을 통일한 시대에 당시 백성들은 어떻게 살았을까? 떠오르는 생각을 자유롭게 적어보자.
( )
- 다음 자료를 읽고 설씨 노인, 설씨의 딸, 가실이 살았던 당시 상황을 상상해보고, 그들의 소원을 적어보자.

> 신라 진평왕 때 경주에 설씨라는 노인이 딸을 데리고 살고 있었다. 설씨의 딸은 전쟁터에 나가야 할 늙은 아버지를 대신해 변방으로 가는 이웃의 가실이라는 청년과 장래를 약속했다. 설씨의 딸과 가실은 거울을 반으로 쪼개어 서로 나누어 가지고 병역 기한인 3년을 기약하고 헤어졌다.
> 병역을 마치고 돌아올 때가 되어도 가실이 돌아오지 않자 설씨는 딸을 다른 곳으로 시집보내려 했다. 그러나 설씨의 딸은 그럴 수 없다며 가실을 기다렸다. 마침내 6년 만에 가실이 돌아왔으나 설씨의 딸은 몰골이 너무 초라해 가실을 알아보지를 못했다. 설씨의 딸은 거울을 맞추어보고서야 가실이라는 것을 알았고, 그제서야 둘은 혼인했다.

  - 설씨 노인:
  - 설씨의 딸:
  - 가실:
- 신라에 의해 삼국이 통일되고 당이 물러갔다는 소식을 들은 백성들은 무슨 생각을 했을까?
( )

되는 입장의 근거가 될 수 있는 여러 자료가 실려 있었다. **라 교사**는 학생들이 학습지의 자료를 읽고 충분히 생각한 뒤 자신의 입장을 정하고 그 이유를 조리 있게 주장하기를 기대했다. 하지만 학생들 상당수는 학습지 대부분의 내용을 쓰윽 훑어보는 정도로 일별하고 바로 글쓰기에 들어갔다.

학생들은 찬성 혹은 반대라는 입장을 빠르게 정했다. 이러한 현상은 이미 신라의 삼국 통일에 대한 학생들 나름의 역사적 평가가 있어서일 수도 있고, 글쓰기 활동을 얼른 끝내려는 학생들의 요령에서 나온 반응일 수도 있다. 학생들이 **라 교사**의 교수 스타일에 익숙해져서 학습자로서 취해야 할 역할을 간파하고 있었을 수도 있다. 학생들은 학습지의 자료를 통해 자신의 생각을 점검하고 입장을 정하는 것이 아니라 이미 정한 자신의 입장을 강화하는 근거로서 학습지 자료를 활용했다. 학생들이 자신의 입장을 정하고 그것을 어떻게 정하게 되었는지를 점검해볼 수 있는 질문이 필요한 시점이었다. 중학교 역사수업 이전부터 그렇게 생각했는지, 친구들의 생각에 영향을 받았는지, 선생님의 설명을 통해 알게 되었는지, 학습지의 자료를 읽고 그처럼 생각을 하게 되었는지 혹은 다른 어떤 이유로 그와 같은 입장을 정했는지 말이다.

이 수업을 통해 역사적 사건에 대한 찬반 토론이나 글쓰기 수업 그 자체가 학생들의 역사적 사고력을 촉진하지 않는다는 것을 알 수 있다. 학생들의 기존의 지식이나 선입견에 문제 제기를 하고 수정해나가는 역사 이해는 쉽지 않다. 학생들의 인식에 파문을 일으킬 내용이 있다 하더라도 그 내용을 학생들이 구체적으로 파악하고 공감하며 논의하는 과정을 밟아가지 않는다면, 그것은 학생들에게는 또 다른 읽어야 할 자료와 암기해야 할 정보의 줄 세우기가 될 뿐이다. 이렇게 되면, 역사수업이 역사 사건과 의미를 쟁점화하기보다 교과서나 학습지 자료의 역사 서술을 피상적으로 베껴 쓰거나 오히려 학생의 사전 지식이나 선행 이미지를 고착화하는 방향으로 전개되기 쉽다.

이후 **라 교사**는 '한반도의 주인이 된 신라 수업'을 할 때마다 이전 수업의 경험을 통해 파악한 학생의 이해를 반영해 문제점을 보완해나갔다. [개념 잡기]는 학생들이 교과서를 읽고 그 내용을 그대로 베끼는 식 대신 학생 나름대로 정리해보도록 하는 '스스로 필기' 활동으로 바뀌었다. "삼국 중 어느 국가가 통일을 하는 것이 가장 좋았을까?"에 대한 자신의

역사수업, 함께 궁리하고 더불어 성장하다

생각을 표현한 〔한 걸음 더〕와 논술문 쓰기 활동은 반 전체가 참여하는 삼국 통일 모의재판 활동으로 진화되었다.[5] **라 교사**는 학생들이 친구들과의 논의 과정을 통해 자신의 인식을 점검하고 좀 더 나은 역사 인식을 찾아가도록 한 것이다.

2) 공민왕의 반원자주화 다시보기 수업
: 많은 자료 대신 꼭 필요한 자료 쓰기

'공민왕의 반원자주화 다시보기 수업'은 교과서 서사에 대한 전면적 문제 제기에서 출발했다. **마 교사**는 '공민왕은 왜 반원자주화 정책을 실시했을까?'라는 중심 질문을 주제로, 사료에 근거해 학생들이 공민왕의 개혁 조치에 대해 스스로 생각하고 표현하도록 수업을 구상했다.

마 교사는 공민왕 관련 연구 성과와《고려사》등의 자료를 읽으며 공민왕에 대해 자세히 알게 되었고, 흥미로운 사실들을 접하면서 역사 탐구의 묘미를 느꼈다. 학생들도 자신처럼 즐거운 경험을 할 것으로 기대했고, 5쪽으로 구성된 학습지를 제작했다. 〔학습지 1〕은《고려사》〈세가〉공민왕조 연표(2쪽), 〔학습지 2〕는 공민왕에 대한 4개 글(A.《고려사》〈세가〉공민왕, 사관의 평, B. 중학교 역사 교과서 서술, C. 고교 한국사 교과서 서술, D.《살아있는 한국사 교과서》서술, 1쪽), 〔학습지 3〕은 공민왕 개혁정치 관련 고려사 자료(2쪽)였다.

---

5) 윤종배 외,《수업혁신, 성찰과 진화의 기록 2014》, 수락중학교, 2014, 13~15쪽.

[학습지 1]

공민왕은 어떤 일을 했을까?: 《고려사》 〈세가〉의 주요 기록

일시	기록
1330년 5월	아버지인 충숙왕과 어머니인 명덕태후 홍씨 사이에 둘째 아들로 태어남
1341년 5월	원 황제가 사신을 보내 숙위(황제를 지킴)하도록 하여, 원나라에서 머물게 됨
1349년	원나라 노국대장공주와 결혼
1351년 12월	귀국, 즉위
1352년 10월	조일신의 난 진압을 선포, 죄수들 사면하다
1353년 7월	원에서 보낸 관리들이 처녀 6명과 우리나라 악기 몇 가지를 갖고 가다
1354년 1월	원에서 보낸 지폐와 황금을 국가 재산으로 돌리다
1355년 2월	(고려의 사람과 특산물을 가지러 온) 원나라 관리를 감옥에 가둔 정지상을 체포하다
1355년 5월	원이 사신을 보내 정지상의 죄를 조사하다
1355년 미상	쌍성총관부의 관리 이자춘이 개경에 와서 왕을 뵙다
1356년 5월	기철 일당이 반란을 꾀하다가 처형당하다, 정동행성 이문소를 폐지하다
1356년 6월	원나라 연호 사용을 중지하고 반역 토벌을 기념하여 사면을 베풀다 원이 우리 관리를 가두고 고려를 토벌하겠다고 공개적으로 말하다
1356년 7월	쌍성총관부를 함락시키고 땅을 되찾다 원이 사신을 압록강까지 보내 최근의 사건에 대한 황제의 조서를 전하다
1356년 7월	고려 장수의 목을 베고, 기철의 반역과 국경의 변란을 설명하는 글을 보내다
1356년 10월	원이 기철 처형과 국경 변란을 용서한다는 조서를 보내다 황제의 관용에 감사하다는 글을 보내다. 정동행성의 인사권 등의 요구사항을 담은 글을 보내다
1359년 12월 ~ 1360년 2월	홍건적의 침략
1360년 5월	왜적이 개경 근처까지 침략하자 경비를 강화하다
1361년 10월	홍건적 10만 명이 침략하다
1361년 11월	이성계가 홍건적을 물리치다, 왕실이 남쪽으로 피난을 떠나다 적군(홍건적)이 개경을 함락하고 잔혹하게 사람들을 죽이다
1362년 1월	홍건적 10만 명을 죽이고 개경을 되찾다

1362년 12월	국경 지역에 사람을 보내 덕흥군을 고려왕으로 세우려 한다는 소문을 살피게 하다
1363년 3월	김용이 일으킨 흥왕사의 변란을 진압하다
1364년 1월	최유가 덕흥군을 받들고 압록강을 건너 진격해오다
1364년 9월	원 황제가 (공민왕의) 복위와 최유의 압송을 명하다
1365년 2월	노국대장공주가 죽다
1365년 3월	원에 사신을 보내 공주의 죽음을 알리다. 원에 사신을 보내 감사 인사를 하다
1365년 4월	원으로 가는 교통로가 (난리 때문에) 막혀 사신이 그냥 돌아오다
1365년 5월	승려 편조(신돈)를 왕사로 삼다
1365년 12월	신돈을 공신이라 하고, 관직을 내렸다.
1366년 4월	신돈을 비판하는 상소를 올린 관리 2명을 좌천시키다
1366년 5월	왜적이 (개경 근처까지) 침략하자 개경이 혼란하다 죽은 노국대장공주를 위한 사당과 묘 공사에만 매달려 경비태세를 소홀히 하다
1366년~1369년	왕이 신돈의 집에 행차했다는 내용이 수시로 나옴
1367년 5월	국학(성균관)을 다시 짓게 하다
1368년 8월	원 수도가 명나라 군대에 의해 포위당하다
1368년 9월	원 황제와 그 가족들이 명나라 군대의 공격으로 북쪽으로 쫓겨 가다
1369년 3월	원이 왕을 우승상으로 승진시키다. 왕이 감사의 글을 올리다
1369년 4월	명 황제가 친서를 보내다
1369년 5월	원나라 연호 사용을 금지하다. 명나라에 감사의 글을 올리다
1369년 6월	명 황제가 우리 백성들을 돌려보내면서 선물을 보내다
1369년 8월	명에 사신을 보내면서 의례규범을 요청하다. 원나라에서 문안사절을 보내다
1369년 11월	원 황제의 조서를 휴대한 사람을 죽이다. 북쪽에 군대를 배치하고 동녕부를 공격하게 하다
1370년 5월	명 황제가 고려국왕 책봉조서를 보내다
1370년 7월	명나라 연호를 사용하다
1371년 7월	이인의 고발에 따라 신돈 일당을 처형하고 신돈을 귀향 보내다. 신돈을 처형하다
1373년 2월	원 황제가 사신을 보내다. 왕이 밤중에 북원 사신을 접견하다
1374년 9월	왕이 죽임을 당하다

1. 공민왕에 관한 읽기 자료에 대한 아래 물음에 답해보자.

  1) 위 자료는 어디서 나온 것일까?

  2) 1)의 기록은 누가, 어떤 의도로 만들었을까?

2. 자료를 읽어보자.

  1) 뜻을 알기 어려운 단어에 ○ 표시해보자.(색깔 다른 펜을 사용)

  2) 모둠원끼리 어려운 단어의 뜻을 서로 물어보고 설명해주자.

  3) 아직도 뜻을 알기 어려운 단어는 선생님에게 도움을 청해보자.

3. 공민왕이 한 일 중에서 가장 긍정적으로 평가할 수 있는 사건을 2개 고르고, 그 이유를 써보자.

  ① 사건:
    선택 이유:

  ② 사건:
    선택 이유:

4. 공민왕은 무엇을 위하여 이런 일들을 추진했을까? 아래 글을 참고로 답해보자.

> … 가난한 백성의 자식들을 사들인 자가 3년이 지나도 이들을 놓아주지 않으면 관리들이 철저히 조사하여 죄를 다스리도록 하라. 토지와 노비에 관한 재판이 나날이 늘어가니 관리들은 먼저 토지와 노비를 잉집(仍執, 남에게 주어야 할 것을 주지 않고 계속 차지하고 있음)·거집(據執, 거짓으로 꾸민 문서를 내세워 남의 것을 차지하고서 돌려주지 않음)하는 행위를 적발하여 … 기한을 정해 공정하게 판결하고, 무고(거짓말)한 자는 무고죄로 처벌하라. 또한 권력자로서 이러한 잘못을 저지른 자는 스스로 잘못을 인정하고 그 토지와 노비를 원래 주인에게 되돌려 줄 것이며, 돌려주지 않는 자는 (관리들이) 그 죄를 다스리라. …….
> —1352년 2월 2일 즉위에 즈음해 발표한 글

[우리 모둠의 의견]

[주목할 만한 다른 모둠의 의견]

마 교사가 초기에 구상했던 방대한 수업 자료는 교사가 꿈꾸는 수업에 일조할지 모르나, 학생들은 사료로 가득 찬 학습지에 짓눌려 사료를 제대로 읽어보는 일조차 힘들었을 것이다. 그런 만큼 수업 연구 과정에서 사료 선정과 활용을 집중 논의 하면서 교사의 수업 의도에 적합하면서도 학생들의 역사 이해를 고려한 중핵적 사료를 적절하게 선정해 학습 자료로 제작하는 데 초점을 두었다.

서너 차례에 걸쳐 학습지를 수정한 결과, 수업에 쓰인 최종 자료는 고려사에서 뽑은 사료 4개(공민왕 원 숙위 시절 기록, 1353년 8월 영안왕 대부인 잔치 기록, 1356년 7월 고려가 원에 보낸 글, 1356년 10월 원이 고려에 보내온 글)로 구성되었다.[6] 학생들의 이해 수준을 고려해 자료도 표가 아닌 사료의 내용을 간단하게 재서술한 카드 형태로 제시했다.[7] 사료카드는 수업 흐름과 학생들의 흥미 및 사고 과정을 감안해 학생들에게 한꺼번에 제시하지 않았다. 사료카드를 색깔별로 구분해 서류 봉투에 넣고 모둠별로 학생들이 수업의 흐름에 따라 순차적으로 꺼내보도록 했다. 이렇게 공동으로 기획한 '공민왕의 반원자주화 다시보기 수업'은 전반적으로 학생들의 활발하고도 적극적인 참여로 흥미진진하게 진행되었다.

3부에서 기술한 바와 같이, 수업 실행 과정에서 마 교사와 학생들이 시간을 가장 많이 할애한 활동은 영안왕 대부인 연회에 참여한 공민왕과 다른 참석자들의 자리를 배치해보는 것이었다. 학생들은 사료를 읽고 노국대장공주와 원의 태자를 높은 자리인 북쪽에, 영안왕 대부인과 공민왕

---

6) '공민왕의 반원자주화 다시보기 수업'의 최종 학습지는 이 책의 부록 참조.
7) 이 수업 구상의 구체적인 수정 과정은 이 책 3부의 〈표 3.2.5〉 참조.

을 그다음 아랫자리인 동쪽과 서쪽에 각각 나란히 표시했다. **마 교사**는 학생들이 사료를 읽고 1353년 8월 영안왕 대부인의 잔칫날 자리 배치를 그려보면서 기씨 집안에 대한 원의 지지가 높았고, 고려국왕으로서 자신의 위상이 굳건하지 못한 데서 공민왕이 위기감을 느꼈음을 추론해내도록 의도했다.

학생들은 역사수업에서 겪어보지 못한 '자리 배치'라는 생소한 활동을 즐거워하며 어렵지 않게 연회 참석자들의 자리를 표시하고, 이어지는 질문에도 쉽게 답했다. 하지만 공민왕이 이 상황에 대해 불만족한 이유를 묻는 질문에는 답하지 못했고, 이어 **마 교사**가 "왜 공민왕은 기분이 나빴을까?"라고 질문을 바꿔서 거듭 묻자 몇몇 지목받은 학생이 발표하게 되었다. 학생들은 원나라 태자가 앉아 있는데 고려의 공민왕이 서서 술을 따르고, 아내인 노국대장공주가 북쪽 상석에 앉는데, 남편인 공민왕은 낮은 서쪽 자리에 앉는 것 등을 공민왕이 당시 상황에 불만족스럽고 기분이 나쁜 이유로 파악했다. 차별과 불평등에 대한 자신의 생활 경험과 현재적 인식 틀에 비추어 공민왕의 심정을 짐작한 것이다.

연회 자리 배치를 묻는 사료-발문의 결합은 공민왕이 처했던 당시의 상황으로 학생들을 끌어들이는 강력한 흡인력이 있었다. 생각나는 대로 답할 수 있는 확산적 질문은 학생들에게 불을 지펴 학생들은 자기들끼리 또 모둠 내에서 이런저런 얘기들을 주고받으며 교사의 질문에 반응했다.

사 교사: 아이들이 선생님의[수업자의] 내러티브와 사료에 흠뻑 빠져서 수업을 했어요. 아이들이 자신이 답을 하는 것에 대한 부담감이 별로 없이 참여할 수 있는 허용적인 수업이었던 것 같아요. 연회에 대한 사료가 여러

가지 이야기가 나올 수 있는 좋은 자료였던 것 같아요. 제가 관찰한 모둠에서는 기철 얘기가 나왔는데, "왜 기철은 없지?" 하고 질문이 나왔다가 기철이 자기 엄마 생신에 참여하지 않았을 리는 없으니까 참여했는데, 사료에 나오지 않은 것이다라는 의견과 기철이 참여를 하지 않았을 수도 있다는 의견이 나왔어요. 이 사료에 대한 사전 지식이 없으니까 사고가 열리게 되어 선생님의 질문에 따라가다가 전혀 생각지 못한 엉뚱한 데에 꽂혀서 자기들끼리 얘기를 하는, 중앙 집중과 분산이 느껴지는 수업이었어요.

학생들이 공민왕의 입장을 '차별과 불평등'의 관점으로 인식하면서, 공민왕의 반원자주화 정책을 비판적으로 다시 보고자 했던 교사의 의도는 굴절되었다. 학생에 따라서는 공민왕의 개혁 조치가 고려 말의 상황에서 국왕으로서 선택한 해결 방안이기보다 개인적 복수에서 비롯되었다고 파악할 수도 있는 상황이었다.

라 교사: 연회 장면〔의 자리 배치를 토론하는 장면〕이 뜨거웠다는 것이 〔수업의〕 완성도를 떨어뜨리는 요인이 되기도 했다고 봐요. 달아오르는 만큼 수업을 정리하기 힘들었거든요. 그나마도 한 녀석이 수업 자료를 꺼내면서 마무리를 할 수 있었는데, 수업의 제목을 단다면 에피소드가 수업의 내러티브(주요 메시지)를 앞지른 수업이랄까요? 공민왕의 반원자주정책의 의도 혹은 실체 알기가 핵심인데, 시간적으로나 비중으로 보나 학생들의 반응이나 선생님의 발문 등에서 연회 장면에 몰입을 해서 끝까지 집중할 수 있었는데, 에피소드가 내러티브를 휘청거리게 하기도 하고 살리기도 했어요. **마 교사**가 일곱 차례 이상 "공민왕의 기분이 나빴다"라고 한 말은

군왕의 행동이나 정책을 국가의 명운을 좌우하고 자신의 자리가 위태할 수 있는 마치 사적인 복수를 하는 것처럼 생각하게 할 우려가 있는 것 같아요. 최소한 군왕이 내세우는 대의명분 그런 게 있다면 공민왕의 즉위교서 25항 중에 왕권을 강화하고 공고히 하는 것 등 학생들이 생각해볼 수 있는 디딤돌을 하나 놔주었으면 좋았을 것 같아요.

학생들이 연회 장면에 몰두하면서 시간이 소요되어, **마 교사**는 뒤이어 다루고자 했던 자료를 제대로 활용하지 못했다. 이에 따라 원래 의도했던 수업 목표가 달성되었는지를 정확히 확인할 수 없었던 점은 큰 아쉬움으로 남았다. 학생들의 역사 이해를 신장하려면 무엇보다 학생의 역사적 사고를 발화할 수 있는 '불꽃이 튀는' 자료를 준비할 필요가 있다. 학생이 소화하지 못할 분량과 수준의 자료일 필요는 없다. 단 하나의 역사적 인물과 사건을 그려내는 장면을 담고 있더라도, 학생들에게 과거를 과거답게, 역사적 렌즈를 통해 당대를 볼 수 있도록 하는 자료면 충분하다. 또한 막상 수업에서 학생들이 여러 방향으로 이 불꽃을 옮겨 붙일 때, 교사는 그 불꽃이 사그라지지 않도록, 그 불꽃을 여러 명이 함께 더 키워나갈 수 있도록 하는 궁리가 필요하다.

3) 졸업식 만세 운동 역할극 수업
 : 학생의 반응을 결합해 발문 수정하기

2014년 서울의 한 초등학교에서 수행한 '유관순 수형자기록표 수업' 이후 **사 교사**는 학생들이 작성한 학습지를 검토했다. 학생들은 수업 후

역사수업, 함께 궁리하고 더불어 성장하다

궁금한 점을 묻는 학습지의 마지막 질문에 대해 "유관순은 부모님이 돌아가시고 어떤 생각과 행동을 했나요?", "왜 우리는 3·1 운동에서 많은 사람 중 유관순을 기억할까요?", "왜 일본인들이 우리나라를 공격했을까요?", "유관순 이외의 독립운동가를 알고 싶어요" 등의 답변을 했다.

사 교사는 애초 수업 구상에서 다음 차시 수업의 도입부를 애국가 부르기와 애국가 가사의 일부인 "우리나라 만세"로부터 만세 운동에 대한 학생들의 흥미를 유발하고자 했다. **사 교사**는 학습지 반응을 통해 학생들의 궁금증을 확인한 후, 다음 차시의 '졸업식 만세 운동 역할극 수업'에 반영해 수업 계획을 변경했다. 수업을 시작하며 〈한국을 빛낸 100명의 위인들〉 노래를 부르고, 그 가사의 한 부분인 "33인 손병희", "만세만세 유관순" 부분을 학생들에게 환기시켰다. 유관순 이외 누가 3·1 운동에 참여했는지 궁금하다고 한 학생들이 수업에 참여하고 있었지만, 학생들은 노래나 가사에 즉각적 반응을 보이지 않았다.

학생들의 궁금증을 염두에 둔 **사 교사**는 질문을 던지고 학생들의 답변을 들은 후, 다시 새로운 질문을 만드는 방식으로 수업을 진행했다. 3·1 운동에 참여한 사람의 수를 묻는 교사의 질문에 학생들은 지난 사회 시간에 시청한 다큐멘터리를 상기해 6,264명이라고 답했고, 이에 대해 **사 교사**는 '3·1 운동은 전국적인 만세 운동이었다'는 교과서 서술을 언급하며 "6,264명보다 더 많은 사람들이 3·1 운동에 참여하지 않았을까?"라는 질문을 던졌다. **사 교사**의 수업을 참여관찰 한 분과 교사들은 질문에 답하는 과정에서 드러나는 학생들의 역사 이해가 다시 교사의 연속되는 질문과 함께 수업 속으로 용해되는 움직임에 주목했다.

가 교사: 사 교사는 끊임없이 질문하고, 학생의 대답을 반복하고 낚아채고, 다시 살을 붙이고 방향을 틀어 다른 질문을 던지는 것이 특징적인 수업을 보여주었습니다. 학생들이 유관순에 대해 알고 싶어 하는 질문을 대신 읽어주면서 반 전체의 궁금증과 연결하고 확장해나갔어요. "부모님이 돌아가시고 유관순은 어떤 생각을 했을까?", "유관순은 어떤 일을 했을까?" 이전 시간에 수형자기록표 수업을 통해 더 자세히 알게 된 유관순을 매개로, **사 교사**는 학생들과 함께 오늘의 수업 주제로 관심을 이끌어갔어요. 이때 던진 질문이 "유관순 말고 생각나는 사람이 있어?"였는데, 학생들은 [머뭇거리다가] "없어요"라고 답했어요. **사 교사**는 "왜 우리는 유관순 외에 기억하는 사람이 없을까?"라고 다시 질문을 던졌고, 학생들은 기록이 없어서, 기억하는 사람이 없어서, 본 사람이 없어서, 감옥에서 금방 죽어서, 이름이 안 나와서 등 다양하게 답하는 모습을 보였어요.

사 교사가 "그런데 왜 우리는 유관순만 기억할까요?"라고 묻자 학생들은 "유명하니까요."라고 이구동성으로 대답했다. **사 교사**가 "[유관순은] 왜 유명할까?"라고 다시 묻자 학생들은 "독립 운동을 열심히 해서 그렇다"라고 답했다. "그렇다면 다른 사람들은 독립 운동을 열심히 하지 않았을까요?" 했더니 한 학생이 "유관순의 나라 사랑 하는 마음이 더 크기 때문"이라고 반응했다. "유관순이 감옥에서 열심히 싸웠기 때문에", "다른 사람들의 기록은 일본이 다 지워버려서", "유관순이 운이 좋아서", "[유관순이] 죽기 전까지 만세를 외쳐서" 등의 답변도 있었다. 이러한 대답은 학생들의 유관순에 대한 높은 관심과 사전 지식 및 선행 이미지를 보여주는 것이었다.

역사수업, 함께 궁리하고 더불어 성장하다

사 교사는 한 발 더 나아가 학생들에게 유관순에 대해 어떻게 알게 되었는지, 유관순은 무슨 일을 했는지 아는 대로 발표해보도록 했다. 학생들의 응답 중 "만세 운동을 했다"는 답변이 나오자 사 교사는 "당시 사람들은 어떻게 만세를 불렀을까요?" 하고 질문을 던졌다. 학생들은 "대한 독립 만세", "대한 제국 만세", "조선 만세", "우리나라 만세", "코레아 우라", "일본 저리 가라" 등으로 답변했다. 얼토당토않은 답을 해도 의미 있는 반응으로 여기는 교사의 피드백은 학생들이 더 진지하게 "정말 뭐라고 외쳤을까?"를 고민하게 만들었다. 사 교사는 학생들이 답변할 때마다 하나하나 그 내용을 칠판에 적고 전체 학생이 다 같이 머리 위로 두 손을 번쩍 올리면서 그 내용 그대로 하나씩 외쳐보도록 했다. 처음에는 쭈뼛쭈뼛하던 학생들의 만세 소리는 점점 커져서 우렁찼고 수업은 활기를 띄었다.

사 교사는 이어 학생들에게 "3·1 운동에 참여할 때 유관순의 나이가 몇 살이었을까요?"라고 묻자 학생들은 "17살", "어린 나이", "꽃다운 나이" 등으로 답했다. 사 교사는 학생들에게 "지금 여러분의 나이는 어떤가요?"라고 물었고, 학생들은 "어려요"라고 답했다. 사 교사는 드디어 품고 있던 결정적 질문을 꺼내놓았다. "유관순보다 어린 우리 같은 학생들도 만세를 불렀을까요?"라고 묻자 학생들은 당연하다는 듯 고개를 끄덕이며 "네!"라고 답했다.

사 교사는 지난 수업을 통해 확인했던 학생의 역사 이해를 반영해 수업을 새롭게 이끌어나갔다. 사 교사는 학생들과 얘기를 주고받으며 자연스럽게 1919년 3월 초 어느 보통학교의 졸업식장에서 만세를 불렀던 어린 학생들이 있었다는 것을 학생들에게 말할 수 있었다. 그리고 그때 있었던 아주 특별한 만세 운동을 이번 수업시간에 직접 함께 해보려고 한다는 것을 밝혔다. **사 교사**의 이러한 수업 도입은 학생들을 '졸업식 만세 운동 역할극 수업'에 쏘옥 빠져들게 하는 바탕이 되었다.

사 교사는 학생들이 매켄지의 자료를 읽고 내용을 파악해 즉흥극으로 만들 수 있도록 연극적 요소를 감안해서 질문을 구조화했다.

〈표 4.2.4〉 '졸업식 만세 운동 역할극 수업'에서의 질문

- 교사: 언제 일어난 일일까?
- ─학생: 3·1운동 이후에요.
- 교사: 무슨 행사가 있었지?
- ─학생: 졸업식이요.
- 교사: 어디서 있던 일일까?
- ─학생: 학교요.
- 교사: 어떤 학교지?
- ─학생: 소학교요.
- 교사: 소학교는 지금으로 보면 무슨 학교일까?
- ─학생: 초등학교요.
- 교사: 맞아. 초등학교야. 당시에는 소학교라고 불렀고, 나중에는 보통학교라고도 했어. 이 이야기에 등장하는 주인공은 누구야?
- ─학생: 학생회장이요.
- 교사: 그리고 또 어떤 사람들이 있었을까?
- ─학생들: 졸업생이요. 재학생이요. 부모님이요. 가족이요. 일본 사람이요. 선생님이요(등등).

자료를 읽고 난 후, 학생들은 저마다 역할을 담당하고 졸업식 만세 장면을 재현했다. 초등학교 1학년이 만든 태극기를 받아들고 적극적으로 품속으로 소매 안으로 숨겼다. 학생회장이 나와서 선창을 하고, 전부 졸업장을 찢고, 밟고, 버리고, 구기고, 던지고, 종이비행기를 만들어 던지면서 태극기를 꺼내 독립 만세를 외치기 시작했다. 교실은 순식간에 아수라장, 난장판이 되었지만 그것이야말로 3·1운동 당시의 급박하고 열

정적이며 감동적이면서도 일본인들을 기겁하게 했던 상황이 아니었을까 하는 생각이 들었다. 분과원들의 우려를 불식시키며 학생들은 당시의 역사적 상황과 인물들을 상상하고 추체험하며 만세 운동의 재연에 동참했다.

수업을 마친 **사 교사**는 새로운 출발선에 선 느낌이라고 소감을 밝혔다. 교사의 문제의식이 수업을 계획하게 했지만, 학생들의 상황과 역사 인식에서 비롯되는 수업이 진정성을 지니고 새로운 역사 이해를 열어준다고 자평했다. 학생의 시선으로 역사수업을 본다고 하면서 교사의 눈높이에 학생들을 맞추려고 했던 것은 아닌지 반성이 된다는 것이었다. **사 교사**의 사례는 역사수업을 할 때 학생들의 해당 역사 사건이나 인물에 대한 선행 지식과 이미지가 어떠한지 알려는 노력이 경주되어야 한다는 점을 말해준다.

역사수업 구상부터 성찰까지 교사는 예상되거나 알게 된 학생의 역사 이해를 꼼꼼하면서도 찬찬히 들여다보면서 자신의 수업에 녹여내야 한다. 역사수업 구상 단계에서는 전체 학생의 참여를 가정하고 계획대로 할 때 수업에서 나타날 대체적인 학생들의 이해 양상과 사고 과정을 가상 시연 해보면서 수업 과정을 구체화해 나간다. 역사수업을 실행할 때는 전체 학생뿐 아니라 소집단과 개별 학생의 반응에도 주목한다. 수업 구상에서 예상했던 학생의 반응이나 역사 이해가 들어맞는지, 어긋난다면 왜 그러한지, 미끄러지는 지점은 어디인지 등을 살펴보면서, 학생 반응을 앞에서 이끌고 뒤에서 밀면서 적절한 발문과 피드백을 조절해갈 필요가 있다. 역사수업을 마치고 난 뒤에는 수업 실행 중에 있었던 학생의 반응 및 활동에 초점을 맞춰 자신의 수업을 복기하며 동료 교사들과 협의를 한다. 학생의 수업 활동 자료를 평가하기 위해서가 아닌 수업 중의 학생 활동과 이해 양상을 파악하기 위해 수업을 검토하고 그 결과를 다음 수업에 반영한다.

아이들을 가르친다는 것은 교사가 아이들을 자신의 기준으로 판단(over-stand)'하는 것 즉 위에서 내려다보는 것이 아니라 '이해(under-stand)'하는 것 즉 아래에서 올려다보는 것이라는 어느 교사의 조언을 실천하는 것이 필요하다.

이제부터 나는 아이들을 공부해야겠다. 물론 그것은 기존의 발달 이론이나 심리학에 따라서 아이들을 재고 판단하는 것이 아니다. 아이들이 흥미 있어 한다고 해서 그들이 원하는 것, 잡다한 행사를 벌이는 것은 더욱 아니다. 그것은 아이들이 세상을 어떤 눈으로 바라보는지 알기 위해서 그들의 말과 행동 하나하나를 주의 깊게 듣고 보고 묻는 것이다. 그럴 때 교과가 내 안에서 살아 움직이고, 아이들은 교과를 간접적으로 공부한다.[8]

어쩌면 우리는 학생의 이해를 역사수업에 반영하라는 요구를 당연시해왔기 때문에 그 방법이나 절차에 관심을 두지 않고, 또 제대로 알려고 하지 않았을지도 모른다. 교사의 기준으로 학생의 역사에 대한 흥미와 쓸모를 판단하기보다 학생을 제대로 '이해하지 못하고 있다'고 자성하는 태도가 실마리를 풀어줄 수 있다. 역사 교사는 의식적, 무의식적으로 지

---

8) 서근원, 앞의 책, 2003, 249쪽.

향하는 역사교육 관점과 목표를 음미하며 학생을 향한 세심하고 단단한 눈길을 길러가야 한다.

교사의 역사 교과에 대한 전문성, 학생들에게 열려 있는 눈과 귀, 일상의 고단함에 매몰되지 않는 수업 실천의 꾸준함, 수업의 중심을 되새기며 깨어 있는 노력이 더해질 때 학생이 제대로 역사를 이해하는 결실을 맺을 수 있다. 그 길이 멀게 느껴진다면 이렇게 해보자. 오늘 역사수업을 하고 나면 수업 시간 동안 내가 얘기한 시간과 학생들이 얘기한 시간을 얼추 배분해보라. 수업 내내 교사 혼자 얼마나 떠들었는지를 느꼈다면 다음 수업 시간에는 오늘보다 좀 더 긴 시간을 학생들에게 할애하자. 그리고 수업을 하다 종종 학생들에게 이해하기 어려운 점이나 궁금한 점을 말할 수 있는 시간을 주자.

수업에서 생각지 못했던 지점에서 미끄러지거나 교사의 의도가 제대로 실현되지 못하고 굴절되었을 때 학생의 시선으로 보고 이해하며 조금씩 학생의 날개를 튼튼하게 해주자. 교사가 이러한 도전을 멈추지 않을 때, 역사수업은 교사와 학생 양 날개로 온전하게 날아갈 수 있을 것이다.

5부

교사연구자와 역사수업 연구의
새로운 지평

김민정 · 이은주

A 교사 고려시대가 가르치기 쉬운 시대라고 생각했는데, 이번에 함께 수업 준비를 하면서 최근 논문들을 읽어보니 전면적으로 다시 생각해야겠더라고요. 학술 논문을 수업에서 쉽게 설명하는 것이 해결책일 수는 없고…….

B 교사 학생의 눈으로 수업 내용을 함께 들여다보면서, 학생 중심 수업이 줄곧 활동만 한다는 의미가 아니라 역사적으로 이해하고 의미를 찾아가는 과정에 참여하는 것이라는 결론에 도달하게 된 점은 저에게는 큰 수확이었어요.

C 교사 고려시대 교수·학습 과정안을 함께 만들고, 함께 수업해보는 과정이 저 혼자 한 것이 아니어서 좋았습니다. 확실히 지지받는 연구공동체가 있다는 점에서 든든했습니다.

B 교사 역사수업에 대해 여러 주문을 하는 연구들을 봤지만, 구체적으로 학교 현장에서 실천한 후에 시행착오를 한 부분과 새롭게 상상할 수 있는 시도들을 제시해주는 연구는 찾기 어려운 것 같아요.

A 교사 맞아요. 교사의 개별적인 시행착오를 정리하는 사례글 이상이 필요한 것 같아요. 다시 연구 성과를 찾아봐야겠다는 생각이 들기도 하고, 우리 학교와 지역에 걸맞은 역사수업이 무엇인지 고민하는 수업친구가 있었으면 하고 기대하게 됩니다.

01

역사수업 연구와
교사의 성장

1. 역사수업 연구자로서 교사

'어떻게 가르칠 것인가?'의 문제는 역사 교사 양성 과정이나 수업 실행 속에서 이론이나 연구 성과와 긴밀히 연결되지 못한 채 교사 개인이 감당할 몫으로 치부되곤 한다. 학생의 배움 중심 수업이나 과정 중심 평가라는 변화된 교육 환경은 교사들에게 초인적 능력으로 전문성을 발휘하라고 요구하고 있다. 교사들은 좋은 선례를 참고하며 해답을 찾고자 노력하지만, 제대로 된 '탐구'를 겪어보지 못한 채 학생들에게 역사적으로 사고하도록 가르치는 수업을 구상함으로써 역사적 사고력을 표방한 수업이 표어에 그치는 수가 많다. 역사적 사고력 신장을 위한 노력이 무위로 끝나지 않으려면, 교사 본인이 이해하고 적용할 수 있어야 하기에 역사수업연구분과(이하 분과)에 처음 발을 내디딘 교사에게 역사수업을 위한 역사 공부는 스스로 탐구의 묘미를 깨닫는 계기이자 새로운 도전의 시간이 되었다.

마 교사: 연구사 검토부터 시작된 3·1 운동 공부에서 개인적으로 가장 흥미로웠던 것은 3·1 운동을 대표하는 인물로 널리 알려진 유관순의 새로운 발견이었어요. 3·1 운동 당시 그다지 알려져 있지 않던 유관순이 해방 이후 재조명되는 과정, 유관순의 수형자기록표와 판결문, 유관순 표준 영정의 변화와 다양한 이미지의 등장 등에 대한 탐구 과정이 매우 흥미로웠죠. 이렇게 새로운 사실을 '발견'하고, 인물의 활동에 대해 '해석' 혹은 '평가'하며 '내러티브'를 구성하는 것, 그리고 이 과정에서 스스로 '왜?'라는 질문을 던지고 그 해답을 찾았던 경험은 역사를 연구하는 과정과 흡사하다고 생각했어요. 흔히 역사교육의 목표로 거론되는 비판적 사고력의 신장은 이런 탐구 과정을 통해 가능할 것이란 생각을 하게 되었죠.

분과의 3·1 운동 수업 연구는, 2부에서 상술한 바와 같이, 연구사 검토에서부터 공동의 수업 구상과 실행 과정을 거쳐, 각자의 학교에서 다시금 변형된 수업으로 결실을 맺었다. **마 교사**의 경우 '3·1 운동을 대표하는 인물은 누구인가?'라는 질문을 중심으로 학생들이 대표 인물을 선정하는 수업을 실행했다.[1] 무기명으로 제공된 4인(손병희, 유관순, 김마리아, 이병헌)의 인물카드를 읽고, 3·1 운동을 대표하는 인물을 선택하는 학습 활동은 '역사적 중요성(significance)'의 의미를 이해하고 적용하는

---

1) 자세한 수업 실행 기록은 다음에서 확인할 수 있다. 전국교직원노동조합 전국역사교사모임, 〈01. 중학교 3·1 운동 대표자 선정 수업〉, 《3·1 운동 수업: '누가 주도했는가?'에서 '누가 참여했는가?'》 2015 가을호.

역사수업, 함께 궁리하고 더불어 성장하다

과정이었다. 이를 위해 교사는 학생들로 하여금 협력학습을 통해 주어진 자료로부터 대표자를 선정하는 기준을 공동으로 점검하도록 하고, 이병헌이라는 수원 지역에서 활동한 독립운동가를 발굴해 제시했다. 하지만 교사의 주도면밀한 노력에도 불구하고, 교사의 "16세"라는 언급으로 인해 유관순에 대한 설명임이 눈치가 채여 학생들의 3·1 운동 대표자 선정은 이미 알려진 유관순으로 귀결되고 말았다.

마 교사: 가장 많은 학생들이 유관순을 선정한 점, 학습지를 통해 본 학생들의 대표자 선정 근거가 교사가 제공한 설명 속에 머무른 점에 비추어볼 때, 이 수업은 원래의 의도를 달성하기가 어려웠을 것 같아요. 원래 이 수업을 계획하게 된 계기는 교사가 스스로 탐구 과정을 수행하면서 지적으로 만족감을 느꼈기 때문인데 〔중략〕 학생들은 기존에 갖고 있던 약간의 선행 지식과 당시 수업을 통해 배운 지식으로 3·1 운동의 대표자를 선정해야 했거든요. 유관순의 경우 학생들은 이미 상대적으로 풍부한 선행 지식과 강렬한 이미지를 갖고 있었지만, 손병희·김마리아·이병헌에 대해서는 제시된 수형자기록표 형태의 자료와 교사 설명 이외에는 배경지식이 전무한 상태였으니까요. 〔학생들로선〕 이런 빈약한 배경지식으로는 어떤 기준으로 대표자를 선정해야 하는지에 대해 깊은 고민을 하기 어려웠을 것이고, 거의 전적으로 교사의 설명에 의존해야 했던 것입니다.

수업 개선은 수업 실행 당사자가 수업 구상이 제대로 구현되지 못한 지점을 가감 없이 성찰할 때 이루어질 수 있다. 본인의 수업 성찰과 동료들의 참관 후 공동 검토를 거치면서, **마 교사**는 수업 초점을 '3·1 운동 대표자 선정 기준을 학생들이 정하는' 것에서 학생들이 선정한 대표자가 어떤 점에서 뛰어나다고 판단하는지, 본인들이 선정한 대표자를 어떻게 기억하고 기념할 것인지 생각하도록 하는 방향으로 전환했다. 아울러 수업을 학생들이 살고 있는 지역과 관련짓고, 학생들이 현재 살고 있는 지역사회 속에서 3·1 운동을 기념하는 방식도 고려하게끔 한 것은 학생들이 3·1 운동을 자신들과 분리된 과거 역사 사건으로만 치부하지 않도록 하는 교사의 수업 궁리라고 할 수 있다.

이와 같은 논의를 거듭하면서 분과원들의 수업 스타일과 고민의 중점은 교사 중심에서 학생 중심으로 변화했다. 분과 활동에 참여하기 이전의 수업에서는 교사가 주도적으로 역사를 설명하고 그 중요성과 의미를 피력해왔다면, 분과 참여가 거듭될수록 교사 대신 학생을 우선순위에 두고 수업을 고민하고 학습 경로를 마련하기 위해 스스로 애쓰고 서로를 자극했다. 즉 교사가 역사를 잘 설명하는 것이 아니라 학생이 역사를 잘 이해하게끔 궁리하는 것을 교사의 교수내용지식으로 간주하게 된 것이다. 분과 활동 참여 이후 수업의 변화로 지목되는 공통분모에는 '학생을 시야에 넣고' 하는 수업 고민이 차지하고 있다.

학생의 배움을 꾀하는 수업 궁리가 늘어나고, 학생들이 스스로 또는 협력해서 알아가는 것이 유의미하다는 점은 분과원들에게 뚜렷하게 다가갔다. 그럼에도 여전히 강의 위주이자, 역사 드라마와 같은 완결된 내러티브에 대한 지향이 역사수업에서 사라지지 않고 있다. 2018년 분과원들은 자신의 수업 스타일을 "친절한 김상중"(텔레비전 〈그것이 알고 싶다〉 프로그램 진행자), "진심과 열정이 담긴 드라마", "프로그램 기획자", "독수리 같은 맹금류"(하늘을 날며 지상의 상황을 훑어보다가 사냥감을 포착하면

무서운 집중력으로 하강해 낚아채는 모습), "디테일과 꼼꼼함", "즐거운 진행자" 등으로 묘사했다.

　분과의 교사들이 익숙한 틀 안에서 조금씩 새로운 자료를 덧붙이고 교수법의 변화를 꾀하는 방식에 머무르는 것은 학생의 역사 이해를 중심으로 수업을 재구조화하는 시도가 변화 차원을 넘어 '패러다임의 전환' 또는 '혁신'에 가깝기 때문이다 낯설고 새로운 접근 방식은 역사 교수·학습 방법뿐 아니라 역사 인식 차원의 변화를 요구한다. 또한 교사 개인의 선택과 노력을 넘어서는 차원일 뿐 아니라 외부에서 돌파구를 찾는 방법이 하나의 선택지라고 한다면, 분과 소속 교사들은 분과에서 공동으로 실행하고 책임지는 구조에서 답을 찾았다.

　나 교사: 수업 분과에 참여하면서 먼저 수업에 대한 생각이 많이 바뀌었습니다. 지금까지 내 수업 준비는 나 혼자 하는 것이라 생각했는데 수업이 공동의 작품이 될 수 있다는 것을 처음 경험할 수 있었습니다. 수업 준비와 실행은 온전히 개인의 작품이 될 수밖에 없다고 생각했는데 공동 작업이 가능하다는 것을 경험으로 알게 되었습니다.

　분과의 역사수업 연구 결과도, 기존 교수·학습 방법에 대한 여러 연구처럼, 동료에게 유익한 참고(reference)가 될 수 있다. 분과원들의 수업 연구가 진전되면서 기성의 교수·학습 방법이나 모델로서의 수업 방안은 자신의 학생들을 위해 참조할 수 있는 수업 내러티브를 제공해줄 뿐, 그것을 자기 것으로 만들고 변주하는 과정이 필수적임을 깨닫게 했다. 특히 자신의 역사와 역사교육의 목적에 비추어, 학생에게 가장 필요하고 적절하다고 생각되는 역사 이해를 목표로 수업을 디자인하는 과정이 쉽지 않다는 인식에 도달했다. 이처럼 공동으로 기획한 수업 실행은 단일 에피소드로 끝나지 않고, 분과 공동연구이면서 수업 당사자의 실행연구의 중심에 위치하게 되었다.

그렇다면 수업 연구자로서 교사들은 어떤 수업 연구를 할 수 있을까? 역사 교재와 교수법의 변주를 넘어서, 학생의 역사 이해가 확장되는 수업을 연구하려면 어디서 출발하고, 무엇에 중점을 두어야 할까? 한 차시 역사수업은 교사와 학생의 역사관과 역사교육에 대한 관점 속에서 재조명될 수 있다. 역사 교사가 자신이 가르치는 목적을 고찰하는 시도는 교사의 이해와 학생의 이해 사이 간격을 인식하고 궤도를 수정할 수 있는 가능성을 높여줄 것이다. 분과의 수업 연구 주제들로는 교사의 가르치는 목적에 대한 재점검, 역사 학습 내용이 선정되고 학생에게 소개되는 일체의 교재와 교수법에 대한 고찰,[2] 투입산출형의 '좋은 수업' 연구들에 대한 비판적 검토, 역사수업과 학습 내용으로서 역사 지식의 특징, 학생 중심 역사수업에서 설명과 학습 활동의 비중과 균형, 역사 학습의 여부, 역사 학습을 가속화하는 혹은 방해하는 요소에 대한 검토, 학습자의 다양한 학습 경로와 특징, 역사 학습의 내용과 이에 준하는 평가 방식 등이 거론되었다.

분과 활동은 교사들이 자신의 역사수업을 부분적인 혹은 전면적인 방식으로 혁신하는 기회이자, 역사수업을 수업 실행 당사자가 연구할 필요

---

2) 교사 위주, 강의식 설명 위주 역사수업에 대한 비판과 대안은 역사교육 논의 이후 지금까지 지속되고 있다. 강의식 수업에 따른 역사 지식의 암기와 학생의 수업 참여 저조 및 흥미 저하는 사회적으로도 비판받고 있다.

가 있다는 점을 절감하는 계기가 되었다. 효율적 관점에서 가르치는 내용과 방법을 확인하는 대신 역사수업이 지닌 특징과 맥락에 주목했다. 이를 위해 가르치고 있는 역사 학습 내용을 교사 스스로 어떻게 이해하고 있는지 현황과 관점을 반성적으로 성찰하고, 학생의 학습이 지닌 특징과 한계를 경험적으로 추적하는 방식으로 실행연구를 실천해나갔다.

실행연구로서 교사의 수업 연구는, 전문 연구자가 내놓은 수업 연구 결과와 달리, 당위보다는 현상에, 교사의 설명보다는 학생의 역사 이해에, 잘 만든 교재보다는 학생이 참여하는 학습 활동에, 성공의 비결보다는 실패의 맥락에 치중하는 특징을 지닌다. 따라서 선행연구 성과와 전문 연구자의 관점을 본인의 수업 실행에 적용해 타당성, 실천가능성, 맥락성을 검토했다. 교사연구자의 연구 결과는 달인의 수업 비결도, 전문가의 수업 비평도, 개인의 수업일지도 아니다. 예비교사와 초임교사들에게 제공하는 모범답안은 더욱 아니다. 비견하자면, 오늘도 묵묵히 신생아와의 하루를 돌이켜보고, 일어난 일과 변화한 지점을 예민하게 관찰하며, 내가 한 일, 외부 환경과의 조응을 성찰해 내일 하게 될 일을 예측하고, 다음에 신생아를 처음 키우게 될 사람들이나 저마다의 상황에서 신생아를 키우게 될 사람들을 위해 권장할 일과 주의할 일을 제안하는 일이다. 모든 학생을 위한 육아 전문서(수업 전문서)를 쓸 필요도 없고 쓸 수도 없지만, 교사는 나의 학생들에 관한 한 수업 전문가를 지향하며 수업 연구에 매진할 따름이다.

2. 역사교육 이론의 프로슈머로서 교사

역사교육 이론은 역사 교사와 학생을 대상화한 연구자의 전유물이라는 인식이 도전받은 지 오래다. 하지만 교사들이 역사교육 이론을 수업 맥락에서 소비하고 재생산하면서 역사교육 논의의 진전에 기여하고, 수업과 관련한 대화를 지속하고 있는가라는 질문에 대한 답은 부정적이다. 새로운 교수·학습 방법을 추구하고 자신의 수업을 획기적으로 변화시킬 수 있는 '그 무엇'을 찾는 교사들에게 새로운 교수·학습 이론은 필수 불가결할 것으로 보인다. 새롭다 함은 기존에 소개되지 않은 것이면서, 이전 것에 대해 부정하고, 비판하고, 대체할 수 있는 대안적 성격을 지니고 있다는 의미다. 이러한 측면에서 교사는 오랫동안 새로운 역사교육 이론의 소비자였다. 동시에 연구 성과에 따른 제안은 외부로부터의 처방으로 간주되고, 새로운 이론의 소개나 정책 도입에 대해 '문지기' 역할을 감당한 주체 역시 교사들이었다.[3]

교사연구자로서 분과원들은 역사 교수·학습 이론을 현장에 적용하면서, 이론이 실제적으로 지닌 의미를 탐색하는 프로슈머(prosumer, 이론 생성에 기여하는 소비자)의 면모를 보여주었다. 앞서 기술한 **마 교사**의 '3·1 운동 대표자 선정 수업'은 '역사적 중요성(significance)'과 관련된 연구 성과[4]를 독해하고, 역사수업에 녹여 넣는 최선의 방법을 궁리한 사례다.

---

3) Stephen J. Thornton, "Teacher as Curricular-instructional Gatekeeper in Social Studies," in James P. Shaver(ed.), *Handbook of Research on Social Studies Teaching and Learning*, New York : Macmillan, 1991, pp. 237~248.

다음 중요성의 개념[5]을 **마 교사**의 수행평가 문항지와 비교해 살펴보자.

중요성(significance): 우리가 기억해야 할 역사는 너무 많다. 역사 연구에서, 조사할 것을 선택하고 기억할 때 과거의 특정한 측면의 중요성을 조사하는 것이 도움이 된다. 이런 질문을 한번 생각해보라. 과거 사람들은 어떻게 사건의 중요성을 보았는가? 사건의 결과는 얼마나 중요했을까? 사건의 기간은 어떠했는가? 그리고 그것은 현대사회와 얼마나 연관되어 있는가? 중요한 사건들은 위와 같은 점들을 내포한다. 중요한 사건들은 오랜 기간 큰 변화를 일으키게 할 뿐만 아니라 큰 사건들을 맥락지어 볼 때 평범한 사람들도 중요해지는 특성을 가지며 오늘날 우리들과도 관련이 있다. 최근 수십 년 동안, 몇몇 역사가는 의미의 새로운 영역을 탐구했고, 과거에 대한 신선한 관점을 제기했다. 압박받고, 하찮게 여겨지고, 평범한 사회의 평범한 사람들—인종, 종교, 성, 계급으로 인해 비교적 힘이 약한 사람들을 포함하는 역사가 늘어나고 있다. 학생들은 특정한 사건이 역사적으로 의미가 있는지 토론함으로써 역사적인 탐구에 참여할 수 있다.

---

4) 박주현, 〈역사학습과 역사에 대한 관점 형성—제2기 역사의식조사 면접 사례를 중심으로〉, 《역사와 교육》9, 2014, 139~195쪽; 방지원, 〈중·고등학생들은 역사를 어떻게 바라보고, 어떻게 중요성을 평가할까?—제2기 역사의식조사 심층면접 결과 분석〉, 《역사와 교육》9, 2014, 116~138쪽; 이미미, 〈교사가 파악하는 역사적 중요성과 교수·학습적 중요성—무엇이 중요하며, 무엇을 가르쳐야 하는가?〉, 《歷史敎育》139, 2016, 1~38쪽; 이해영, 〈학생들의 역사적 중요성에 대한 인식〉, 《역사교육연구》20, 2014, 425~459쪽.

5) 호주 교육과정에서 제안된 역사교육의 주요 개념 중 하나다. The Australian Curriculum: Humanities and Social Studies/ 7-10 History(2016). https://www.australiancurriculum.edu.au/f-10-curriculum/humanities-and-social-sciences/history/; 방지원, 〈역사 지식과 탐구 기술: 호주의 절충〉, 강선주 엮음, 《세계는 역사를 어떻게 교육하는가: 9개국의 역사 교육과정 분석》, 한울, 2018, 89쪽.

---

3 · 1 운동을 대표하는 사람은 누구인가?

3학년 반 번
이름:

뒷면에는 3 · 1 운동 당시 활동했던 4명의 인물이 제시되어 있습니다. 우리는 이 중 한 분을 선정해 그분이 독립 운동에 노력하신 뜻을 기리는 기념사업을 추진하기로 했습니다. 어느 분을 선정해 어떤 방법으로 기념하면 좋을까요? 지혜를 모아주세요.

1. 내가 선정한 인물은 (A, B, C, D)입니다. 이분은 _____입니다.

2. 이분을 3 · 1 운동의 대표자로 선정한 이유는
   1) _____
   2) _____
   3) _____

3. 이분의 독립을 향한 고귀한 뜻을 기념하기 위해 아래의 방법을 제안합니다.
   1) 기념 방법:
   2) 기대 효과:

중요성의 의미를 학생들이 적용해보도록 한 학습 활동의 구상은 **마 교사**가 역사교육 이론을 생산적으로 소비한 실례다. 수업을 개선하기 위해 본인의 수업을 자발적으로 공개하고, 여러 교수 · 학습 이론을 검토하고, 적용 가능 여부를 상상해보는 과정이 수반되었다.

역사교육 이론에 대한 거리감은 수업 연구 속에서 이론의 의미를 파악하려는 시도 속에서 좁혀나갔다. 수업 연구공동체 활동이 장기간 지속되면서, 역사수업에 대한 개별 연구 결과가 이론으로 응집될 수 있다는 가능성을 엿보면서 수업 연구가 역사 교사의 전문성을 구축하는 데 필수적이라고 인식하게 되었다.

나 교사: 〔이 모임에 참여하면서〕역사수업도 이론화될 수 있다는 가능성에 대해 생각해보게 되었습니다. 우리는 보통 역사수업은 일회적이고 수업 후 학생이 배운 것에 대한 검증이 어려운 것이라고 생각해왔습니다. 그리고 이것은 교사라는 직업이 전문직인가라는 의문을 남게 했습니다. 우리 모임에서 다양한 수업 경험을 가진 사람들이 머리를 맞대니 혼자 수업 준비를 할 때에는 미처 생각지 못했던 다양한 수업 아이디어가 더해질 수 있다는 것을 확인했습니다. 저는 우리 모임에서 수업을 정교화해가는 이 작업이 역사 교사의 전문성이라고 생각합니다. 마치 의사가 환자별로 다양한 케이스를 경험 · 축적하는 것이 의사의 전문성이라고 하는 것과 비슷한 맥락입니다. 분과에서 집단의 힘으로 더 좋은 역사수업을 구상 · 실행해보며 경험을 축적하고, 역사수업에 대한 이론을 정교화할 수 있음을 확인했습니다. 그리고 제가 수업을 준비하고 진행하는 과정이 얼마나 어렵고도 멋진 일인지 확인하게 되었고 제 일에 대한 자부심을 갖게 되었습니다.

분과원들은 역사교육 이론을 무조건 수용하지도 걷어내지도 않는 대신 수업에 적용하고 실체화하고자 했다. 분과 교사들은 배움의 공동체, 플립 러닝, 하브루타, 혁신학교, 역사적 사고력, 역사가처럼 읽기 등 역사과 교수 · 학습 이론을 수업에서 적용하는 사례를 검토하고, 본인 수업에 활용해보면서 실천적 지혜를 축적했다. 이 과정에서 한편으로 외부의 이론이 한국의 역사교육의 현장, 역사수업에서 실효성을 갖기 위해 점검해야 할 필수 요건들을 파악할 수 있었다.

배움의 공동체 이론은 학생들이 역사수업의 흥미와 의미를 발견해 역사수업에 참여하도록 하는 최선의 방안이라는 점에서 현실 역사수업을 '혁신'할 수 있는 키워드로 각광받았다. 2010년대 초반 배움의 공동체를 역사수업에 적절하게 적용하는 것이 수업 혁신이라고 간주했던 것처럼, 배움의 공동체 이론은 분과 교사들에게도 수업을 혁신하도록 많은 영향을 끼쳤다.

라 교사: 사 교사의 경우 예전에 배움의 공동체 열풍이 일어나서 제가 그걸 성급하게 바로 도입하고 싶어 할 때 약간 다른 의견을 내셨어요. 역사수업이 먼저이고 그 전제 위에 수업 보기의 일환으로 또는 수업하기의 일환으로 배움의 공동체를 음미해야지, 그냥 배움의 공동체가 만사형통에 우리 수업을 단숨에 바꿔주는 것이고 역사수업을 거기에 얹어야 한다는 발상은 무리가 있다고 말씀하신 게 기억이 나요.

몇 년간의 수업 연구 결과, **라 교사**의 수업 실행은 분과 교사들에게도 초미의 관심사였다. 배움의 공동체는 충분한 사전 지식을 지닌 개별 학습자가 배움에 대한 능동적 참여와 협력적 탐구 자세를 지니고 수업에 임할 때 가능하다고 결론지었다. 수업 연구의 초점은 '배움의 공동체'와 같은 외부 이론 자체의 적용 및 성공 여부보다는 학생들의 역사 이해의 본질에 천착하고 이를 가능케 하는 조건들을 모색할 필요성에 집중되었다. 따라서 분과에서는 역사수업의 강조점을 역사학 대(對) 학생의 활동이라는 대비 구도로 볼 필요가 없다는 점에서 배움의 공동체는 역사 교과의 '배경지식'의 필요성이라는 교과 특정적 요구를 고려해야 실현가능

하다고 판단했다.[6]

역사수업이 역사다워야 한다는 점에서 '역사가처럼 읽기'는 역사적 사고력의 신장이라는 기치를 학교 수업에서 구체화할 수 있는 방안을 제시해주는 것으로 환영받았다. 하지만 분과의 '역사가처럼 읽기' 수업 구상과 적용은 사료의 출처확인과 같은 구체적 전략을 기계적으로 모방하는 지점에서 처절한 자기반성을 거칠 수밖에 없었다.[7] 와인버그 등 역사교육 연구자들이 제안한 출처확인(sourcing)의 방법은 역사과 고유의 사고 기술로서, 저자와 자료 작성 의도 및 맥락을 보여주는 자료의 특징적 면모에 주의를 기울여 해독하는 역사적 읽기의 일환이다. 3·1 운동 수업 사례에서는 유관순 수형자기록표에 대한 표면적 정보 확인(나이, 키, 생년월일, 형량 등)에 집중함으로써 출처확인을 단순하게 적용했다. 앞선 부에서도 자세히 기술하고 있듯이, 출처확인이 당시 인물, 사건, 역사적 맥락을 관통해 이해하도록 하는 중심 질문('누가 3·1 운동을 주도했는가/누가 3·1 운동에 참여했는가?')과 긴밀하게 관련지어서 활동하도록 하지 못했기에, 이는 출처확인을 한다고 '보여주듯이' 출처확인을 한 셈이다. 역사교육의 이론이 표면적이고 기계적으로 적용된 사례라고 볼 수 있다.

외국의 교수·학습 이론을 적용하고, 그 실패와 성공 여부를 따져 묻는 것은 수업 연구의 주요 목적이라고 할 수 없다. 역사과 교수· 학습의

---

6) 김민정, 〈'연구공동체' 교사의 '배움의 공동체' 역사 수업 연구—지향과 실제〉, 《역사교육연구》 25, 2016, 7~48쪽.

7) Minjung Kim, "Critical Reflection on Instantiating "Foreign" Theory in the Korean History Teacher Community", *The SNU Journal of Education Research* 27(4), 2018, pp. 1-17.

이론을 이해하고 적용하면서 학생의 '학습'의 실체를 파악하는 것이 첫 번째 도전이고, 이후 교사 본인의 수업 스타일에 대한 반성과 점검이 그 다음 도전이라고 할 수 있다. 수업 연구를 통해 사료를 어떻게 쓰는 것이 출처확인이고 맥락화를 시도하는 학습 활동인지 교사 스스로 이해하고, 그 과정에 학생들이 참여하도록 하는 발문과 자료를 제시하는 방법을 실험해보았다는 데 의의가 있다.

사 교사: 교사가 수업 내용과 관련한 적절한 질문을 제기하는 것 자체가 어려울 때가 있는데, 이는 역사교육에 대한 교사의 지식 수준과 수업 경험이 사실 위주의 전달 수업을 하는 경우가 많기 때문이다. (이런 경우는) 학생이 역사에 관심을 갖고 질문하고, 자료를 읽고 의미를 파악하는 활동을 디자인하기 어려운 것으로 이어진다. 탐구 모델은 역사 지식이 어느 정도 있고, 문해력이 일정 수준 이상 되는 경우에 가능하기 때문이다. 하지만 교사의 수업 구상 및 실행에서 탐구 주제와 내용, 방법에 대한 수업 연구 공동체의 검토와 지원이 있다면, 조금씩 수업을 변화시켜나갈 수 있을 것이다. 학생도 탐구 모델 수업을 자주 경험한다면, 질문하고 자료의 의미를 파악하고 자신의 견해를 표현·공유하는 수업이 얼마든지 가능할 것이다. 또한 학생이 잘 접근할 수 있는 적절한 수업 자료의 선택 및 제시가 이루어진다면 탐구 모델의 적용이 그리 어려운 일만은 아닐 것이다. 무엇보다 탐구수업이 가능하기 위해서는 수업 차시에 매이지 않도록 교육과정과 교과서에 대한 교사의 수업 자율성이 확보되어야 할 것이다.

빠듯한 진도와 이를 과감히 조정하지 못하는 단원 재구성의 한계, 한 차시에 한 주제를 나가야 하는 진도의 압박, 지필평가에 대한 부담으로 명확한 답을 강조해온 역사수업의 관성을 고민하는 가운데, 역사적 인물과 사건에 대한 정전적 설명(canonical explanation)에 대한 해체적 읽기와 비판적 글쓰기는 역사 교사들에게 매혹적으로 다가온다. 3부에서 상술했듯이, 역사학의 연구 성과나 교과서 서술 변화와 무관하게 "주요 역사 학습 내용을 통념적으로 연관 지어 설명하는 정전적 설명틀"[8]로 정의된 교과서 서사라는 관점은 분과원들의 지난 수업 실행과 설명 방식을 반성적으로 성찰하도록 했다. 단순히 문제 제기로만 끝나지 않고, 한국 전근대사 중 고려시대에 대한 연구자들의 연구 성과를 교사들이 자주 활용하는 설명틀과 비교·대조하는 가운데 생산적으로 소비하는 방법을 고심하게끔 했다.

라 교사: 교과서 서사에 문제 있다는 말은 누구나 할 수 있다. 그 문제에 대해 교사 수준에서 할 수 있는 것은 무엇일까에 대해 답해주어야 한다. 연구자가 해명해주어야 하는 부분이 있고 〔그래야 교사의 수업 연구와 실행에〕 나침반이 될 수 있다. 그러나 완결된 내러티브는 없다. 그렇다면 학생들과 〔함께〕 상대화되고, 도식화된 내러티브에 대한 질문을 던지는 작업 정도까지 할 수 있다. 이것은 교사에게도 학생에게도 자기 서사를 만드는 과정이다. 매우 힘든 과정인데, 그게 교사 공동체의 몫이다. 우리는 프로슈머의 역할을 하는 것이다.

---

8) 김민정·최종석, 〈고려시대 '교과서 서사'의 해체적 읽기와 역사적 사고 과정의 구현〉, 《歷史教育》143, 2017, 157~198쪽.

분과원들의 탐구공동체, 역사수업에 대한 '실행'공동체로서의 활동은 역사 교수·학습에 대한 외부의 이론이나 처방에 대해 문지기나 일방적 전파자 역할을 담당하는 것이 아니다. 오히려 각 이론적 접근이 만들어진 맥락을 비판적으로 들여다보고, 한국의 교실 수업에 적용가능한지 따져 물으며, 각 이론의 적용 시 유의점 등을 살펴 동료 교사와 공유함으로써, 이론과 현장 전문가 모두 설득가능한 현장적 역사교육 이론 생성에 일정 부분 기여했다. 분과원들은 이와 관련해 외부의 교수·학습 이론이 현장에서의 효용성과 적용가능성을 검증받을 수 있는 절차를 다음과 같이 제안했다.[9]

① 이론 생성의 맥락 소개: 외국의 교수·학습 이론이 등장하고 적용된 여건 및 상황에 대한 맥락적 이해와 함께 한국의 여건 및 상황에 대한 고려를 통해 그 필요성이 충분히 동의·제기된 경우에만 외국의 교수·학습 이론을 소개한다.

② 이론에 따른 수업의 기본 모델 소개: 교수·학습의 개요와 모델을 예시해, 적용 수업을 공개 및 공론화한 이후 한국의 수업과 비교하고 해당 외국 교수·학습 이론의 장단점을 분석해 제시하는 것이 이론에 따른 수업 모델의 도입과 보급에 전제되어야 한다.

③ 수업 실천과 연구: 교사가 자기 수업에 외국 교수·학습 이론을 부분적으로 도입해보면서 이론의 확장가능성을 판단해 역사수업 주제와

---

9) Minjung Kim, "Critical Reflection on Instantiating "Foreign" Theory in the Korean History Teacher Community", *The SNU Journal of Education Research* 27(4), 2018, p. 14.

단원에 그 이론을 적용하는 수업 실천이 필요하다. 이와 함께 수업 실천과 결과물을 분석하고 특정 이론의 효용성과 의미를 논의하는 연구 작업이 병행되어야 한다.

④ 공동/장기 연구: 특정 이론을 소개하고 적용할 때는 공동의 실천을 장기간 함께하는 연구회나 연구 팀이 있어, 꾸준한 수업 실천 활동을 통해 성과를 내고 공개 발표회 등을 통해 공유하는 방식이 적절하다. 교사의 연구공동체를 통해 개인적으로 지속하기 어려운 수업에 대한 고민을 확장하고 해결 방향을 장기간에 걸쳐 모색할 때 수업 개선에 이르는 것이 가능하다.

분과원들은 외부에서 유입되는 교수·학습 이론의 적용가능성이나 성패를 평가하기에 앞서, 새로운 학습 이론에 대한 당위적 접근에 대해 문제 제기를 할 필요가 있다는 점에 의견이 모였다. 역사과에서 유용하다고 판단되는 학습 이론이나 일반적 교수·학습 방법(협력학습, 토론, 문제해결학습 등)은 모든 주제에 적용가능하거나 유효하지 않다는 점을 주지해, 특정 방식의 선택에 따른 기회비용을 고려하고, 현장 교사와의 공동 구안과 시행착오를 통해 수정·보완될 필요가 있다는 점을 확인한 것이다. 프로슈머로서의 역사 교사는 역사학과 역사교육 연구 성과를 지속적이고 비판적으로 독해하면서 개별 학문 분야에 국한되지 않는 수업 연구 결과를 생산·공유하는 데 기여할 수 있다. 이는 현장성을 담보한 역사교육 이론의 생산에 기여하는 교사연구자의 전문성이라고 할 수 있겠다.

이러한 교사 전문성의 신장은 분과원들이 다양한 교수·학습 맥락에 따라 수업 보기의 초점을 변화시키고, 수업자의 요청이나 관심 학생에 초점을 두면서 수업을 성찰하는 안목이 성장하는 데서 확인할 수 있다. 나아가 역사수업을 연구하기 위한 연구 문제의 생성, 연구 방법의 체득, 연구 결과의 공개, 다른 교과 및 연구 단위와의 소통 능력도 신장되는 것을 볼 수 있다.

3. 역사과 교육과정 디자이너로서 교사

지난 10년간 이어져온 분과의 역사수업 연구는 '가르칠' 역사 내용의 선정과 조직의 문제에 가 닿는다. 한 차시 수업 연구에서 출발한 역사수업 연구는 학생들의 역사 학습 경험의 총체라는 측면에서 한 시대와 한국사 전체를 조망하는 학생들의 역사 이해와 이를 가능케 하는 학습 내용의 재구성이라는 문제의식을 불러왔다. 교사 수준의 학습 내용 재구성이라는 측면에서 교육과정 디자인의 필요성을 절감하게 되고, 이는 교육과정 디자이너로서 교사 전문성의 의미와 가능성을 묻는 질문으로 이어졌다.[10] 즉 분과 활동 참여를 전후해 자신이 생각하는 '좋은' 교사에 대한 생각의 진폭이 이를 방증해준다.

---

10) F. Michael Connelly & D. Jean Clandinin, *Teachers As Curriculum Planners*: *Narratives of Experience*, New York: Teachers College Press, 1988; Minjung Kim, "Student Teachers as Curriculum Designers: Collaborative Learning and Designing Korean History Courses for North Korean Refugee Students," *The Journal of Curriculum and Evaluation* 21(2), 2018, pp. 27-47; 유정애, 〈왜 교육과정 개발자로서의 체육 교사인가?〉, 《한국스포츠교육학회지》 17(4), 2010, 1~18쪽.

역사수업, 함께 궁리하고 더불어 성장하다

마 교사: 단위시간 수업을 잘하기 위한 고민을 하던 교사에서 '학생의 성장'이라는 관점에서 교육과정-수업-평가를 연관 지어 고민하고 개선하기 위해 노력하는 교사가 좋은 교사라고 생각한다.

사 교사: 수업을 단편적 한 차시 수업으로서뿐만 아니라 역사교육과 학생의 성장이라는 관점에서 전반적이고 총체적인 시각에서 조망하고 구상하게 되었다.

현재 중등 수준의 한국사 교육과정 논의는 국가수준 교육과정 개정에서 보이듯 전근대에서는 특정 학습 요소를 포함/삭제해야 한다는 주장간의 격돌로 점철되어 있고, 근현대사에서는 학습 비중 강화와 '민주시민교육'의 원리에 따른 학습 내용 요소의 재구조화를 추구하는 방향에서 수행되고 있다. 한국의 전근대사 교육과정에서 이미 만들어진 구도에서 조금씩 빼고 넣는 과정은 학교 '현장'도 '역사 전공자'도 만족하지 못하는 결과를 낳고 있다. 결과로서 역사 지식의 숙지가 아니라 학생이 이해하고 의미를 만들어가는 과정으로서 역사 학습을 지향하는 관점에서는 말할 필요도 없다. 역사수업에서 다루는 학습의 양과 학습 활동의 재구조화를 고민해야 하는 과제는 선택이 아니라 필수조건이 되었다.

교육과정 대강화의 구도와, 교사의 수업 수준의 학습 내용 재구성의 필요성은 교사의 교육과정에 대한 적극적 해석과 교육 내용에 대한 가감, 수정·보완, 재구성을 허용하고 장려하는 전제가 되었다. 국가수준에서 만들어진 교육과정이 검정제의 역사 교과서를 통해 구체화되지만, 수업 연구를 통해 다시금 발전적으로 해체되고 재해석되며 다수의 교육과정으로 재탄생할 수 있다. 각양각색의 수업이 펼쳐지듯이, 수업 연구공동체가 디자인하는 여러 층위의 역사과 교육과정은 어떤 특징과 가능성을 품을 수 있을까? 학생들에게 유의미한 교육 경험을 제공하는 교육과정을 디자인하기 위해서는 어떤 점에 주목하고 유의해야 할까?

2015 개정 교육과정에서는 미래 사회를 살아갈 학생들에게 필수적인 핵심역량을 기반으로 역사과에서 함양할 수 있는 5가지 교과역량을 설정했다. 역사 사실의 이해, 역사 자료 분석과 해석, 역사 정보 활용 및 의사소통, 역사적 판단력과 문제해결능력, 정체성과 상호 존중이 그것이다. 최근 과정중심평가나 '교수·학습과 평가의 일체화'에 따른 정책 추진 방향에서 역사과 교과역량 함양을 위한 수업과 평가의 연계를 교사들에게 요구하고 있다. 크게 2가지 점에서 그 문제점을 지적할 수 있다. 우선 해당 교과역량에 대한 타당성을 치밀하게 따져보아야 할 필요성이 크다.[11] 다른 하나는 교과역량에 따른 역사수업과 평가에 대해 교사들이 인지하는 어려움이 크다는 점에서 교과역량에 따른 수업 설계와 평가를 현장에 기계적으로 적용하고 요구해서는 안 된다는 점이다.[12]

앞서 역사과 교수·학습 이론의 현장 적용을 위한 전제로서 교과별 특징, 교수·학습의 맥락, 수업 실행연구 등이 거론된 것과 마찬가지로, 교

---

11) 백은진, 〈2015 개정 교육과정에 도입된 역사과 핵심역량 설정의 현황과 모순〉, 《사총》 86, 2015, 245~273쪽: 이해영, 〈교과서 탐구활동 분석으로 본 역사과 교과역량의 특징〉, 《역사교육논집》 67, 2018, 63~89쪽.

12) 역사과 교과역량은 학계와 현장의 의견 수렴이라는 절차적 정당성뿐 아니라 결과적으로 학계와 현장 양측에 의해 가르칠 만한 중요하고 타당한 역량으로 인정받지 못하는 실정이다. 하지만 학생들이 역사적 사고 과정을 익혀서 일상생활에서 접하는 수많은 자료를 비판적으로 읽고, 자신의 의견과 해석을 만들어가도록 하는 역사교육의 방향과 목적에 동의한다면 역량 중심의 교육과정 논의는 피할 수 없고 또 피해서도 안 된다.

〈표 5.1.1〉 '3·1운동 대표자 선정 수업'과 평가의 연계

성취 기준	• 역9221. 3·1운동이 일어난 배경과 과정을 파악하고, 이를 계기로 대한민국 임시 정부가 수립되었음을 설명할 수 있다.
교과역량	• 역사 사실 이해 (중요한 과거 사실을 기억, 역사 용어나 개념을 이해하는 능력) • 역사 자료 분석과 해석 (역사 자료에 담겨 있는 주요 내용을 분석하는 능력) • 역사적 판단력과 문제해결능력 (오늘날 문제를 역사적으로 검토해 질문을 선정하고 해결 방법을 모색하는 능력)
교수·학습 – 평가 방법	• 설명, 협력학습, 자료 기반 글쓰기 평가
세부 평가 방법	**평가: 3·1운동을 대표하는 인물은 누구인가?** **논술형 글쓰기 평가기준**

영역	등급	평가 척도	배점
형식 (2)	평가 기준	• 글의 분량이 적정한가? • 정확한 의미를 전달하기 위해 적확한 단어 및 문장을 사용하고 있는가?	
	A	위의 평가요소 모두를 만족하는 경우	2
	B	위의 평가요소 중 1가지 이하를 만족하는 경우	1
내용 (8)	평가 기준	• 자신이 선택한 인물이 누구인지 알고 있는가? • 해당 인물의 선택 근거를 3가지 이상 제시하고 있는가? • 기념하는 방법을 구체적으로 제시하고 있는가? • 기념사업의 기대효과를 설득력 있게 제시하고 있는가?	
	A	위의 평가요소 모두를 만족하는 경우	8
	B	위의 평가요소 중 3가지를 만족하는 경우	6
	C	위의 평가요소 중 2가지를 만족하는 경우	4
	D	위의 평가요소 중 1가지 이하를 만족하는 경우	2
기본점수		본인의 의사에 의한 논술 수행평가 미 응시자	2

과역량으로 제안된 역사수업의 목표에 대해 학습 내용의 선정과 교수학습 방법 및 평가가 연계된 수업 연구가 축적될 때 그 타당성을 인정받을 수 있다 하겠다. **마 교사**는 '3·1 운동 대표자 선정 수업' 후 대표자를 선정하는 기준으로서의 중요성의 원리와 수형자기록표를 활용하는 수업 내용을 평가에 연계해 학습 결과를 반영하려는 방안을 모색했고, 앞서 인용한 수행평가의 형태를 개발·적용했다. 이를 역사과 교과역량과 교수·학습 및 평가를 연계한 활동으로 제시한 것이 〈표 5.1.1〉이다.

현재 수준에서 교사들이 시도하고 있는 교육과정 재구성이 국가수준 교육과정을 대체하는 것으로 간주할 수는 없다. 교육과정 재구성은 혁신학교에서 시도되고 있는 교과 간 융합, 학습 내용의 순서를 조정하고 통합하는 수준으로 읽히기도 한다. 앞의 사례를 놓고 볼 때, 교육과정 재구성은 교사 수준에서 설정한 목표에 준해 역사수업의 내용 범위와 초점을 선택하고, 교수·학습과 일관된 평가 방법을 고안해 학생의 역사 학습 경험을 구상해 제공하는 것을 의미한다.

분과의 수업 연구에서 역사과 교육과정을 디자인하기 위한 전제와 몇 가지 시도를 살펴볼 수 있다. 우선 3·1 운동에 대한 수업 연구 단계에서는 와인버그의 '역사가처럼 읽기'에서 보여준 문제의식을 렌즈로 해, 한국사 특히 한국 근현대사에서 대응되는 인물과 사건을 찾고, 대안적 접근으로 기존의 인물과 사건을 가르치는 비판적 접근방식을 고민했다. 이는 국가수준 교육과정의 보완 교육과정을 구성하는 톱니바퀴로서 '대안'적 '사실'과 '지식'을 고민하는 수준이라고 볼 수 있다. 분과는 나아가 기존에 제공되는 '교육과정/교과서' 단원 구성과 순서를 준용하면서, 역사적 사고력과 같은 '역량'과 학생의 역사하기 활동을 가미해 한해 교육과

차시	주제	핵심 발문	수업 방식	사고력	수행과제
41	무단 통치	총독부 건물, 어떻게 할까?	모둠토론	판단력	독립군 뮤지컬 만들기 (교과통합수업 –모둠과제)
42	3·1운동 1	유관순의 재판 기록은?	하브루타	탐구력	
43	3·1운동 2	내가 만세를 부른다면?	역할극	추체험	
44	문화 통치	문화 통치의 숨은 뜻은?	모둠토론	탐구력	
45	민족 운동	내가 광주의 학생이라면?	글쓰기	추체험	
46	국외 무장 투쟁	내가 독립군가를 쓴다면?	노래 부르기	추체험	
47	민족 말살정책	위안부 할머니를 위로하려면?	글쓰기	감정 이입	
48	무장 독립 전쟁	친일파, 어떻게 기억할까?	모둠토론	판단력	
49	민족 문화 수호	일본은 우리를 근대화시켰나?	모둠토론	판단력	

정을 구상해 〈표 5.1.2〉와 같이 제시했다.

현재 분과의 교육과정 디자인 능력은, 위 사례에서 보듯, '역량' 중심의 학교 교육과정을 고안해보는 시론적 차원이다. 역사적 사고력의 신장과 같은 일관된 목표하에 학생의 역사 학습 경험의 총체를 구상하면서 학습 내용과 학습 활동을 선정하고 조직하는 것이 가능하다면 말이다.

라 교사: 저는 수업을 구상할 때, 매 차시가 n분의 1의 비중으로 촘촘하게 나뉘어 있고 비슷비슷한 방식으로 진행되는 것이 아니라 때로는 분량이

---

13) 윤종배, 〈질문이 있는 수업을 위한 역사배움책: 역사 속으로! 세상 밖으로!〉, 수락중학교, 2015. 7쪽.

탄력적으로 넘나들고 중점이 차시마다 달라야 한다고 생각합니다. 이번 차시에서는 감정이입에 중점을 두어 역사의 다른 측면을 학생들이 느껴 보게 하며, 또 다른 차시에서는 역사적 판단력을 발휘하도록 학생들을 안내하는 거죠. 역사적 사고력의 여러 측면을 학생들이 다양하게 경험하도록 한 해 동안의 수업을 디자인했으면 좋겠습니다.

교육과정은 교사의 수업 디자인으로부터 출발하는 것으로, 교과서의 전체 내용은 이미 정해져 있지만 이것이 수업에서 현실화되는 모습은 제각각이다. 수업 방법과 수업 분량, 자신의 학교에 가장 특화된 학습 내용과 학습 활동으로 구성하는 교사와 수업 수준의 교육과정 디자인은 역사 교사만이 할 수 있다. 이런 교사 지식에 대한 고민은 분과가 앞으로도 천착해야 할 부분이다.

수업 실천과 성찰을 통해 얻은 교사 지식의 성장은 단일한 교과서와 교재를 넘나들고, 학교와 지역에 최적화된 학습 내용과 학생 활동을 담은 수업과 평가를 일관되게 체계화해 역사과 교육과정으로 디자인할 수 있는 교사를 지향하게 한다. 이러한 교사의 전문성을 바탕으로, 한 차시의 새로운 수업을 시도하고, 일회성의 '사료' 수업, '역사적 사고력'의 실현가능성을 보는 것을 넘어서, 일 년의 교육과정, 우리 학교, 우리 지역만의 역사과 교육과정, 우리 학생들에게 유의미한 역사교육 내용을 선정하고 적절한 교재와 교수 · 학습의 조합을 결정할 수 있다.

역사수업, 함께 궁리하고 더불어 성장하다

02

수업 연구공동체의
과제와 전망

1. 수업 연구 확산의 플랫폼으로서 연구공동체

지금까지 역사 교사가 분과 활동에 참여하면서 수업 연구와 수업 개선
에 참여하고, 역사과 교육과정을 고심하며, 역사 교수 · 학습 이론의 적
극적인 생산자로서 성장했음을 확인할 수 있었다. 역사 교사는 연구공동
체의 일원으로서 교사연구자로서의 개인적 역량이 성장했을 뿐 아니라
분과 안팎으로 역사수업과 역사교육에 대한 고민을 수렴 · 확산하는 데
도 일조했다. 앞서 살펴보았듯이, 분과의 인적 구성과 연구 주제 설정 및
연구 방법의 궁리는 역사수업 연구가 진척될 수 있었던 '교사 공동체'의
다층적 면모가 발현된 데서 가능한 결과였다. 토머스 H. 레빈의 연구에
서 정의한 '교사 공동체'의 다면적 성격에 기초해,[1] 분과의 교사 공동체

---

1) Thomas H. Levine, "Tools for the Study and Design of Collaborative Teacher

의 면모를 다음과 같이 재서술할 수 있다.

- 학습공동체(community of learners): 새로운 교육이론(학습, 수업)과, 역사수업의 내용이 되는 역사학(한국사 등)의 연구 성과를 함께 학습하고 토론하는 공동체
- 탐구공동체(inquiry community): 교사들이 교육적 질문을 던지고, 함께 답을 찾아나가는 공동체
- 실행공동체(community of practice): 본인의 역사수업 실행을 동료들과 함께 공유하고, 점검하고, 토론하는 공동체
- 직업공동체(teacher professional community): 동료 교사들이나 학생들과의 문제를 포함해, 직업인으로서 교사의 고충과 고민에 대해 소통하고, 학교 문화와 가치, 행동방식 등을 토론하는 공동체

분과의 역사수업 연구 활동은 수업과 관련된 전문 서적과 연구 성과들을 읽는 학습공동체와 함께 '사료 학습' 등의 교수 · 학습 방법이 지니는 논의의 실체와 실제 수업에서의 가능태를 구현하고자 노력하는 탐구공동체의 메커니즘이 착근되는 과정이라고 볼 수 있다. 분과원들은 초기 학습공동체로서 분과를 인식하는 모습을 보여주었으나, 점차 역사수업을 공동으로 기획 · 실행 · 성찰하는 실행공동체의 정체성을 분명히 인지하게 되었다. 전면에 내세우지는 않지만, 분과의 정기 모임에서 '근황

Learning: The Affordances of Different Conceptions of Teacher Community and Activity Theory," *Teacher Education Quarterly* 37(1), Winter 2010, pp. 109-130.

토크'로 교사로서 학교 안팎에서 부딪히는 문제와 그 해결책을 공유하면서 직업인으로서의 공동체적 연대가 분과에 지속적으로 참여하게 하는 숨은 비결임을 부인할 수 없다.

> **마 교사**: 이 모임에서 가장 좋았던 경험 중의 하나는 지난 세월호 때였어요. 제가 있는 학교가 안산 지역과 그리 멀지 않았고, 학교에도 직간접적인 유가족들이 있었기 때문에 학교 분위기가 개인적인 감정을 추스르기보다는 평온한 가운데 가장 일상적인 일정을 소화하도록 하는 분위기였어요. 그렇지만 가슴 여기까지 무엇인가 차올라서 힘들고 괴로운 가운데 이곳 연구소[역사교육연구소] 모임까지 멀리 와서는 누가 먼저랄 것도 없이 세월호와 그에 따른 학교 분위기, 개인의 문제 등을 봇물 터지듯이 이야기하는 시간을 가졌고요, 그날 역사수업에 대해서 얘기하지는 못했지만, 교사가 살아가는 데서 가장 중요한 문제를 건드려주고, 힐링할 수 있는 시간이었다는 점에서 아주 의미 있는 시간이었습니다.

교사 개인이 지닌 고민과 학교 내 같은 교과, 같은 학년, 다른 세대와 경력의 교사들과 부딪히는 문제들을 공유할 수 있는 지속적 관계 설정은 연구공동체에 속한 교사들의 신뢰관계를 증폭시킨다. 여기에 더해 수업 고민, 학생 관리, 역사 교과서 국정화와 같은 현안과 국가수준 교육과정 개정안에 대한 의견 등 근황 토크가 갖는 힘은 지극히 크다 하겠다.

이러한 위로와 지지와 모색을 통해 분과는 역사수업이 변화하는 원동력이자, 앞으로 교사로서 개인적 변화를 멈추지 않으려면 지속적으로 참여해야 할 곳이라는 인식을 분과원들이 지니게 되었다. 혼자서 이모저모 새로운 변화를 시도할 때 자유로움과 여유로움을 누릴지 모른다. 하지만 그것은 미숙하게 던진 나의 고민과 새로운 시도가 기대에 부합하지 않더라도 부족한 점을 깨우쳐주고 대안을 제시해줄 것이라 기대되는 역사 교사들을 늘 주변에 지지 세력으로 둔다는 점과 견줄 수 없을 것이다. 분과에서 시도하는 변화는 '효율은 떨어질지 모르지만' 함께 만들어가는 재미와 연구공동체로부터 얻는 지지 속에서 진화를 거듭할 수 있을 것으로 기대된다.

역사 교사의 새로운 시도는 살기 위한 몸부림이든 신념에 찬 구도자의 간증이든 그 자체로 다른 교사에게 좋은 사례가 된다. 다만 '해보니까 좋더라!' 하는 소감이나 자화자찬 끝에 압도적 분량의 수업 자료 파일(예: 역사 영화 활용 수업 학습지)을 분과원들과 주고받는 것으로 수업 개선과 교사 전문성이 신장되리라고 기대하기는 어려울 것이다. 교사들의 전문성은 교육과정 이해와 구성, 수업 전문성, 평가 전문성에 걸쳐 다면적이고 지속적인 신장이 필요한 복합적 차원의 문제다. 코칭이나 멘토링, 컨설팅, 교원 학습공동체의 수업 공개와 관찰 등 제도적 장치만으로 자율적이고 전문적인 교사 지식의 성장이 가능하다고 장담할 수는 없다. 교사연구자로서 역사수업 연구를 수행하면서 교육과정-교과서(교재)-수업-평가 전 영역에 걸쳐 교사 지식을 성장시킬 필요가 있다. 분과 활동은 분과원들의 교사 지식을 성장시키는 요람이자, 역사수업 연구의 결과와 교사들의 실천적 지혜를 공유하고 확산하는 플랫폼으로 기능하고 있다.

분과가 지난 10년간 수행한 역사수업 연구 활동이 최근 결실을 맺으면서, 분과는 3·1 운동 수업과 고려시대 관련 수업 연구 결과를 국내외 학회, 연수, 연구 논문, 출간 도서의 형태로 소개하고, 교사 독자를 넘어

교사 지식	개요	공유와 확산의 매개/결과	역할		
			수업 연구자	프로 슈머	교육과정 디자이너
역사학/역사 교육 연구 성 과에 대한 '교 육적 읽기'	수업에 활용가능한 부 분과, 학생의 역사적 사고가 가능하도록 인 지적 도전을 할 수 있 는 지점 파악	연구사 정리 및 중심 질문 개발 & 발표	◎	○	○
수업 관찰 및 강평	수업에 대한 웜&쿨 피드백 가능; 학생의 역사 학습 과정과 특 징 분석	공동의 수업 구상, 수정 과정 및 수업 관찰 결 과에 대한 발표	◎		○
수업 개선 아 이디어	수업 실행, 반성적 성 찰과 수정 내용을 담 은 수업 자료의 발간	개인/공동 수업자료 발 간[2]	◎	○	○
1년치 교육과 정 만들기	장기적으로 1년 계획 을 세운 후 수업을 실 행한 연간 자료 발간	개인/공동 수업자료 발 간	○	○	◎
수업 연구 연 수	공동의 역사수업 구 상, 실행에 대한 피드 백 과정 연수	수업 디자인하기[3]	○	○	○
연구자와의 소통	연구자의 일방향 강의 가 아닌 쌍방향 소통 속에서 '교육적 전환' 능력 확대	수학교육 및 교원학습 공동체 연구자와의 만 남; 한국사 연구자와 역사 교사 사이의 대화 특강	○	○	○
역사수업 연 구 성과의 생 산	분과 수업연구 결과를 학술지/학술대회에서 발표	국제수업연구학회 참 가; 역사교육 관련 학술 지 연구논문 발표	○	◎	

(◎: 강함)

---

2) **라 교사**의 2012~2015년 발간한 수업 자료 목록이다.

• 2012년: 5권(꿈사다리—학생용 자기주도학습 플래너; 혁신학교 여름 워크숍 자료집; 새내 기 교사를 위한 핸드북; 수업혁신 워크숍 자료집; 수업혁신 성찰과 진화의 기록)

선 독자들에게 전할 수 있었다. 일련의 3·1 운동 수업은 초등학교와 중학교 수준으로 연이어 변형과 실행을 거듭하며, 분과의 연구 결과 발표회와 연구소 및 학회 차원에서 공개 발표 하는 기회를 통해 다수의 대중 교사와 소통했다.

특정 역사 사건(3·1 운동 100주년 기념 학술대회)이나 시대("고려시대를 어떻게 가르칠 것인가?")와 관련해 신뢰할 만한 교사들의 수업 연구를 내놓을 수 있게 된 것은 표면적 성과다. '역사/한국사를 어떻게 가르칠 것인가?'에 대한 고민을 동료 교사들 및 전문 연구자들과 논의할 수 있는 계기를 마련했다는 점에서도 의미가 깊다. 그 근저에는 역사수업을 연구할 수 있는 연구 문제의 생성과 연구 방법의 체득, 연구 결과의 공개와 다른 교과 및 연구 단위와의 소통 채널의 마련이 자리하고 있다. 이 역시 분과 공동의 성장의 산물이라고 할 수 있다.

〈표 5.2.2.〉의 계획안은 분과의 수업 연구 경험과 연구공동체 운영 사례를 기반으로, 특정 학교나 지역 단위 교사들을 대상으로 한 연수 프로

- 2013년: 5권(꿈사다리; 수업혁신자료집; 새내기 교사를 위한 가이드북; 수업혁신 성찰과 진화의 기록; 역사 속으로 세상 밖으로—3학년 역사)
- 2014년: 6권(새내기 교사를 위한 가이드북; 교사는 수업으로 말한다(수업비평연구회 발간); 수업비평, 무엇을 어떻게 할 것인가(수업비평연구회 발간); 가르침에서 배움으로 배움에 날개 달기; 수업 혁신 성찰과 진화의 기록; 역사 속으로 세상 밖으로 – 2학년 역사)
- 2015년: 7권 (꿈을 향해 한걸음씩 — 학습부진아용 플래너; 배움과 나눔으로 미래를 열다 — 창의적 특색활동 자료집; 역사 속으로 세상 밖으로—2학년 역사(증보판); 수업비평, 수업성찰의 거울(수업비평연구회 발간); 심미안과 감식안, 성찰의 눈(수업비평연구회 발간); 수업혁신 성찰과 진화의 기록 2015; 역사 교과문집; 동아리 교재 〈논술로 쓰는 우리 역사〉
3) 2015년 전국역사교사모임 여름방학 직무연수로 〈배움이 있는 역사수업 디자인하기〉를 기획하고 연수강사로 참여했다.

역사수업, 함께 궁리하고 더불어 성장하다

〈표 5.2.2〉 수업 연구공동체 구성을 위한 연수 프로그램 구안

연수 주제	시간 (15시간)	연수 내용	연수 방법
[역사] 교육과정과 교사연구자	1	• 국가수준 교육과정의 이해: 현행 초점과 변화상 • 교육과정 문해력과 교육과정 디자이너로서의 교사	강의
수업 연구공동체 : 사례	2	• 교사 공동체의 4가지 성격(학습, 탐구, 실행, 직업 공동체) • 수업 연구공동체 사례 분석	강의 +토의
수업 연구의 실제 : 사례 1	3	• 교수 · 학습 이론의 실제 수업 적용 • 공동 수업 구상과 실행 • 수업 관찰과 강평(절차와 루브릭)	강의 +토의
수업 연구의 실제 : 사례 2	3	• 학생의 학습 과정이 고려된 수업 분석과 환류 • 교사의 수업일지 작성	강의 +토의
수업 연구의 축적 과 학교 교육과정	2	• 수업 실행에 대한 반성적 성찰 • 지역화된 교육과정 개발의 원리	강의 +실습
수업 연구공동체 구성과 운영	2	• 수업 연구공동체 구성 방안 • 운영 매뉴얼 제작	실습 +토의
수업 연구 : 연구 계획	2	• 개별, 학년, 혹은 학교 단위 수업 연구 기획과 실 행 계획안 작성	실습 +토의

그램을 구성한 것이다. 총 15시간의 연수 프로그램은 연수 신청 학교나 교육청으로 찾아가는(on-site) 연수이자, 개별적 맥락과 지역적 여건을 고려해 수업 연구의 이론과 실제를 훈련하는 맞춤형 연수이며, 연수 참가자가 수업 연구공동체 구성의 원리를 파악하고, 워크숍 형식을 빌려 지속적으로 연구공동체를 운영할 수 있는 매뉴얼을 작성하고, 수업 연구 계획을 구상해보는 연수 내용을 담고 있는 교사전문성 개발 프로그램 (professional development)이라 할 수 있다.

2. 수업 연구공동체의 전망
  : 새로운 연구공동체에 말 걸기

수업 연구공동체를 구성하면서 분과의 교사들은 학생들을 가르치는 교사이자, 동료에게는 수업 관찰과 강평을 매개하는 중재자(moderator)인 동시에 비판적 수업친구(critical friends)이며, 수업 연구를 수행하는 실행연구자(action researcher)이자, 새로이 연구공동체를 형성하도록 돕는 조력자(incubator)의 역할을 감당했다. 분과 교사들은 우연한 기회에 수업에 대한 열의와 학구열을 지닌 동료를 만나서 긴 기간 연구공동체 활동을 할 수 있었던 것일까? 분과의 지난 10년은 우연이라고 보기에는 어렵다. 교원 학습공동체이든 수업 연구공동체이든 어떤 이름으로 만나고 있건, 학교 안팎에서 만나는 교사들과 협력적 연구 단위를 구성하려면 어떤 조건과 토대가 필요한 걸까? 제도적 차원에서 권장하는 교원 학습공동체를 어떻게 역사 교사로서 나의 삶과 연결 지어 유의미하게 영위할 수 있을까?

분과 소속 교사들은 학교도, 지역도, 학교급도, 관심사도 각기 다르지만 역사를 중심으로 모인다는 공통점을 찾을 수 있다. 학생 중심 수업을 지향하고 있지만 정작 '역사'가 수업에서 도외시되는 고민과 갈등을 드러내는 모습도 종종 볼 수 있었다. 이처럼 분과원들의 역사수업 연구는 역사를 왜 가르쳐야 하는지, 역사다운 역사를 가르치는 것은 어떤 모습인지 궁리하는 방향으로 수렴되었다. 따라서 한 차시, 일 년의 역사수업에 국한된 투입-산출 접근에서 벗어나, 내가 알고 있고 가르치고 있는 역사는 과연 역사 연구의 성과에 비추어 얼마나 역사다운지, 나의 역사

역사수업, 함께 궁리하고 더불어 성장하다

이해와 인식은 어떤 경로와 과정을 거쳐 현재에 이르게 되었는지 반추해 볼 필요성에 직면했다. 역사수업이 좀 더 학생의 삶과 관련을 맺고 실효성 있는 학습으로 구현되기를 희구하면서, 역사수업을 제대로 하는 것은 민주시민교육과는 어떤 관계성을 지니는지와 같은 성찰적이고 실천적인 관점을 되짚어보게 했다.

실제적 차원에서는 역사라는 과목의 특성상 왜 강의식 수업이 지속될 수밖에 없는지, 스스로 '지향'하고 있는 역사적 사고력이나 학생 중심 수업과 교사 본인의 수업 스타일이 괴리되고 있다는 인식에서 그 이유와 구조적 문제를 고민하게 된다. 이러한 문제의식들에 기대어 동료 교사들에게 의견을 구하고, 논문과 책, 다른 교사들의 시도를 찾아보는 교사의 첫걸음에서 수업 연구공동체가 시작된다.

분과 교사들에게 학생 중심 수업과 역사다운 역사수업에 대한 고민은 일종의 길항관계를 유지하며 많은 문제의식을 불러일으키고 있다. 학생 중심이라는 구호는 곧 학생의 학습 활동 중심수업으로 귀결되면서 심지어 '역사'가 역사수업에서 사라지는 모순을 낳게 된다. 그 근저에는 역사수업의 관건이 학생의 흥미 유발과 수업 참여 여부에 달렸다는 인식이 놓여 있다. 이런 문제의식에서 학생의 눈길을 끌 수 있는 새로운 학습 자료와 활동을 찾게 되고, 여러 사람의 공인된 '좋은' 수업 자료가 본인 수업에서 효과를 내지 못하면 당혹스러워진다. 더 미묘하고 숨겨진 '해법'과 '달인'의 지혜가 있을 것으로 기대하면서 수업 연구 모임을 두드리게 되는 것도 그 때문이다. 자신의 수업을 개선할 수 있는 실질적 해법을 추구하다 보면 기존의 역사수업 연구 결과는 만족스러움과는 거리가 멀다는 것을 인식하게 된다. 학생의 관심을 불러일으키는 수업이 무엇인지,

학생으로 하여금 역사에 대해 흥미를 느끼게 하고 인지적으로 자극을 받게 하며 새로운 역사적 문제에 호기심을 갖게 하는 수업이 무엇인지 실체를 규명할 필요가 있다.

이 책에서 기술한 분과 사례와 함께, 공동의 수업 연구와 성찰의 효과는 역사교과뿐 아니라 여러 교과에서 보고되었다. 역사수업의 중심과 비중이 학생보다 교사에게 있었다는 자기 성찰로부터, '학습자 중심'의 수업이라는 구호를 역사수업에 구현하기 위한 토대로서 본인의 경험과 역량이 미흡하다는 한계에 대한 인식이 분과의 출발점이 된 것이다. 분과는 학생의 학습을 최우선으로 하면서 환경, 생태, 인권 등과 같은 통합주제를 동 학년 교과 교사들과 공동으로 디자인해 학습자에게 적극적으로 다가가는 노력을 경주했다. 그럼에도 여전히 좋은 역사수업에 대한 풀리지 않는 갈증이 남아 있는 것을 분과 교사뿐 아니라 다른 역사 교사들에게서도 확인할 수 있었다. 따라서 학생에게 의미 있는 학습 결과로서 역사 이해를 중심적 목표로 설정하면서, 역사 이해를 구현할 수 있는 접근 방법으로서 사료 기반 학습의 중요성을 재발견했다.

나 교사: 사료 학습에 대한 의문이 많았음에도 불구하고 본 수업 연구에서 〔사료 학습을〕 고수한 이유는 사료를 비판적으로 읽으며 다양한 입장에 대해 두루 검토하고 결론에 이르는 작업이 역사수업만의 고유한 색깔이기 때문이다. 우리는 역사수업 고유의 내용과 관점이 사라지고 수업의 테크닉만 존재하는 수업 방법과는 거리를 두었다. 새로운 수업 모델이 나올 때마다 역사의 내용과 물리적으로만 결합되다 보니 그 연구 성과가 축적되기보다 새로운 모델만 일종의 유행처럼 번졌다 금세 사라지곤 했다. 학

생들이 수업 중 활발하게 움직이는 것이 〔역사를〕 역사적으로 사고하고 진지하게 성찰하는 것과 동일하지는 않다. 역사 교과의 논리와 체계를 가장 충실하게 반영할 수 있는 수업방법론에 대한 연구와 경험의 축적이 필요함을 절감했다. 이는 역사에서 신장해나가야 하는 요소들이 무엇인가에 대한 본질적 고민이 선행되어야 한다는 문제 제기와 닿아 있다.

한 연구자는 분과의 수업 연구가 "종래의 수업 방법 유형화"로 판단할 수 없고, 개론서에 실린 교수·학습론과 내용 구성의 기준으로 구분될 수 있는 유형의 것이 아님을 지적했다. 수업에서 가르칠 내용으로 어떤 역사적 사실(인물과 사건)을 선정하고, 이를 통해 역사 교사가 무엇을 가르치고자 의도했는가를 묻고 답하는 실행연구를 수행했다고 분과의 수업 연구를 평가한 것이다. 지금까지 분과의 역사수업 연구가 그린 궤적은 역사수업에 쓸 자료('사료') 발굴, '중심 질문' 구조화, '교과서 서사' 해체와 재구성에 집중되었다. 기존의 사료 학습이 교사의 설명을 사료 속에서 확인·구체화하려는 시도였다면, 분과의 사료 학습은 현재와 다른 과거의 맥락을 사료를 통해 이해하고, 그럼에도 남아 있을 수밖에 없는 '차이'를 이해하도록 인지적 도전과 협력적 아이디어 만들기와 같은 징검다리를 놓는 접근이다.

장기간에 걸친 분과의 한국사 수업 연구는 몇 가지 문제의식을 낳았다. 우선 역사 교사가 전달하려는 메시지를 보완하고, 설명의 효율성을 높이는 기제로서의 사료 찾기에서 벗어나보자는 것이다. 여기서 더 나아가, 시대와 사회와 역사에 대한 이해를 구조적이고 총체적으로 실현가능하도록 하는 중심 질문의 구조화에 집중할 필요가 있다. 마지막으로는,

'완결된 내용을 던져주는 서사'가 아니라 '함께 생각하게 하는 서사', '생각을 불러일으키는 서사'에 대한 고민을 남겼다.

교사 공동체 활동은 수업 고민을 풀어주는 해답이 아니라 함께 풀어가는 과정에서 의미를 증폭시켰다. 분과에서 공동으로 고안한 수업을 내가 대표로 우리 학교에서 실행하면서도, 공동책임을 지는 분과원들이 있어서 수업 공개의 부담이 적고, 수업 결과에 대한 비난과 평가의 시선으로부터 비교적 자유로울 수 있었다. 동시에 수업을 구상하고 수정하는 과정에서 공동으로 검토하고 다듬어지는 만큼, 나의 개성을 힘껏 발휘할 수 있는 자율성도 보장받아 각양각색의 수업 시도를 장려하는 분위기를 강조할 수 있었다.

앞으로 분과에서는 어떤 질문을 더 던지려 하는가? 교과서 서사의 해체적 읽기를 시도한 수업 연구는 고려시대의 일부 주제를 대상으로 이루어졌으나, 기존의 교육과정과 교과서 단원 구성 및 순서를 대체하고 재구조화하는 것을 넘어서 교과서 서사에 대한 본격적 비판과 해체적 읽기를 시도할 것을 시사했다. 분과의 고려시대 교수 · 학습 과정안과 수업 실행에 대한 후속 연구가 기대되는 이유다.

분과의 수업 연구는 여전히 더 좋은 자료와 사료를 찾고 여러 형식의 참고자료로 재구성하는 것에 주력할 것이다. 이는 어떤 역사를 가르칠 것인가, 어떤 역사적 이해를 학생들이 가지도록 할 것인가라는 지향점 속에서 '효율'이 아니라 '역사적 사고 과정'을 구현하는 방향에 서서 이루어질 것이다. 일례로, 분과원들은 **다 교사**가 역사동아리 행사로 발표한 '독립군가 제창 활동'에 대한 수업 연구를 경청했다. 이후 **라 교사**는 이를 수정 · 보완해 여러 교과가 함께 참여하는 교과통합형 학생 참여 프

역사수업, 함께 궁리하고 더불어 성장하다

로젝트 학습으로 재탄생시켰다. 이처럼 분과 교사 각각의 시도는 지류가 모여 큰 강물을 이루듯이 역사수업 연구를 풍성하게 하고 있다.

책을 마무리하며 몇 가지 제안을 하고자 한다. 학생과의 소통과 자신의 수업에 고민이 많은 교사라면, 함께 문제를 고심하고 해결책을 공동으로 만들어내고자 하는 의욕이 있는 교사라면, 동료 교사와 수업 고민이나 학생과의 불화에 대해 대화하기를 시도해보자. "제 수업은 보여줄게 없어요, 저는 잘 모르겠어요……" 하는 동료에게, 우리가 학생들이 선뜻 대답하지 못할 때 하는 반응 그대로 격려해줄 수 있다. "괜찮아요, 있는 그대로, 생각나는 대로 서로 말해보아요." 자신의 수업을 지적받고 평가의 대상으로 간주하게 되면서, 자신이 부족하다고 느끼는 한계 지점을 보여주기 힘들어 하는 불안한 상태 대신 있는 그대로 드러내고, 한 걸음 같이 나가도 안전하다고 느끼게 하는 것, 그것이 역사수업 연구공동체의 토대다.

나 교사: 개인적으로는 분과 모임은 제 수업을 조금씩 바꿀 수 있는 용기를 주는 터전이었습니다. 매번 우리 연구공동체에서 구상하는 것처럼 치밀한 수업을 진행할 수는 없지만 기존의 수업에서 벗어나 학생들과 고민하고, 읽고, 생각을 정리하는 시간을 조금씩 늘려가게 되었습니다. 해마다 새로운 아이들을 만나 교과서를 처음부터 다루지만 제 수업이 단 한 번도 똑같지 않은 것은 분과 모임이 제게 준 용기 덕분입니다. 아직 최적의 수업이 무엇인지는 구현해 보일 수는 없지만, 제가 변화를 멈추지 않고 다양한 시도를 할 수 있게 된 것만으로도 의미가 크다고 생각합니다.

교사들의 수업 연구공동체 구성과 수업 연구, 좋은 역사수업과 관련해 고민하는 교사들이 이 책을 다 읽은 이 시점에도 명확한 해답을 주지 않는 결론에 당혹스러워한다면, 분과 교사들은 이구동성으로 이렇게 말하고 싶다. "수업 '궁리'란 끝이 없으며, 우리 역시 답을 찾아가고 있는 중이다." 연구공동체를 구성해 한걸음씩 전진하는 과정과 방향을 확인하기 위해서는 이 책의 제일 첫 장으로 돌아가 다시 일독하기를 권한다.

부록

학습지 1	유관순 수형자기록표 수업

- 개요 및 학습지(중학교)

수업 개요			
중심 질문	3·1운동, 누구를 어떻게 기억하고 있는가?		
내용 요소	일제 강점기, 3·1운동, 독립운동가, 유관순		
주요 자료	1. 유관순 수형자기록표 2. 학습지	**(목표로 하는)** **역사적 사고력**	자료 분석 및 종합, 역사적 판단력
학습 활동			
도입	• 전시 학습 – 3·1운동의 배경과 전개 과정 • '3·1운동' 하면 떠오르는 인물을 메모지에 적어 칠판에 붙이고, 학생들이 제시한 인물들에 대해 이야기 나누기		
전개	1. 유관순 수형자기록표 원본을 칠판에 제시하고 알 수 있는 점, 궁금한 점 발표하기 2. 원본과 번역본을 비교하면서 유관순 수형자기록표 살펴보기(학습지) 3. 유관순 인물카드 만들기		
정리	• 유관순 인물카드 발표하고 전시하기		

3·1 운동, 누구를 어떻게 기억하고 있는가?

• 다음은 2018년 문화재로 지정된 일제감시대상 인물카드(≒독립운동가 수형자기록표) 중 하나이다.

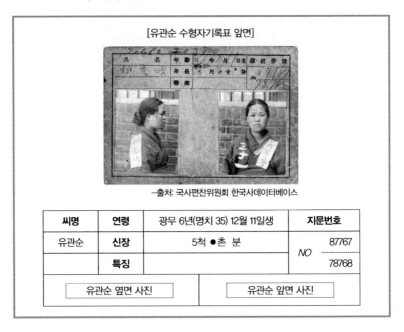

[유관순 수형자기록표 앞면]

—출처: 국사편찬위원회 한국사데이터베이스

씨명	연령	광무 6년(명치 35) 12월 11일생		지문번호
유관순	신장	5척 ●촌 분	NO	87767
	특징			78768
유관순 옆면 사진		유관순 앞면 사진		

1. 이 자료는 누가, 왜 작성한 것일까요?

2. 이 인물은 누구일까요?

3. 이 인물이 태어난 날이 광무 6년 12월 11일이면, 3·1 운동 당시 몇 살이었을까요?

4. 이 인물의 사진 속 입은 옷의 특징은 무엇인가요?

5. 이 사진을 찍을 때, 이 인물은 어떤 생각을 했을까요?

역사수업, 함께 궁리하고 더불어 성장하다

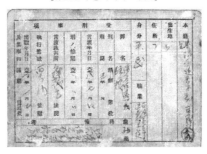

[유관순 수형자기록표 뒷면]

수형사항									신분	주소	출생지	본적
급기 사유	출옥 년월일	집행 감옥	언도 재판소	형의 시기	언도 년월일	형기	형명	죄명	평민	〃	〃	충청 남도 천안군 동면 용두리
										〃	〃	
										〃	〃	
										〃	〃	
만기 카출옥	대정 10년 1월 2일	서대문 감옥	경성 복심 법원	〃	대정 8년 7월 4일	3년 월	금고 징역	보안 법 위반, 소요	직업			
비고					전과				정동 여자 고등 보통 학교 생도			
주소지 천안군 동면 용두리 418 사촌 유경석 방					초범							

1. 이 인물의 주소와 직업은 무엇인가요? _____, _____

2. 이 인물은 보안법 위반죄, 소요죄로 체포되어 (금고, 징역) ( )년 벌을 받았다.

3. 이 자료가 일제에 의해 작성되었음을 알려주는 것은 무엇이 있을까요?

4. 이 인물이 갇혀 있던 감옥은 (   )이고, 현재 이곳의 이름은 (   )입니다.

5. 이 인물이 만기에 출옥하지 못하고, 1920년 9월 28일 감옥에서 숨을 거둔 이유를 찾아봅시다.

[독립운동가 인물카드]

※ 앞에서 본 '일제감시대상 인물카드'를 대신해, 이 인물의 독립운동가 인물카드를 만들어 봅시다.

1️⃣ 이 인물카드에 꼭 들어가야 할 내용을 정해봅시다.

   1) _____

   2) _____

   3) _____

2️⃣ 카드에 들어갈 내용을 조사해, 인물카드를 작성해봅시다.

3·1운동 대표자 선정 수업

- 개요 및 학습지(중학교)

수업 개요			
중심 질문	3·1운동을 대표하는 인물은 누구인가?		
내용 요소	일제 강점기, 3·1운동, 대표자 선정, 기억과 기념		
주요 자료	1. 독립운동가 활동 카드 2. 학습지	**(목표로 하는)** **역사적 사고력**	자료 분석 및 해석, 역사적 판단력
학습 활동			
도 입	• 전시 학습 – 독립운동가 활동 카드 함께 읽기		
전 개	1. 모둠별 3·1운동 대표자 선정 및 근거 발표하기 2. 대표 인물을 선정하는 기준 상세화하기 3. 대표 인물을 기념하는 방법 계획하기		
정 리	• 독립운동가 활동 카드의 인물 공개하기		

3 · 1 운동을 대표하는 인물은 누구인가?

학교 학년 반 번 이름 :

※ 4개의 활동 카드는 3·1 운동에 참여하셨던 분들의 일생을 정리한 것입니다.

1. 〔개인 과제〕 교과서와 지난 시간 학습지를 참고해 3·1 운동의 역사적 의미를 한 문장으로 정리해봅시다.

2. 〔개인 과제〕 다음 중 3·1 운동을 대표하는 인물 1명을 선정해봅시다.

  1) 내가 선정한 인물은 (A / B / C / D)입니다.

  2) 위 인물을 선정한 근거는 _____이다.

3. 〔모둠 과제〕 서로 상의해 3·1 운동을 대표하는 인물 1명을 선정해봅시다.

  1) 각자가 선정한 인물과 그 이유를 모둠원에게 말해봅시다.

  2) 우리 모둠이 선정한 인물은 (A / B / C / D)입니다.

  3) 위 인물을 선정한 근거를 적어봅시다.
   ①
   ②

역사수업, 함께 궁리하고 더불어 성장하다

4. 4개 활동 카드에 제시된 인물을 찾아봅시다.

　A :

　B :

　C :

　D :

5. 〔모둠 과제〕 우리 모둠에서 선정한 인물을 기념할 수 있는 방법을 생각해 봅시다.

　1) 〔예시: 이달의 독립운동가로 선정해 학급 게시판에 공유합니다〕

　2)

　3)

	당시 나이	60세	당시 활동지역	서울

A

주요 활동
- ○ 1894년 동학 농민 운동 2차 봉기에 참가
- ○ 1901~1903년 일본 · 상하이 등에서 망명생활
- ○ 1919년 2~3월 독립 선언서 제작 및 선언식을 주도적으로 이끌다가 체포됨
- ○ 1920년 3년형을 선고받고 복역 중 병보석으로 나옴
- ○ 1922년 병 치료 중 사망

	당시 나이	28세	당시 활동지역	서울

B

주요 활동
- ○ 1919년 2월 일본 유학 중 2 · 8 독립 선언 참가, 독립 선언서를 몰래 국내로 들여옴
- ○ 1919년 8월 군자금을 상하이 대한민국 임시 정부로 보내고, 독립 선언서 배부 등 활동
- ○ 1919년 11월 경찰에 체포되어 고문을 받다가 중병에 걸려 병보석으로 나옴
- ○ 1921년 8월 상하이로 가서 대한민국 임시 정부에서 활동
- ○ 1932년 귀국 후 신학 교사로 활동하다가 1944년 고문의 여독으로 사망

	당시 나이	38세	당시 활동지역	개성

C

주요 활동
- ○ 1912년 기독교 입문, 마리흠 여학교에 입학
- ○ 1919년 3 · 1 운동 때 독립 선언서 배포, 만세 운동에 참가, 체포 1년6개월 징역형
- ○ 1920년 3 · 1 운동 1주년 기념 옥중 만세 운동 전개
- ○ 1927~1931년 신간회 개성지회, 근우회 개성지회 활동
- ○ 1937년 유린보육원(우리나라 최초의 보육원) 운영 및 애국 계몽 운동 전개

	당시 나이	25세	당시 활동지역	서울, 수원

D

주요 활동
- ○ 1919년 2~3월 독립 선언서 제작과 운반, 독립 선언식 계획을 돕고, 서울의 만세 운동을 주도하고, 경찰의 추격을 피해 고향인 수원으로 피신해 만세 운동 계획
- ○ 1919년 4월 피신 중 제암리 학살 현장을 목격하고 기록으로 남김
- ○ 1927~1929년 신간회 경성(서울)지회 간부로 활동
- ○ 1930년대 천도교 간부로 활동
- ○ 해방 후 언론인, 정치인으로 활동

역사수업, 함께 궁리하고 더불어 성장하다

졸업식 만세 운동 역할극 수업

- 개요 및 학습지(초등학교)

수업 개요				
중심 질문	누가 3·1 운동에 참여했는가?			
내용 요소	일제 강점기, 3·1 운동, 독립운동가, 기억과 기념			
주요 자료	1. 매켄지의 졸업식 만세 운동 자료 2. 학습지	(목표로 하는) 역사적 사고력	자료 분석 및 해석, 역사적 상상력	
학습 활동				
도 입	• 전시 학습 – 유관순 수형자기록표 수업 • 1919년 당시 누가, 어떻게 3·1 운동에 참여했을지 상상해보고 표현해보기			
전 개	1. 매켄지의 졸업식 만세 운동 자료 읽기(학습지 3-1) 2. 졸업식 만세 운동 역할극 해 보기(교사용 안내글)			
정 리	• 3·1 운동에 참여했던 사람들에게 추모 글쓰기(학습지 3-2)			

누가 3 · 1 운동에 참여했는가?

학교　학년　반　번 이름 :

• 다음은 F. A. 매켄지가 쓴 《한국의 독립 운동》 중 일부이다.

> 3·1 운동 이후 학교 당국이 골치를 앓는 일은 학생들이 등교를 거부한 사태였다. 어느 큰 보통학교에서는 집집마다 연락하여 졸업식만이라도 참가해서 졸업증서를 받아가도록 간청을 하기도 하였다. 그 도시에 살고 있던 사람들이 들려준 이야기는 다음과 같다.
>
> 학생들의 시위가 수그러든 것처럼 보이자 수많은 관리와 저명한 일본인들이 참석한 가운데 졸업식이 시작되었다. 학교 당국의 애원에 자신의 뜻을 꺾은 듯 많은 학생들이 식장에 나타났다. 많은 학부모들도 자리를 채웠다. 각 학생들에게는 졸업증서가 수여되었다. 그런 다음 열두어 살쯤 된 학생 대표가 나와 학교 선생님들과 당국에 감사를 표하는 연설을 하였다. 그는 예의가 아주 몸에 배여 있었다. 절할 때마다 90도로 하였고 내빈들은 기분이 좋았다.
>
> 연설이 끝날 무렵, 학생 대표는 "저는 이제 이 말만은 하지 않을 수가 없습니다."라고 하였다. 그의 목소리가 달라졌다. 그는 몸을 똑바로 세우고 눈에는 결연한 빛을 보였다. 그는 지난 며칠 동안 자기가 하려는 말로 인해서 많은 사람들이 죽임을 당했다는 것을 잘 알고 있었다. "우리는 여러분께 한 가지를 더 부탁드리고자 합니다." 그는 겉옷 속에 손을 집어넣더니 갖고 있는 것 자체만으로도 죄가 되는 태극기를 끄집어내었다. 그는 태극기를 흔들면서 "우리나라를 돌려 달라! 대한 독립 만세"라고 울부짖었다.
>
> 모든 학생들이 자리를 박차고 일어섰다. 저마다 품속에서 태극기를 꺼내어 흔들며 만세를 드높이 불렀다. 그들은 기절초풍한 내빈들 앞에서 귀중한 졸업장을 찢어서 땅바닥에 던지고는 떼를 지어 밖으로 나갔다.

1. 언제, 어디에서 일어난 일인가요?

2. 어떤 사람들이 등장하나요?

3. 학생들은 품속에 무엇을 숨겨 두었나요?

4. 졸업식장에 참석한 학생들은 무엇을 했나요?

※ 학급 전체가 참여하는 3·1 운동 역할극 수업을 위한 안내글입니다.

(1) 시간적 배경: 1919년 3월 중순

(2) 공간적 배경: 어느 보통학교 졸업식장; 교실을 졸업식장으로 생각하고, 교실 배치를 아래와 같이 합니다.

> 칠판: 졸업식 무대 – 일장기,
> 축 졸업 등 축하 문구
> 교실 앞: 내빈석 – 의자 놓기
> 교탁: 연단
>
> 교실 학생 좌석: 졸업생들
>
> 교실 뒤: 일본인 교사 및 졸업생 가족, 외국인 취재기자

일제 강점기 보통학교 졸업증서(예시)

(3) 등장인물: 학급 전체가 참여합니다. 아래 등장인물을 맡을 학생을 정하고, 나머지 학생들은 모두 졸업생 역할을 합니다.
   : 졸업식 사회자, 학생 대표, 일본인 내빈과 교사, 졸업생, 졸업생 가족, 외국인 취재기자 등

(4) 소품 : 일장기, 태극기, 졸업장, 마이크 등

(5) 대본(예시): 등장인물과 대사 예시는 다음과 같습니다. 대사는 맡은 사람이 그 나름대로 바꿔서 할 수 있습니다.

① 사회자: 다음으로 졸업생 대표로 ○○○군의 연설이 있겠습니다.

② 학생 대표: 먼저 저희들이 졸업을 하기까지 열심히 가르쳐주신 선생님들과 여러 가지 지원을 해주신 학교에 감사를 드립니다. (90도로 인사하자 참석자들이 박수를 친다) 저는 이제 이 말만은 하지 않을 수가 없습니다. 우리는 여러분께 한 가지를 더 부탁드리고자 합니다. (품에서 태극기를 꺼내어 들고 흔들면서) 우리나라를 돌려 달라! 대한 독립 만세! 만세!

③ 졸업생: (품에서 태극기를 꺼내어 들고 일어나 흔들면서) 만세! 만세! 조선 만세!

④ 졸업생들은 졸업장을 찢어서 땅바닥에 던지고 대한 독립 만세를 외치며 졸업식장 밖으로 몰려 나간다.

⑤ 졸업생 가족들: 애들아, 그러다 다친다. 큰일 나. 같이 가자.

⑥ 일본인 교사 및 내빈: 이게 무슨 일입니까? 얼른 나가서 저 학생들을 잡아라.

⑦ 외국인 취재기자: 여기는 경성의 한 보통학교 졸업식장입니다. 지난 3월 1일의 사건 이후 조선의 독립을 요구하는 학생들의 시위가 계속되고 있습니다. 오늘은 어린 학생들이 졸업장을 찢고 태극기를 흔들며 만세를 외치는 일이 일어났습니다. 용감한 학생들을 만나 인터뷰를 해보도록 하겠습니다. 〔인터뷰를 진행합니다.〕

—출처: 독립기념관

1. 태극기를 꺼내들고 "만세"를 외치던 졸업식장의 학생들은 어떤 마음이었을까요?

_____

2. 학생들을 왜 졸업장을 찢어서 버렸을까요?

_____

3. 외국인 기자가 만세 운동에 참여한 이유를 묻는다면 나는 어떻게 대답할까요?

_____

※ 3 · 1 운동에 참여했지만, 이름도 남아 있지 않은 수많은 사람들이 있습니다.
우리가 알지 못하고, 기억하지 못하는 사람들에게 어떤 말을 해주고 싶나요?

안녕하세요?

_____

_____

_____

_____ 초등학교 _____ 올림

3 · 1 운동 민족대표 수업

- 개요 및 학습지(중학교)

수업 개요			
중심 질문	3 · 1운동은 누가 주도했는가?		
내용 요소	일제 강점기, 3 · 1운동, 민족대표, 3 · 1운동 수감자		
주요 자료	1. 민족기록화 2. 학습지	**(목표로 하는) 역사적 사고력**	자료 분석 및 해석, 역사적 판단력
학습 활동			
도입	• 전시 학습 – 3 · 1운동의 국내외 배경		
전개	1. 민족기록화와 민족대표 구성 자료를 읽고, 민족대표 활동 알아보기 2. 3 · 1운동 당시 피해 상황과 수감된 사람들의 직업 비율 살펴보기		
정리	• 3 · 1운동을 주도한 사람들에 대한 글쓰기		

3 · 1 운동은 누가 주도했는가?

학교 학년 반 번 이름 :

• 다음은 민족대표를 그린 민족기록화와 구성원들에 대한 자료이다.

—최대섭 작, 출처: 독립기념관

○ 천도교: 손병희, 이종일, 권병덕, 양한묵, 김완규, 홍기조, 홍병기, 나용환, 박준승, 나인협, 임예환, 이종훈, 권동진, 오세창, 최린(15명)
○ 기독교: 이승훈, 박희도, 오화영, 최성모, 이필주, 양전백, 이명룡, 유여대, 김병조, 길선주, 신홍식, 정춘수, 이갑성, 김창준, 박동완, 신석구(16명)
○ 불교: 한용운, 백용성(2명)

1. 독립 선언을 1919년 3월 1일 토요일에 하기로 한 이유는 무엇일까요?

2. 민족대표가 독립 선언을 한 장소는 어디인가요?

  이 장소로 정한 이유는 무엇인가?

3. 민족대표 33인은 어떤 분야의 사람들을 중심으로 구성되었나요?

4. 민족기록화를 볼 때 독립 선언에 참여한 민족대표는 모두 몇 명인가요?

5. 그날 독립 선언에 참여하지 못한 사람들이 있었습니다. 이들이 참여하지 못한 이유는 무엇일까요?

6. 민족대표의 독립 선언은 3·1 운동에 어떤 영향을 주었을까요?

역사수업, 함께 궁리하고 더불어 성장하다

• 다음은 3·1 운동 당시 수감된 사람들을 설명한 자료이다.

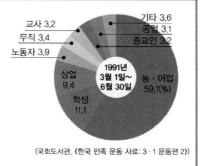

3·1 운동이 시작된 후 전국에서 1,500회 이상의 시위가 있었고 약 2,000,000명이 참가한 것으로 추산된다. 그중 일제에 의해 사망한 사람이 약 7,500여 명, 부상당한 사람이 약 16,000여 명, 체포되어 옥에 갇힌 사람이 약 47,000여 명이나 되었다. 불에 탄 집이 715채, 학교가 2개교, 교회가 47개소나 되었다.

(국회도서관, 《한국 민족 운동 사료: 3·1 운동편 2》)

1. 3·1 운동 당시 우리나라 전체 인구는 얼마였는지 찾아보자.

  3·1 운동은 얼마나 많은 사람이 참여했는가?

  이는 당시 전체 인구의 몇 퍼센트에 해당하는가?

2. 어떤 직업의 사람들이 3·1 운동으로 가장 많이 수감되었는가?

3. 3·1 운동으로 수감된 학생들에게 어떤 질문을 하고 싶은가요?

  1)

  2)

  3)

※ 3·1 운동 당시 어떤 사람들이 만세 운동을 주도했다고 생각하는지 자신의 생각과 그 이유를 적어봅시다.

_____

_____

_____

서희의 외교 협상 수업

- 개요 및 학습지(중학교)

수업 개요			
중심 질문	고려와 거란은 무엇을 서로 주고받았을까?		
내용 요소	거란의 1차 침입, 서희, 소손녕, 강동 6주		
주요 자료	1. 《고려사》 서희 열전 2. 학습지	**(목표로 하는) 역사적 사고력**	자료 분석 및 해석, 역사적 상상력, 역사적 판단력
학습 활동			
도 입	• 전시 학습 – 고려 전기의 통치 체제 정비		
전 개	1. 거란의 고려 침입 관련 고려사 사료 읽고 사실 확인하기 2. 고려와 거란의 뇌구조와 말풍선 채우고 발표하기		
정 리	• 고려와 거란의 외교 협상에 대해 자신의 생각 표현하기		

고려와 거란은 무엇을 서로 주고받았을까?

학교 학년 반 번 이름 :

1. 다음은 《고려사》 서희 열전에 실린 자료이다.

(가) 소손녕이 서희에게 말하기를 "당신의 나라는 옛 신라 땅에서 건국했고 고구려의 옛 땅은 우리나라(요)에 소속되었는데 어째서 당신들이 침범했는가? 또 우리나라와 가까운 데 바다를 건너 송을 섬기고 있는 까닭에 이번에 당신들의 나라를 정벌하러 온 것이다. 만일 우리에게 땅을 떼어 바치고 국교를 회복한다면 무사하리라"라고 했다.

(나) 서희가 말하기를 "그렇지 않다. 우리나라가 바로 고구려의 후계자이다. 그러므로 나라 이름을 고려라고 부르고 평양을 수도로 정했다. 그리고 경계를 가지고 말하면 귀국의 동경(東京)이 우리 국토 안에 들어와야 하겠는데 당신이 어떻게 침범했다는 말을 할 수 있겠는가? 또 압록강 안팎이 역시 우리 영역인데 이제 여진이 그 중간을 강제로 차지하고 있으면서 악질적인 행위와 간사스러운 태도를 보이며 오고 가는 길을 차단했으므로 바다를 건너기보다도 왕래하기 곤란한 형편이니 우리나라가 귀국과 국교가 통하지 못함은 여진의 탓이다. 여진을 몰아내고 우리의 옛 땅을 회복해 거기에 성을 쌓고 길을 통하게 된다면 어찌 거란과 국교를 통하지 않겠는가? 장군이 나의 의견을 귀국 임금에게 전달하기만 한다면 들어주지 않으실 리가 없다"라고 격양된 기색으로 당당하게 논박했다.

(다) 그래서 소손녕도 강요하지 못할 것을 알고 드디어 담판한 내용을 자기 나라에 보고했더니 거란 황제로부터 고려가 이미 화의를 요청했으니 그만 전쟁을 중단하라는 회답을 받게 되었다. (…) 서희가 고려의 지휘 본부로 돌아올 무렵에 소손녕은 낙타 10두, 말 100필, 양 1,000마리와 비단 500필을 예물로 보내주었다. 왕은 서희가 화의에 성공한 것을 알고 대단히 기뻐하며 강가에까지 나가서 맞아 서희를 맞았다.

1) (가)에서 소손녕은 고려에 어떤 요구를 했나요?

2) (나)에서 서희는 소손녕의 주장에 무엇이라고 응답했나요?

3) (나)에서 밑줄 친 '거기에 성을 쌓고 길을 통하게' 된 곳은 어디인가요?

4) (다)에서 서희와 소손녕의 협상을 들은 거란의 황제는 어떤 회답을 했을까요?

5) 고려와 거란이 각각 얻은 것을 각각 정리해봅시다.

고려	거란

2. 다음 뇌 구조도(고려, 거란) 안과, 각 나라 지도자의 생각을 말풍선 속에
   채워 봅시다.

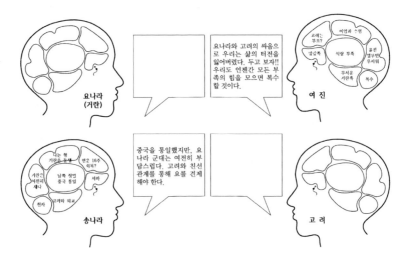

역사수업, 함께 궁리하고 더불어 성장하다

3. 고려와 거란 사이의 외교 담판의 어떤 모습이었나요? 우리가 배웠던 것 처럼, 서희의 담판으로 강동 6주를 획득한 것이었나요? 거란은 여전히 말 몇 마디에 자신의 땅을 내어준 국가였나요? 고려와 거란 사이에 주고 받은 것을 고려해, 당시 외교의 성격을 정의하고 이유를 적어봅시다.

당시 국가 간의 외교는 ＿＿＿＿＿＿＿이다.

그 이유는 ＿＿＿＿＿＿＿＿＿＿＿＿＿＿＿＿＿＿＿＿때문이다.

학습지 6	공민왕의 반원자주화 다시보기 수업

공민왕의 반원자주화 다시보기 수업
- 개요 및 학습지(중학교)

수업 개요			
중심 질문	공민왕은 왜 반원자주화를 추진했을까?		
내용 요소	원 간섭기, 기씨 일파 숙청, 쌍성총관부 설치		
주요 자료	1. 공민왕 개혁 관련 사료 2. 학습지	**(목표로 하는)** **역사적 사고력**	자료 분석 및 해석, 역사적 상상력, 역사적 판단력
학습 활동			
도 입	• 전시 학습 – 공민왕의 주요 정책 확인		
전 개	1. 영안왕 대부인 연회 자료 독해 및 자리 배치 관련 의견 말하기 2. 기씨 일파 숙청 관련 사료들을 통해 공민왕의 의도 파악하기		
정 리	• 반원자주화 정책의 목적에 대한 글쓰기		

공민왕은 왜 반원자주화를 추진했을까?

학교 학년 반 번 이름:

1. 왕이 되기 위한 공민왕의 노력을 살펴봅시다.

> 충정왕에 밀려 고려국왕에 오르지 못했던 왕기(공민왕)는 이후 고려 왕이 되기 위해
> ㉠노국대장공주와 혼인을 했고, 원나라 황태자(기황후의 아들)가 세운 단본당에 들어가
> ㉡황태자를 모시는 일을 한 적도 있었다.

  1) 원 간섭기에는 고려의 왕위 계승 순서를 결정하는 권한을 누가 갖고
     있었을까요?

  2) 왕기는 어떤 의도에서 밑줄 친 ㉠, ㉡과 같은 행동을 했을까요?
     ⇒ 고려의 국왕이 되기 위해 _____

2. 영안왕 대부인 생일잔치에 대한 자료입니다.

> 원나라에서 태자와 신하를 보내 영안왕 대부인(기황후의 어머니)을 위해 잔치를 열었
> 다. 노국대장공주와 원나라 태자는 북쪽에 앉고, 공민왕은 서쪽에, 영안왕 대부인은 동
> 쪽에 앉았다. 공민왕이 술을 부어 먼저 무릎을 꿇고 태자에게 드리니 태자가 서서 마시
> 고, 태자가 술을 부어 대부인에게 드리고, 다음에 공민왕과 노국대장공주에게 드렸다.

1) 네 사람(원 태자, 공민왕, 노국대장공주, 영안왕 대부인)의 자리를 표시해 봅시다.

[북]

[서]   [동]

[남]

2) 네 사람 중 공민왕의 서열은 (높은, 낮은) 편이다.

3) 공민왕은 2)의 상황에 대해 (만족, 불만족) 했을 것이다.

3. 다음은 공민왕대 연표이다.

시기	고려의 움직임	원나라의 움직임
1356년 5월	기철 무리가 반란을 꾀하다가 처형당함 공민왕의 명령으로 정동행성 이문소을 폐지함	
1356년 6월	원나라 연호 사용을 중지함	원이 고려 관리를 가두고 토벌하겠다고 공개적으로 밝힘
1356년 7월	공민왕의 명령으로 쌍성총관부를 함락시키고 땅을 되찾음	원나라 사신이 압록강까지 와서 최근의 사건에 대해 묻는 황제의 글을 전함

1) 공민왕이 기철을 처형한 이유를 추측해봅시다.

2) 공민왕이 추진한 일은 고려와 원의 관계를 (친밀, 대립)하게 만들었을 것이다.

역사수업, 함께 궁리하고 더불어 성장하다

3) 1356년 공민왕과 원 황제 사이에 주고받은 서신 내용입니다.

• 1356년 7월 (공민왕이) 고려 장수의 목을 베고, 원 황제에게 글을 보내었다. 그 내용은 기철의 반역으로 인해 어쩔 수 없이 그 일당을 처형하게 되었으며, 국경의 소란을 일으킨 장수를 처형했다는 것이었다.
• 1356년 10월 원 황제가 고려에 글을 보냈었다. 그 내용은 기철의 처형과 국경의 소란을 일으킨 점을 용서한다는 것이었다. (공민왕은) 황제의 너그러움에 감사하다는 글을 보냈다.

3-1) 공민왕은 원을 대하는 태도가 일관성이 있었나요?

3-2) 그렇게 생각한 이유는 무엇인가요?

4. 공민왕의 '반원자주화 정책'에 대한 나의 생각을 적어봅시다.

공민왕은 _____을/를 위해 반원자주화를 추진했다.

내가 그렇게 생각하는 이유는 _____ 때문이다.

[부록 2] 역사수업 연구 관련 참고도서

권의신 · 김동국 · 김철민 · 문재경 · 손언희 · 이수진, 양정현 감수, 《초등 역사 수업의 길
    잡이》, 책과함께, 2012.
김태웅 외, 《우리 역사, 어떻게 읽고 생각할까: 국사 자료 탐구활동 길잡이》, 아카넷,
    2014.
김한종, 《역사수업의 원리》, 책과함께, 2008.
김혁동 · 윤상준 · 이동배 · 임재일 · 주주자 · 최경철 · 황현정(교육정책디자인연구소),
    《교사 학습공동체: 나눔으로 행복하고 배움으로 성장하는》, 즐거운학교, 2017.
김현섭, 《수업 성장: 수업 성장을 위한 12가지 이야기》, 수업디자인연구소, 2016.
김현섭, 《질문이 살아있는 수업》, 한국협동학습센터, 2015.
김현섭, 《수업공동체: '수업연구실천모임' 어떻게 할까?》, 수업디자인연구소, 2018.
서근원, 《수업을 왜 하지?: 수업으로 읽는 우리 교육》, 우리교육, 2007.
손우정, 《배움의 공동체: 손우정 교수가 전하는 희망의 교실 혁명》, 해냄, 2012.
열사람의 한걸음, 《역사수업을 부탁해: 시민으로 기르는 역사수업》, 살림터, 2017.
유영식, 《(교육과정-수업-평가를 일체화하는) 과정중심평가》, 즐거운학교, 2017.
윤종배, 《나의 역사 수업: 교사를 위한 수업 이야기》, 역사넷, 2008.
윤종배, 《역사수업의 길을 묻다: 30년차 교사의 성찰, 그리고 진화의 수업기록》, 휴머니
    스트, 2018.
이관구, 《초등한국사! 진짜 역사수업을 말한다: 고정관념을 버리는 새로운 역사수업 만
    들기》, 즐거운학교, 2014.
이혁규 · 엄훈 · 심영택 · 신지혜 · 조용훈 · 정재찬 · 강성우 · 나귀수 · 김향정 · 정정인 ·
    김남수 · 황세영, 《수업 비평의 이론과 실제》, 교육공동체 벗, 2014.
이혁규, 《(누구나 경험하지만 누구도 잘 모르는) 수업: 이혁규의 교실수업 이야기》, 교
    육공동체 벗, 2013.
이혁규, 《수업, 비평을 만나다: 수업 비평으로 여는 수업 이야기》, 우리교육, 2007.
이혁규, 《한국의 교육 생태계》, 교육공동체 벗, 2015.
장성모 편저, 전영신 · 황상민 · 장주희 · 이은경 · 함정실, 《수업의 예술》, 교육과학사,

2006.

전국역사교사모임, 《(우리 아이들에게) 역사를 어떻게 가르칠 것인가》, 휴머니스트, 2002.

전국역사교사모임, 《역사, 무엇을 어떻게 가르칠까: 현장 교사들이 쓴 역사교육론》, 휴머니스트, 2008.

전국역사교사모임, 《역사교실: 역사에서 배우고 삶으로 가르치는》, 비아북, 2018.

천호성, 《수업 분석의 방법과 실제: 질적 연구 방법을 중심으로》, 학지사, 2008(제2판, 2014).

천호성 편저, 전수환·김미자·이병인·이동남·김현경·유승원·양미혜·김길수 공저, 《참여형 수업연구와 교사의 성장》, 학지사, 2014.

최용규 외, 《살아있는 역사수업: 초등교사를 위한 사회과 역사 수업 가이드》, 교육과학사, 2009.

한현미, 《더불어 읽기: 독서로 성장하는 교사 학습공동체》, 맘에드림, 2016.

사토 마나부 지음, 손우정 옮김, 《수업이 바뀌면 학교가 바뀐다: 배움이 있는 수업 만들기》, 에듀니티, 2011(개정판 2014).

Linda S. Levstik and Keith C. Barton, *Doing History: Investigating with Children in Elementary and Middle School*, New York, NY : Routledge, 2004(3rd edition).

　〔Linda S. Levstik·Keith C. Barton 지음, 배한극·송인주·주웅영 옮김, 《(초·중학교에서 학생들과 조사 연구하는) 역사하기》, 아카데미프레스, 2007〕

Keith C. Barton and Linda S. Levstik, *Teaching History for the Common Good*, New York, NY: Routledge, 2004.

　〔키쓰 바튼·린다 렙스틱, 김진아 옮김, 《역사는 왜 가르쳐야 하는가: 민주시민을 키우는 새로운 역사교육》, 역사비평, 2017〕

Sam Wineburg, *Historical Thinking and Other Unnatural Acts: Charting the Future of Teaching the Past*, Philadelphia: Temple University Press, 2001.

　〔샘 와인버그, 한철호 옮김, 《역사적 사고와 역사교육》, 책과함께, 2006〕

Sam Wineburg, Daisy Martin and Chauncey Monte-Sano, *Reading Like a Historian: Teaching Literacy in Middle and High School History Classrooms*, New York: Teachers College Press, 2011.

공민왕의 반원자주화 다시보기 수업

참가자 이 교사, 김 교사, 윤 교사, 정 교사, 이(R) 교사, 송 교사
일시 2017년 10월 13일(금) 14:40~16:10
장소 경기도 군포시 Y중학교 도서실

김 오늘 수업 관찰 부분을 얘기 나누도록 하지요. 먼저 이 선생님, 오늘 의도하신 바와 실제 수업에 대해 소감을 말씀해주세요.

이 새로 옮긴 학교 아이들은 학습력이 부족해서 질문을 세부적이고 구체적으로 물을까 했었는데, 윤 선생님 김 선생님 피드백을 받아서 수정했고, 역시 학생들 수업해보니까 질문이 좀 더 정교해진 것 같아요. 1-2)의 답이 잘 나오지 않아서, 아예 [학습지에] "고려의 왕이 되기 위해서" 무엇을 했는지 질문을 수정했어요. 저희반 아이들은 답변이 생각보다 잘 나왔어요. '지지'라는 말이 학생들을 통해서 나오면서 잘됐어요. [영안왕 대부인 연회] 자리 배치하는 다른 반이랑 수업할 때도 잘됐어요. 2-4)의 답이 잘 안 나와서 제가 얘기해버리니까 싱겁게 끝나더라구요. 그래서 얘기하지 말아야지 했는데, 다른 반에서 없었던 다양한 가능성들을 보여주었어요. 그 잔칫날 와중에 공민왕이 위협을 느꼈다는 이명미[선생님]의 논문을 읽으면서 생각이 들었던 것인데 아이들의 답변을 통해 더 풍부해졌어요. 3번은 아이들이 미처 몰랐던 것에 대해 생각해보라고 했는데 다른 반에 비해 창○이라는 아이가 [답을]

던져줘서 예상했던 것보다는 진보다는, 만족스러운 수업이 된 것 같아요.

저기 끝에 호○이, 진○이는 수업시간에 그림같이 앉아 있어요. 역사에 관심 없는 아이랑 관심이 있는 경우를 같이 앉도록 했는데, 잘 진행이 된 모둠도 있었고 잘 안된 모둠도 있었어요. 성○이네 모둠은 자기랑 얘기가 통하는 혜○이랑 얘기만 해서 잘 안되었는데, 창○이네 모둠 등등은 잘되었어요.

'역사가처럼 생각하기'에서 무엇인가에 대해 제 나름대로 정리가 됐구요, 열두 편의 논문을 읽으면서 약간 혼란스러웠는데 제가 나름 설득이 있다고 생각하는 논문을 반영해, 공민왕이 왕권의 위기를 느꼈고 반원자주화가 명분을 가지고 진행되었다기보다, 공민왕의 [개혁정치] 의도를 파악하기 위한 것에 중점을 두었는데, 아이들이 잘 따라왔다고 생각합니다.

김 몇 번의 수정을 거쳤지만 오늘 수업을 하고 나서 잘된 부분이 있지만 발문의 선후의 문제라든가 수정을 하고 싶은 부분이 있다면 무엇이 있을까요?

이 그 부분이 머리에 들어 있어요. 1-2)와 2-4)의 발문을 어떻게 바꾸면 좋을까 생각했는데, 발문으로 해결이 되지 않는다고 생각했어요. 왜냐하면 교과서에서 공민왕 반원자주화 정책이 여기저기 나와서 그런데 거기서 '왜'를 생각하도록 했어요. 아이들이 1-2)와 2-4)의 답변이 피상적으로 나와요. 그런데 '왜' 그렇게 했을까를 생각하도록 했어요.

김 학생 반응을 중점적으로 보셨던 선생님들께서 관찰한 내용을 얘기주시면 좋겠습니다.

이(R) 사료 봉투가 있고 색깔별로 넣었던 것은 좋은 아이디어 같았습니다. 반장이었던 김광○ 학생이 읽어주고 여학생들이 안 보인다고 하니까 책상에 내려놓고 읽어주었어요. 아이들은 선생님이 의도했던 지지를 써놓지는 않았었는데, 마치 숨겨둔 것 같았어요. 오늘 수업 중에 뭐가 제일 기억에 남느냐고 물었더니 자기가 답변을 했던 '원의 지지'가 기억에 남는다고 했어요. 김광○ 학생이 원에 불만족스러웠다고 해서 제가 옆에서 도와줬더니 술 따르는 모습을 정리해가면서 표시하더라구요. 하나 더 말씀드리면 3-3) 원나라의 답변이 미공개 상태로 있었는데, 배움에서 점프가 이루어진 것이 그 단계였다고 보입니다. 그러면 3번에 대해서 써봐 했더니 반장이었던 친구는 당연히 원나라에서 군대를 보냈을 것이다 했는데, 창○이가 얘기해서 반전이었는데, 원명교체기를 알아서 거기서 배움의 지점이 가장 컸다고 생각합니다.

송 애들이 계속 발산이 되니까 많은 얘기가 나와요. 너무 집중을 하고 계속 파고드는 모습을 보면서 "애들이 왜 이렇게 훌륭하지?" 하고 생각하고 있었어요. 좋은 자료가 있으면 역사적 상상력, 감정이입, 역사적 판단력 등이 다 구현되지 않나 하는 생각이 들었어요. 특히 다○이네 조는 넷이 거의 비슷했고 알아서 잘 진행이 되었구요. 소○이네 조는 선생님 때문에 고려왕이 되기 위해 공민왕은 무엇을 했을까 문제에서 애들이 당황했어요. 거기서 혜○이가 이탈을 했어요. 이 답도 충분했어요. 다 안다는 전제에서 아이들 입장에서 어려웠던 것 같아요. 그게 좀 아쉬웠어요. 저것도 답이 되는 건데 그 이전 수업에서는 어떻게 했다고 하셨지요?

이 단서를 아무것도 주지 않았더니 "고려왕이 되려고"라고 답이 나와서……. 한 단계 높이 들어가기 위해 질문을 바꿨는데요. 진○이라는 아이가 오늘 받아 적기만 했는데, 그게 가장 잘한 거구요. 진○이랑 비슷한 아이가 혜○인데 아이가 어떻게 하면 수업을 참여하게 할까가 고민입니다.

김 그럼, 수업 시나리오의 수정과 전개에 대해 총평과 하시고 싶은 말씀 해주세요.

윤 8월이 되기 전부터 있었던 얘기를 복기를 하면서 연회 장면이 뜨거웠다는 것이 수업의 완성도를 떨어뜨리는 요인이 되기도 했다고 봐요. [학생들의 열기가] 달아오르는 만큼 수업을 정리하기 힘들었거든요. 그나마도 한 녀석이 수업 자료를 꺼내면서 마무리를 할 수 있었는데, 수업의 제목을 단다면 '에피소드가 수업의 내러티브[주요 메시지]를 앞지른 수업'이랄까요? 공민왕의 반원자주 정책의 의도 혹은 실체 알기가 핵심인데, 시간적으로나 비중으로 보나 학생들의 반응이나 선생님의 발문 등에서 연회 장면에 몰입을 해서 끝까지 집중할 수 있었는데, 에피소드가 내러티브를 휘청거리게 하기도 하고 살리기도 했어요.

우리가 두 달 전부터 얘기했던 3번을 살릴 방법은 없었을까? 선생님이 일곱 차례 이상 "공민왕의 기분이 나쁘다" 그 말은 군왕의 행동이나 정책을 국가의 명운을 좌우하고 자신의 자리가 위태할 수 있는 마치 사적인 복수를 하는 것처럼 기철 일파를, 영안왕 대부인에 대한 사료가 그런 영향을 주지 않았나. 최소한 군왕이 내세우는 대의명분 그런 게 있다면 공민왕의 즉위교서 25항 중에 왕권을 강화하고 공고히 하는 것 등 아이들이 해석을 하게 다리를 하나 놔주거나 공물·공녀 등 나라가 망해가고 있는 것을 제기해서 이런 문제를 해결하고 싶다는, 여기 나오는 것처럼 정동행성 이문소 등의 문제점이 나왔다면 좋지 않았을까 생각했는데, 뒷북치는 게 아니었을까 하는 생각이 들었는데, 우리가 수정을 해야 하는 부분이라고 생각. 술 마시는 것에 대해 선생님이 얘기를 해주시니까 아이들이 이해를 하더라구요. 적절한 개입을 하지 않았으면 아이들이 엉뚱한 데서 분통을 터뜨리지 않았을까.

그다음에 2-4)에 대해 제가 본 모둠은 단번에 왕권강화가 나왔어요. 왕권강화가 원하는 답이잖아요. 저 같으면 그렇게 인정하고 간단히 언급하고 3번으로 갔을 텐데. 선생님은 지도안의 호흡대로 아이들을 계속 탐구하도록 하셨어요. 둘 다 의미가 있다고 생각해요. 2번을 하면서 생긴 활기가 있어서 그냥 넘기기는 어려웠을 수도 있었을 텐데. 여기가 수업 내러티브의 중요한 길목이 아니었나 하는 생각이 들었어요.

김 각각의 장면들에 대한 이름까지 붙여주셨는데요. 에피소드가 폭발력이 있었다는 것은 학생들이 충분히 몰입할 수 있었던 흥미가 있었다는 것인데, 장면이나 사료 등 그 가치를 살펴보아야 하지만요. 선생님의 의도가 무엇인가에 따라 학생들의 참여라는 부분은 폭발력이 있었기 때문에 좋은 수업이라고 볼 수 있는지 그 부분에 대해 선생님의 평가가 있어야 할 것 같습니다.

정 이 선생님과 학생들의 상호작용이 어땠는지를 봤는데 전체 응답, 개별 응답, 모둠별 응답 형태가 있었는데, 선생님이 질문을 하면 학생들이 적극적으로 대답했어요. 오늘 상호작용이 활발하게 잘되었다고 생각이 들었구요. 제가 유심히 본 것은 선생님이 원하는 답이 나올 때까지 질문을 계속 하시는 거예요. 애들이 답변을 하면 부연설명을 하면서 의도하는 단어나 용어가 나올 때까지 노력을 하셨는데, 그 부분이 좋기도 했지만 시간이 많이 들어서 수업 계획에 앞부분에 많은 시간을 할애하게 된 것 같습니다. 하지만 아이들은 그렇게 진행되는 수업 방식을 상당히 재미있어 했고, 끝나고 집에 가면서 자기들끼리 "그래도 오늘 수업 재미있지 않았어?" 얘기를 하더라구요. 아이들이 선생님의 내러티브와 사료에 흠뻑 빠져서 수업을 했어요.

거기 현○이, 혜○이, 진○이, 상○이, 호○이 모둠에서 진○이가 수업에 참여 안 하는 아이라고 했는데 조용히 친구들 얘기 들으면서 학습지에 답도 적어 넣으면서 잘 참여했구요. 아이들이 얘기를 하다 '지지'라는 말이 나왔는데, 지지를 어떻게 표현해야 할지 고민하면서 '지지를 받는다', '지지를 얻기 위해'라고 문장을 만들고 유레카를 외치는 모습을 보았어요. 선생님이 모둠별로 돌아다니면서 아이들의 활동을 점검하고 격려하고 아이들의 답변을 눈을 보고 듣고 칭찬을 해주고, 아이들에게 스킨십도 해주고, 참 좋았어요. 아이들은 자신이 답을 하는 것에 대한 부담감이 별로 없이 참여할 수 있는 허용적인 수업이었던 것 같아요.

연회에 대한 사료가 여러 가지 이야기가 나올 수 있는 좋은 자료였던 것 같아요. 저희 조에서는 기철 얘기가 나왔는데, 왜 기철은 없지? 하고 질문이 나왔다가 기철이 자기 엄마 생신에 참여하지 않았을 리는 없으니까 참여했는데, 사료에 나오지 않은 것이다라는 의견과, 기철이 참여를 하지 않았을 수도 있다는 의견이 나왔어요. 이 사료에 대한 사전 지식이 없으니까 사고가 열리게 되어 선생님의 질문에 따라가다가 전혀 생각지 못한 엉뚱한 데에 꽂혀서 자기들끼리 얘기를 하는, 되게 중앙 집중과 분산이 느껴지는 수업이었어요. 그리고 A, B, C, D가 다 나오고, 핵심은 원의 질서인데, 아이들이 답을 쓸 때 공민왕이 주체가 되지 않고 주체가 원이 되어서 원에 반역을 했을 것이다 등 적절한 용어가 생각이 안 나는 거예요. 그래서 그런 학생들의 반응 지점들을 고려해서 이 사료를 좀 더 학습지로 잘 만들어서 다양한 사람들의 각도에서 바라보면서도 우리가 봐야 되는 역사적인 지점을 부각시키면 좋을 것 같아요.

김 수업의 한 면만 보았는데, 긴 시간 동안 준비했던 대로 반원자주화 프레임에서 벗어나서 했으면 좋겠지만 선생님이 말씀하셨던 대로 선생님이 의도하셨던 부분에서 달성이 되셨다 생각하는 부분과 그렇지 않은 부분도 있었을 거예요. 특히 역사적인 사고에서 2번과 4번을 어려워한다는 점은 학생 반응을 보면 아이들이 질문 자체를 이해를 못하는 것 같더라구요. 아이들이 그것과 관련된 행동을 적더라구요. 거기에서 선생님이 그것을 묶어서 무엇이라고 할 수 있을까라고 물었으면 좋았을 것 같아요. 사실 아는 아이들은 왕권강화나 반원자주화 둘 중에 하나면 대답하면 답이 돼요. 그걸 모르는 아이들이 왕권강화나 반원 그 뭐지 하고 묻는 거지. 제가 생각하기에 이 수업에서 아이들이 가져갔을 것은 사료를 읽으면서 자신들이 상상했던 것을 말해보는 것, 그리고 또 하나는 선생님이 사료를 읽어가는 모델링. 창○이가 잘 얘기했다고 오해를 하시지만 사실 그렇지 않았어요. 황제의 글에 대해서 공민왕이 어떻게 답을 했을까. 학습지의 글만 읽었을 때는 성의 없이 답변했어요, '배 째라야……' 사료를 보지 않았을 때는 "그럼, 군대 파견 하고 싸우자" "어이없지" 등등 학생들이 발산이 되었는데, 이게 답으로 끝나는 게 아니라 선생님이 사료를 읽으면서 톤이라든가 맥락을 넣어서 읽는데, '어쩔 ~ 수 없이'를 그렇게 읽으니까 받아들이게 되는 거예요.

'지지'는 우리 조에서도 나왔어요. 뭐가 문제냐면 주체나 문장이나 이런 걸로 완성을 못 시키더라구요. 지지와 원이라는 질서 속에서 움직이게 되는 것은 실마리를 얻었는데, 아주 흥미로운 부분들이 사료를 통해서 나왔는데, 그게 얼마만큼의 힘을 가지고 있는가라는 점을 상대화시킬 수 있는 지점을 찾아보는 게 좋을 듯 했어요. 3번은 시간이 없어서이기도 하지만 학생들은 이해를 못했어요. 공민왕이 황제의 글에 대해서 어떻게 답했을까? 그랬을 때는 선생님의 반응을 봤을 때는 공민왕의 태도를 정리하는 것이었던 것 같아요. 그럴 경우에는 공민왕이 어떤 방식과 태도로 자신의 행동을 설명했는가에 대해 구체적으로 물어보셔야 하지 않았을까. 그러고 나서는 아이들이 자신들의 방식으로 읽으면서 그래도 아이들과 선생님과 읽기가 다르다는 점 고려해야 할 것 같아요.

이 여기서 제 의견을 말씀드리자면 다른 반을 할 때는 3번 연표를 같이 읽고 문제는 3번을 읽는 과정에서 아이들이 많이 이탈을 했어요. 1)은 바로 나오는데, 2)부터는 아이들이 못 따라와서 송 선생님이 말씀하신 대로 2차시로 가야겠다고 생각이 들었어요. 그리고 안 배운 상태에서는 수업을 하기 어렵다. 공민왕 갖고 3차시를 해야 되는 상황이다. 선생님이 말씀하신 대로 2차시로 가야 되는 수업이구나. 보통 공민왕의 반원개혁을 한 차시로 혹 가는데, 중학교 학생들 이해 수준에서는 어렵다고 생각이 들더라구요. 안 배운 상황에서는 수업이 어려워서 공민왕 갖고 3차시를 해야 해서 지금과 같은 상황에서는 교과 진도가 어렵구요. 사실은 아이들이 사료를 읽는 연습이 안 되어 있어서 생각이 들었어요. 윤 선생님이 공민왕의 즉위교서를 좀 집어넣는 것이 어떻겠느냐는 조언을 주셨는데, 반영하지 못했던 것은 아무리 줄여도 한 장에 들어가야 하고 아이들이 이 내용을 이해하기 어려울 것 같아서 반영하기 어려웠어요.

김 선생님의 수업은 한 차시였는데, 사전과 이후의 내용까지 하면 밤을 새워도 모자랄 것 같습니다. 수업의 의도를 알고 얘기한 것도 있고 각자의 수업에서 어떻게 할 것인지에 대한 많은 아이디어들을 얻은 것 같습니다. 저희가 역사교과다 보니까 말들이 많은 것 같습니다. 하하. 이 선생님, 오늘 수고 많으셨구요, 다음 분과 모임에서 좀 더 깊이 있게 논의하기로 하고, 뒤풀이 갈까요?

단계	소요 시간	활동 (사회자가 전체 그룹에 읽어줍니다)	비고	확인
1. 역할 배분	2분	• 수업 대화에서 맡을 역할을 정합니다. • 필요한 역할은 수업담당(교강사), 사회자, 시간 확인 담당자, 과정 확인 담당자 등입니다.	• 교강사(presenter) • 사회자(facilitator) • 시간 확인 담당자 (Time – keeper) • 과정 확인 담당자 (process – checker)	
2. 도입	3분	• 사회자는 간략히 수업 대화와 프로토콜의 목적·절차·일정 등을 소개합니다.	(가능하면 참가자 소개)	
3. 교강사 발표	8분	• 해당 수업의 역사교육 과정상 위치, 교수·학습 과정을 소개합니다. • 학생에 대한 정보(선호도, 학교와 지역의 특징, 학기 중 시점)와 함께 학습목표와 이를 달성하기 위해 제시한 과제나 발문 등을 공유합니다. • 학생의 학습 결과 사례를 제시합니다. • 특별히 (논의하고 싶은) 당면 문제나 딜레마를 제시합니다.	• 참가자들은 질문 없이 조용히 경청합니다.	
4. 사실 관계 질문	5분	• 참가자들이 '사실'관계를 묻는 질문을 합니다.	• 교강사 발표에서 빠진 부분을 묻거나, 학생 학습결과를 이해하는 데 도움이 되는 맥락을 '사실' 위주로 묻습니다.	
4 – 1. 학생 활동 검토	15분	• 참가자들은 조용히, 학생들 학습 결과를 학습목표와 교강사의 '문제'에 비추어 검토합니다.	• 선택 • 교강사는 질문 없이 조용히 경청합니다.	

단계	소요 시간	활동 (사회자가 전체 그룹에 읽어줍니다)	비고	확인
4-2. 피드백 고심	2~3분	• 어떤 피드백을 할 것인지 생각하는 시간을 갖습니다.	• 참가자들과 교강사 모두 조용히 생각하는 시간을 갖습니다.	선택
5. 피드백	15분	• 참가자들은 피드백을 공유하고, 교강사는 조용히 경청합니다. • 몇 분간 따뜻한(warm) 조언으로부터 시작해서, 반성적 질문을 수반한 냉철한(cool) 피드백의 과정을 갖습니다.	• 웜 피드백: 학습목표 성취를 위해 수정·보완되어야 하는 지점 조언 • 쿨 피드백: 분절적이고, 문제가 되는 과제들을 수정·보완하는 조언	
5-1. 심화	5분	• 교강사와 참가자 모두 새로운 질문과 방향		선택
6. 성찰	5분	• 교강사는 참가자들의 코멘트와 질문에 대해 답한다. 이는 방어가 아니라 흥미로운 질문과 제안에 대해 반응하는 것이다.	• 사회자는 집중과 명료한 논의가 필요할 때 개입할 수 있다.	
7. 요약	5분	• 사회자의 주도로 수업 대화 전반을 간략히 살펴본다.		

[부록 5] 역사수업연구분과가 걸어온 길

연도	활동
2009	• 역사교육 연구자와 현장 교사 8인이 모여 일상적 수업 논의를 지향하는 '역사수업비평분과'라는 이름으로 시작함(2. 26) • 월 1회 혜화동 역사교육연구소에서 모임을 갖기로 함 • 수업 연구 자료집 제작과 현장 수업 사례 검토
2010	• '역사수업연구분과'로 명칭을 변경함 • 청주교육대학 교육연구원과 교류 • 이혁규(청주교대), 김한종(한국교원대) 선생님과 간담회 • 이종대 · 이동욱 · 윤종배 선생님 공개수업 참관, 수업 동영상 전사 및 분석 • '수업을 어떻게 볼까'를 주제로 첫 분과발표회를 가짐(6. 25)
2011	• 연간 답사로 일환으로 부산 답사행 • 역사교육 연구자와의 간담회(양정현) • 윤종배 1학기 역사수업 공개 및 촬영, 분과원들의 장기 수업 관찰 • 배움의 공동체 수업의 영향을 받아 '학생의 시선으로 수업 보기' 연구하고 분과발표회를 가짐(12.10)
2012	• 수업연구를 심화할 자료를 목록화하고 논문을 발제함 • 윤종배 수업 공개 • 역사교육 연구자와의 간담회(박주현)
2013	• 연간 답사의 일환으로 울산 답사행 • 역사교육 연구자와의 간담회(이미미) • 주교재로 와인버그 등이 쓴 《역사가처럼 읽기》를 함께 읽고, 수업 시나리오를 구성함 • "'3 · 1 운동'을 역사가처럼 읽고 생각하기: 수업 구성 원칙과 사례"라는 주제로 분과발표회(12. 14)를 가짐
2014	• 연간 답사의 일환으로 남한산성, 수원 화성 답사행 • 3 · 1 운동 공개수업(이은주, 이춘산, 정미란) 참관 및 수업 연구
2015	• 연간 답사의 일환으로 독립기념관 전시 관람 및 관계자와의 간담회 • 역사교육연구소 이전에 따라 분과 모임도 제기동 사무실에서 가짐 • 한국사 연구자 초청 간담회(강종훈, 최종석, 노대환) • "3 · 1 운동 수업: '누가 주도했는가?'에서 '누가 참여했는가?'"라는 주제로 분과발표회를 가짐(7.10) • "수업 디자인하기"라는 주제로 전국역사교사모임의 교사 직무연수 강의자로 참여

연도	활동
2016	• 연간 답사의 일환으로 파주·고양 일대의 고려 유적지 답사 • 한국의 전근대사 중 고려시대를 연구 주제로 선정하고, 10개 정도의 수업 주제를 통해 고려시대의 서사 및 내러티브를 재해석하고자 했음
2017	• 고려시대 공개 수업(이은주, 송치중) 참관 및 수업 연구 • 2017 세계수업연구학회 국제학술대회(일본 나고야, 나고야대학)에서 "Collaborative learning to teach students to think historically 'the March 1st movement in 1919'" 포스터 발표 • "고려시대 어떻게 가르칠 것인가?"라는 주제로 분과발표회(12. 9)를 가짐
2018	• 연간 답사로 일환으로 인천 답사행 • 한국사 연구자 초청 간담회(정요근) • 고려사 개설서 및 논문 발제와 고려시대 교수·학습 과정안 개발 • 2018 세계수업연구학회 국제학술대회(중국 베이징, 베이징사범대학)에서 "Collaborative lesson study on deconstructing 'textbook narratives' in Korean history classes" 포스터 발표 • 2018 역사교육 전문가 심포지엄 〈3.1운동 100주년 기념 – 화해와 공감을 위한 역사교육〉에서 3·1 운동 수업 사례 발표(서울, 국립중앙박물관)
2019	• 연간 답사의 일환으로, 국립중앙박물관의 〈대고려전〉 관람(1. 20) • 한국사 연구자 초청 간담회(최연식) • 부산수업연구모임(양정현)과 간담회(2. 22)

역사교육연구소

연구와 수업 실천이 만나는 곳, 역사학과 역사교육 연구가 하나 되는 곳, 현장에 뿌리를 둔 역사교육 연구가 상시적으로 이루어지는 곳을 지향하며 2009년 4월에 문을 연 역사교육 전문 연구소다. 역사수업연구분과를 비롯해 여러 분과가 활동하면서 프로젝트 연구를 하거나, 교사 대상 특강, 연수, 분과발표회를 열고 있다. 매년 3월에 정기회보 《역사와 교육》, 9월에 소식지 《사발통문》을 발행하고 있다. 펴낸 책으로는 《어린이들의 한국사: 오천 년 우리 역사 속 친구들의 이야기》(2015), 《우리 역사교육의 역사: 고대부터 현대까지 한국 역사교육이 걸어온 길》(2015) 등이 있다.

역사수업연구분과

2009년 2월, 역사교육연구소 창립보다 먼저 구성되어 현재까지 월 1회 정기모임과, 연 1회 이상의 답사를 통해 지속적으로 만나고 있다. 초, 중, 고, 대학을 아우르며 현장교사와 연구자가 함께, 역사를 역사답게 가르치기 위한 내용과 방법을 궁리하고자 구성했다. 기존의 역사 서사를 성찰적으로 바라보고, 수업 기획 단계부터 함께 논의해 공동으로 교수·학습 과정안을 만들고, 이를 실행하며, 수업 속에서 나타난 다양한 현상을 음미하고 분석해 한 차원 높은 수업 궁리를 대중적으로 제안하고자 한다. 3·1 운동에 대한 다양한 수업 시나리오를 개발했고, 2016년부터 고려시대를 밀도 있게 재구성하는 연구를 진행해 교사 연수와 특강, 연구 논문, 학회 발표 등으로 연구 성과를 공유하고 있다.

역사수업, 함께 궁리하고 더불어 성장하다

필자 소개(차례순)

김민정

서울대학교 사범대학 역사교육과를 졸업하고, 피츠버그대학교(University of Pittsburgh)에서 박사학위를 받았다. 한국교육과정평가원 부연구위원을 거쳐, 서강대학교 교육대학원에서 역사교육전공 학생들을 가르치고 있다. 함께 지은 책으로는 《한일 역사과 교육과정 비교연구》(2010), 《역사과 평가의 이론과 실제》(2012) 등이 있다.

윤종배

서울대학교 사범대학 역사교육과를 졸업하고, 현재 서울 중평중학교에서 수석교사로 재직하고 있다. 학생의 배움이 살아 있는 역사수업을 꿈꾸면서 《5교시 국사시간》(2000), 《나의 역사수업: 교사를 위한 수업 이야기》(2008), 《역사수업의 길을 묻다: 30년차 교사의 성찰, 그리고 진화의 수업기록》(2018)을 지었으며, 《살아있는 한국사 교과서》(2002), 《살아있는 세계사 교과서》(2005) 집필에도 참여했다.

정미란

서울교육대학교를 졸업하고, 서울대학교 사범대학 역사교육과 박사과정을 수료했다. 현재 서울초당초등학교에서 학생들을 가르치고 있다. 함께 지은 책으로 《한국 역사교육의 연구동향》(2011), 《어린이들의 한국사: 오천 년 우리 역사 속 친구들의 이야기》(2015), 《역사교실, 역사에서 배우고 삶으로 가르치는》(2018) 등이 있다.

이춘산

서울대학교 사범대학 역사교육과를 졸업하고, 현재 서울 오산중학교에서 역사를 가르치고 있다. 학생들에게 배움의 즐거움을 줄 수 있는 역사수업을 고민하며, 서울시교육청의 수업컨설팅지원단으로 활동하고 있다. 함께 지은 책으로 《빅히스토리 13: 도시와 국가를 발전시킨 원동력은 무엇일까?》 (2015) 등이 있다.

송치중

동국대학교 역사교육과를 졸업하고, 동 대학원 역사교육학 박사과정에 재학 중이다. 현재 서울 도선고등학교에서 역사를 가르치고 있다. 집필한 책으로는 중학교 《역사 1, 2》(공저, 2013), 《아프리카의 독립과 민주화》(2013), 《(역사 교과서 집필진이 쉽게 풀어 주는) 술술 한국사 4(개항기)》(2015), 《한국사 속의 다문화: 청소년을 위한 다문화 대안 역사교과서》(공저, 2016), 《청소년을 위한 우리 불교사》(공저, 2018) 등이 있다.

김슬기

서울대학교 사범대학 역사교육과를 졸업하고, 현재 서울 광양고등학교에서 역사를 가르치고 있다. 역사하기의 즐거움을 학생들도 경험하고 느낄 수 있게 하기 위해 새로운 역사수업의 가능성과 방법을 탐색 중이다.

이은주

한국교원대학교 역사교육과를 졸업하고 중 · 고등학교에서 20여 년간 역사를 가르쳤다. 현재 경기도군포의왕교육지원청에서 교육전문직으로 근무하고 있다.